OTTO HINTZE

Beamtentum und Bürokratie

Herausgegeben und eingeleitet
von Kersten Krüger

VANDENHOECK & RUPRECHT IN GÖTTINGEN

Otto Hintze

Geboren am 27. August 1861 in Pyritz, gestorben am 25. April 1940 in Berlin, seit 1902 o. Professor für Verfassungs-, Verwaltungs-, Wirtschaftsgeschichte und Politik an der Universität Berlin, seit 1914 Mitglied der Preußischen Akademie der Wissenschaften.

Kersten Krüger

Geboren 1939, Studium der Geschichtswissenschaft, der Anglistik, der Skandinavistik und der Politikwissenschaft; Promotion 1968 in Hamburg, Habilitation 1978 in Marburg, seit 1980 Privatdozent für Neuere Geschichte an der Universität Hamburg. – Veröffentlichungen: Die Einnahmen und Ausgaben der dänischen Rentmeister 1588–1628 (1970); Finanzstaat Hessen 1500–1567 (1980); Herausgeber von: Der Ökonomische Staat Landgraf Wilhelms IV. Band 3: Landbuch und Ämterbuch (1977); Aufsätze zur Absolutismusforschung und zur Stadtgeschichte der Frühen Neuzeit.

CIP-Kurztitelaufnahme der Deutschen Bibliothek

Hintze, Otto:
Beamtentum und Bürokratie / Otto Hintze. Hrsg. u. eingeleitet von Kersten Krüger. – Göttingen: Vandenhoeck und Ruprecht, 1981.
(Kleine Vandenhoeck-Reihe ; 1473)

ISBN 3-525-33459-1

NE: GT

Kleine Vandenhoeck-Reihe 1473

Schrift: 9/11 Punkt Times auf der V-I-P
Gesamtherstellung: Verlagsdruckerei E. Rieder, Schrobenhausen

Inhalt

Einleitung des Herausgebers

In diesem Band werden drei zentrale Abhandlungen zur Entwicklung des Öffentlichen Dienstes leicht zugänglich gemacht, die der Verfassungshistoriker Otto Hintze vor rund siebzig Jahren schrieb, die aber durch bemerkenswerte Weite des Horizonts und Kühnheit der Vergleiche nichts von ihrer Anziehungskraft verloren haben. Sie sollen einer breiten Leserschaft Informationen vermitteln, darüber hinaus zu weiteren Forschungen anregen und die Diskussion aktueller Probleme des Öffentlichen Dienstes beleben. Die von Hintze stellenweise zum Ausdruck gebrachte Bindung an den monarchischen preußischen Staat wird man als zeitbedingte politische Entscheidung akzeptieren, der heute keine Verbindlichkeit mehr zukommt.

Hintzes Denken war stark durch seine Herkunft geprägt; ebenso darf sein Lebensweg als typisch für eine in ihrer Bedeutung noch häufig unterschätzte Gruppe deutscher Historiker gelten. Am 27. August 1861 wurde er in Pyritz (Pommern; heute Pyrzyce, Woiwodschaft Szczecin) als Sohn des Kreissekretärs und Rechnungsrates Hermann Hintze geboren. Das Elternhaus vermittelte neben monarchischer Gesinnung auch die preußischen Tugenden der Pflichterfüllung, des Fleißes, des unbestechlichen Anstandes. Das Studium der Geschichte, Philologie und Philosophie nahm er 1878 in Greifswald auf und setzte es seit 1880 in Berlin fort. Hier beeinflußten ihn seine Lehrer Johann Gustav Droysen (1808–1884) und Gustav Schmoller (1838–1917) nachhaltig: lernte er bei Droysen die Erschließung und Auswertung der großen Aktenbestände der Neuzeit, so gewann er durch Schmoller Einblick in die Nationalökonomie und die daraus erwachsende Soziologie. So konnte Hintze später die traditionelle Verfassungsgeschichte der Rechte und Institutionen durch Einbeziehung der wirtschaftlichen und sozialen Kräfte erweitern und entscheidend verbessern. Nach seiner Promotion 1884 arbeitete Hintze von 1887 bis 1910 an den *Acta Borussica* mit, der groß angelegten vielbändigen Veröffentlichung von Akten zur inneren Struktur des preußischen Staates im 18. Jahrhundert. Von 1898 bis 1912 gab er zusätzlich die *Forschungen zur Brandenburg-Preußischen Geschichte* heraus. Mit der Habilitation 1895 wurde er Hochschullehrer und erhielt 1899 eine außerordentliche, 1902 die neue ordentliche Professur für Verfassungs-, Verwaltungs-, Wirtschaftsgeschichte und Politik an der Berliner Universität, die er wegen eines Augenleidens 1920 vorzeitig aufgeben mußte. Seit 1914 war Otto Hintze Mitglied der Preußischen Akademie der Wissenschaften.

In der 1912 mit seiner um 23 Jahre jüngeren Schülerin, Hedwig Guggenheimer, eingegangenen Ehe zeigte Hintze vollendeten Anstand. Hedwig Hintze, aus jüdischer Bankiersfamilie stammend, entwickelte sich zu einer bedeutenden, wiewohl nicht unumstrittenen Historikerin. Ihr Mann hat sie immer als gleichberechtigte Wissenschaftlerin geachtet. Über ihr selbst nach heutigen Maßstäben modernes Zusammenleben bemerkten Fachkollegen: »Eine Ehe eigener Art, wie sie wohl nur im modernen Gelehrtenleben möglich wird..., die elegante Wohnung am Kurfürstendamm beherbergte fortan zwei Arbeitszimmer, in denen harmonisch nebeneinander gearbeitet wurde.«[1] Daran änderte sich auch nichts, als nach dem Ersten Weltkrieg die politischen Anschauungen der beiden auseinandergingen. Während Otto Hintze der Weimarer Republik sehr reserviert gegenüberstand, nahm Hedwig Hintze eine linksliberale, »zum Sozialismus neigend(e)«[2] Haltung ein. Dazu äußerte Fritz Hartung: »Als Hintze krank wurde, ist sie [Hedwig Hintze] dann geistig ihre Wege gegangen, ... politisch ganz zur Demokratie und zum Pazifismus. Er ist ... diesen Weg nicht mitgegangen und hat gelegentlich in ihrer Gegenwart sich sehr ablehnend zu ihren Ideen geäußert ... Hintzes Freunde und Schüler haben ihr nie verziehen, daß sie statt ihren Mann bei seinen Arbeiten zu unterstützen, lieber eigene Artikel schrieb... Er selbst hat aber nie ein Wort darüber fallen lassen.«[3]

Bei ihrer Promotion 1924 und Habilitation 1928 hatte Hedwig Hintze Widerstände innerhalb der Fakultät zu überwinden, die nicht in ihrer wissenschaftlichen Leistung – daran gab es keine Zweifel –, sondern in ihren politischen Anschauungen begründet lagen. Als Privatdozentin lehrte sie an der Berliner Universität vom Sommersemester 1929 bis zum Sommersemester 1933; im September 1933 wurde sie als Jüdin aufgrund des Gesetzes zur Wiederherstellung des Berufsbeamtentums entlassen[4]. Gleichzeitig verlor sie die Mitarbeit an der Historischen Zeitschrift, für die sie die französische Geschichte betreut hatte. Aus Protest legte Otto Hintze daraufhin seine Mitherausgeberschaft an der Historischen Zeitschrift nieder. Auch gegenüber der Preußischen Akademie der Wissenschaften blieb er standfest: als eines ihrer ganz wenigen Mitglieder widersprach er der unehrenhaften Behandlung Albert Einsteins anläßlich dessen 1933 erzwungenen Austritts[5]. Den Aufforderungen, sich von seiner Frau zu trennen, kam er nicht nach. Auf einem Fragebogen der Akademie kreuzte er 1938 die Frage »Sind Sie jüdisch versippt?« als für sich zutreffend an und setzte hinzu: »Selbstverständlich lege ich meine Mitgliedschaft bei der Preußischen Akademie der Wissenschaften nieder.«[6] Einsam und verbittert, fast erblindet, starb Otto Hintze am 25. April 1940 in Berlin. Hedwig Hintze hatte als Jüdin und Sozialismus-Verdächtige 1933 nur die Wahl der Emigration; sie lebte fortan meistens in den Niederlanden, vorzugsweise in Haag. Im Krieg von den deutschen Truppen überrascht, konnte sie sich nicht mehr retten. Von den Besatzungsbehörden erhielt sie weder eine Ausreisegenehmigung nach Berlin, noch nach New York, wohin sie 1941 einen Ruf als Professorin erhalten hatte. Sie nahm sich das Leben – wahrscheinlich 1943, Genaueres wissen wir nicht[7]. So endeten Hedwig und Otto Hintze tragisch im ursprünglichen Sinn des Wortes: Schrecken und Mitleid heischend.

Anläßlich des 40. Todestages von Otto Hintze veranstalteten die Historische Kommission zu Berlin und das Friedrich-Meinecke-Institut der Freien Universität Berlin im April 1980 eine internationale Tagung über *Otto Hintze und die moderne Geschichtswissenschaft*[8], um sein Werk eingehend zu würdigen. Dabei wurden die früher von Fritz Hartung und Gerhard Oestreich erarbeiteten Bewertungen bestätigt und ergänzt. Schon früh war Hintze über die preußische Geschichte hinausgewachsen. Wie er 1914 in seiner Antrittsrede vor der Preußischen Akademie der Wissenschaften feststellt, war sein »eigentliche(s) Ziel ... von Anfang an eine allgemeine vergleichende Verfassungs- und Verwaltungsgeschichte der neueren Staatenwelt, namentlich der romanischen und germanischen Völker.« Preußen galt ihm als »Paradigma für die Ausgestaltungen und Abwandlungen des Lebens eines modernen Staates überhaupt.«[9]

Methodisch überwand er schnell die damals in der Geschichtswissenschaft üblichen Grenzen der politischen Geschichte. Im Streit um Karl Lamprecht am Ende des 19. Jahrhunderts verteidigte er dessen sozialgeschichtliche Betrachtungsweise und erkannte die Wirksamkeit der kollektiven – neben der der individuellen – Kräfte im Geschichtsprozeß an[10]. Anfangs auf der Suche nach Gesetzen in der Geschichte, stellte er später fest, daß man davon »nur in einem sehr beschränkten

Sinne sprechen«[11] könne. Doch sah er – ausgehend von Preußen – eine regelhafte Entwicklung vom landschaftlich-territorialen Kleinstaat über den großen Militär-, Wirtschafts- und Verwaltungsstaat des Absolutismus zur konstitutionellen Monarchie seiner Zeit. Vergleichende Betrachtung erfordert angemessene Begriffe. Um ihre Bildung hat sich Hintze, insbesondere in seinen späteren Arbeiten, intensiv bemüht und ließ sich dabei von der Soziologie, vornehmlich der Max Webers beeinflussen. Durch Vergleiche gelangte er zur Festlegung unterschiedlicher Typen von Verfassungs- und Gesellschaftszuständen und -entwicklungen, »Idealtypen« als »anschaulicher Abstraktion«[12], wie er sie nannte. Sie sollten, anders als Typen systematischer Wissenschaften, der historischen Wirklichkeit besonders nahe liegen. Den Unterschied zwischen Geschichte und Soziologie erläuterte Hintze am Vergleich: »Man kann vergleichen, um ein Allgemeines zu finden, das dem Verglichenen zugrunde liegt; und man kann vergleichen, um den einen der verglichenen Gegenstände in seiner Individualität schärfer zu erfassen und von dem andern abzuheben. Das erstere tut der Soziologe, das zweite der Historiker.«[13] Selbst wenn sich Hintze zum Individualitätsprinzip der Geschichte bekannte, hat er doch wie kaum ein deutscher Historiker seiner Zeit die systematischen Nachbarwissenschaften in seine Forschungen einbezogen und für sie fruchtbar gemacht.

Die vorliegenden Abhandlungen behandeln im europäischen Vergleich drei wesentliche Aspekte der Geschichte des Öffentlichen Dienstes. Im *Beamtenstand*, ursprünglich ein Vortrag bei der Gehe-Stiftung von 1911, untersucht Hintze die soziale Trägerschaft der Bürokratie; im *Commissarius,* geschrieben 1910, geht er einer besonderen Gruppe von Beamten nach, die den entstehenden modernen Großstaaten als Instrument zur Durchsetzung zentralstaatlichen Willens gegenüber den Lokal- und Regionalgewalten diente. Die *Staatsministerien* aus dem Jahr 1908 schließlich zeigen die Entwicklung der wichtigsten zentralen Regierungsbehörden auf.

Der *Beamtenstand* darf mit Fug als Hintzes »beste sozialgeschichtlich-soziologische Studie«[14] gelten. Sie gliedert sich in zwei Teile: einen historischen, der die Entstehung der Beamtenschaft aufzeigt, und einen – bezogen auf das Jahr 1911 – aktuellen, der ein bemerkenswertes Selbstverständnis des monarchisch gesinnten Beamtentums enthält. Anfänge des Beamtenverhältnisses sieht Hintze bereits in der Gefolgschaft der Germanen und im Lehnswesen des Mittelalters.

Kennzeichen der europäischen Entwicklung war jedoch die Tendenz zur Verselbständigung der Gefolgs- und Lehnsleute, die in Deutschland schließlich von Vasallen zu Fürsten des Reiches aufsteigen konnten. Deshalb zogen die Monarchen im hohen Mittelalter Ministerialen zur Erledigung von Amtsgeschäften heran, denen aber auch bald der Schritt in die Unabhängigkeit gelang. Zu besonderen Diensten wurden dann im Spätmittelalter Adlige verpflichtet durch Bestallungen als Räte – wesentliche, sofern sie ständig, von Haus aus, sofern sie nicht ständig am Regierungssitz, dem Hof, weilten. Hinzu kamen seit dem 15. Jahrhundert die gelehrten Räte, meistens Juristen bürgerlicher Herkunft, die zunächst nur auf Zeit, später ebenfalls auf Dauer dienten. Diese Fürstendiener konsolidierten sich im 16. Jahrhundert als besonderer Stand zwischen Adel, Bürgertum, Geistlichkeit und Bauernschaft. Aus gefestigter Position heraus behinderte die Beamtenschaft in partikularistischem Geist die Bildung und Vereinheitlichung des absolutistischen Groß- und Militärstaates im 17. und 18. Jahrhundert, der in der Regel aus mehreren, ursprünglich selbständigen Kleinterritorien zusammengefügt war. Zur Herstellung der inneren Staatseinheit setzten die Monarchen deshalb Kommissare als Beamte mit – anfangs zeitlich begrenzten – Sondervollmachten ein, die den Anfang gesamtstaatlicher Bürokratie mit fester Behördenorganisation bildeten. Im 19. Jahrhundert schließlich verschmolzen die Beamten unterschiedlicher historischer Herkunft zu einer Gruppe unter einheitlichem Dienstrecht.

Die Sonderstellung des Beamtentums hat Hintze treffend historisch abgeleitet: die soziale Sicherung aufgrund der Fürsorgepflicht des Dienstherrn aus der Zugehörigkeit der frühen Beamten zum fürstlichen Hof, an dem sie entlohnt, verpflegt und gekleidet wurden; das Leistungsprinzip mit hohen Qualifikationsanforderungen an die Anwärter aus der Bestallung gelehrter Räte, die ein Universitätsstudium absolviert haben mußten. Obgleich, wie Hintze selber anführt, das Beamtenverhältnis sich wirtschaftlich wie jedes andere Arbeitsverhältnis definieren läßt – Arbeitsleistung gegen Lohn –, lehnt er das ausdrücklich ab. Denn nur mit Hilfe eines durch Staatstreue besonders gebundenen Beamtentums könne der monarchische Staat – im Gegensatz zu den westeuropäischen Demokratien unabhängig von gesellschaftlichen Gruppen und politischen Parteien – seine Aufgaben erfüllen. Unvorstellbar ist für Hintze ein Sozialdemokrat als Beamter – eine längst nicht mehr zeitgemäße Meinung, die den heutigen Leser ebenso befremden muß wie die auch anderswo bei Hintze vorkommende Polemik gegen die Sozialdemokratie, welche er für staatsfeindlich und antimonarchisch hielt. Dagegen haben andere Punkte ihre Aktualität bis heute gewahrt: so die Ablehnung jeglicher »Gesinnungsriecherei« bei den Beamten, der Hinweis auf den versicherungsmäßigen Beginn der Pensionszahlungen mit Pflichtbeiträgen der Beamten, die Einbeziehung der sogenannten »Privatbeamten« – der Angestellten im nichtstaatlichen Bereich – in die Betrachtung, die Anerkennung des Strebens nach sozialer Sicherheit als eines legitimen Interesses breiter Bevölkerungskreise. Um diesem Interesse zu entsprechen und wegen der mit der Kapitalkonzentration einhergehenden Schmälerung selbständiger Existenzmöglichkeiten im Mittelstand, empfiehlt Hintze den Ausbau des Öffentlichen Dienstes, insbesondere der gemeinwirtschaftlichen Energie-, Verkehrs- und weiterer Versorgungsunternehmen. Einen »Staatssozialismus« mit völliger Sicherheit für alle freilich verweist er in den Bereich der Utopie.

Hintzes Anliegen war die Integration weiterer Bevölkerungsgruppen in die gesellschaftlichen und politischen Strukturen des Kaiserreichs, die durch Zugeständnisse im Bereich der sozialen Sicherung erreicht werden sollte. Darin traf er sich mit konservativen Kreisen. Diesen Vorgang sieht die moderne Forschung mit sehr kritischen Augen und betont insbesondere, daß die Stabilisierung der überkommenen Strukturen – zu denen auch die zwar leistungsfähige, aber monarchisch und obrigkeitsstaatlich gesinnte Beamtenschaft gehörte – eine Demokratisierung der Gesellschaft behinderte und zu einer schweren Belastung der Weimarer Republik wurde, die den antidemokratischen Kräften schließlich erlag[15]. Ob Hintze diese Einsicht am Ende seines Lebens auch gekommen ist?

Die von Hintze an der preußischen Geschichte abgelesene und als Fortschritt bejahte Entwicklungstendenz, vom älteren territorialständischen zum militärisch aktiven Großstaat des 17. und 18. Jahrhunderts, war im wesentlichen vom absoluten Fürstentum getragen. Die Abhandlung über den *Commissarius* befaßt sich mit der Gruppe von Amtsträgern, die – ausgestattet mit Sondervollmachten – diesen Prozeß auf mittlerer und unterer Verwaltungsebene durchsetzte. Preußen bildet hierfür in der Tat ein interessantes Beispiel, weil es sich aus mehreren Einzelterritorien zusammensetzte, deren unterschiedliche Verfassungs- und Verwaltungsstrukturen von den überkommenen Beamtenschaften – gestützt auf altes Recht – zäh verteidigt wurden.

Die Kurfürsten und späteren Könige konnten nur eine einheitliche Militärverwaltung, die Kriegskommissariate, aufbauen, denen die Erhebung und Bereitstellung der Militärsteuern oblag. Nicht zuletzt aus dem fiskalischen Interesse, die Steuerkraft der Länder maximal zu nutzen, wuchsen die neuen Militärbehörden in den Zivilbereich hinein: sie förderten merkantilistisch die Wirtschaftskraft, kümmerten sich um Policey und gute Ordnung, zogen Rechtsprechungsbefugnisse an sich. Die älteren Territorialbehörden sanken allmählich zur Bedeutungslosigkeit herab; die gesamtstaatliche monarchische Verwaltung war etabliert.

In vergleichender, durch Kenntnisreichtum beeindruckender Rückschau weist Hintze das Kommissariat als alte europäische Institution nach, die weder auf den staatlichen, noch auf den militärischen Bereich beschränkt war. Selbst wenn der Begriff *Commissarius* erst im 15. Jahrhundert in Gebrauch kam, lassen sich die königlichen Missi der fränkischen Zeit, die päpstlichen Delegati des 12. Jahrhunderts als Vorläufer betrachten. Nur mit Hilfe dieser außerordentlichen, mit Sondervollmachten ausgestatteten Beamten ließen sich die Verselbständigungstendenzen der ordentlichen Amtsträger in Grenzen halten – das galt für die Kirche ebenso wie für die europäischen Staaten. In Frankreich erlangten die Kommissare seit dem 16. Jahrhundert besondere Bedeutung, als die ordentlichen Beamtenstellen in zunehmendem Maß verkauft und der Verfügung durch die Krone entzogen wurden. Hintze zeigt, wie bereits Bodin zwischen *office* als dem ordentlichen und *commission* als dem außerordentlichen Amt unterscheidet und wie Heinrich IV. und später Ludwig XIV. durch Ernennung von Intendanten das Kommissariat als Instrument absolutistischer Regierung ausbauten, welches in den heutigen Präfekturen der Départements fortlebt. Aber auch nichtabsolutistische, ständische und parlamentarische Kräfte bedienten sich dieses Instruments zur Wahrung ihrer Interessen. In einigen deutschen Territorien wie auch in Dänemark ernannten die Stände Landkommissare zur Erhebung und Verwaltung von Militärsteuern sowie zur Wahrnehmung allgemein politischer Belange. In England setzte das Parlament mit der Ministerverantwortlichkeit im 17. Jahrhundert das Kommissariat auf oberster Ebene durch: fortan bestand die Regierung aus Kommissaren des Parlaments.

Die sich ergebenden Schlußfolgerungen hat Hintze nicht deutlich gezogen, doch lassen sie sich dem von ihm ausgebreiteten Material entnehmen. Vor dem europäischen Hintergrund verblaßt das Paradigma Preußen. Das Kommissariat gehört zu den wichtigen Instrumenten beim Aufbau einer modernen leistungsfähigen, den Willen der Zentralregierung ausführenden Verwaltung. Diese gab es aber nicht nur in herrschaftlich-absolutistischen, sondern auch in genossenschaftlich-parlamentarischen Staaten. Preußens Staatsbildung stellt nur eine Variante der europäischen Entwicklung dar und kann nicht einmal für den Bereich des Absolutismus alleinige Gültigkeit beanspruchen. Hier gibt es für vergleichende Forschung noch viele Aufgaben, zu der Hintzes weit gefaßter Überblick wertvolle Anregungen enthält.

In der Untersuchung über die *Staatsministerien*, ursprünglich ein Vortrag auf dem Historikertag in Dresden 1907, geht Hintze der Entstehung und unterschiedlichen Ausformung der zentralen Regierungsbehörden nach. Auch hier reicht sein Blick weit zurück: als ihre Wurzeln sieht er die Hofbeamten des Mittelalters, die Staatssekretäre und die kollegialischen Staatsräte der frühen Neuzeit. Die Hofbeamten, als deren Vorläufer die Hausverwalter der germanischen Großen gelten können, versahen die umständliche Naturalhaushaltung der fürstlichen Höfe und übten zusätzlich zentrale Regierungsfunktionen aus. Eine erste behördenmäßige Spezialisierung wird in England und Frankreich im 13. Jahrhundert, in anderen europäischen Ländern etwas später erkennbar: das Hofgericht war für die oberste Rechtsprechung, die Rechenkammer für die gesamte Finanzverwaltung zuständig; die Kanzlei diente als Schreibstube, und der Rat bildete das allgemeine Beratungsgremium des Fürsten. Ihr politischer Handlungsspielraum verringerte sich aber bald durch die Zunahme von Justiz- und Routineangelegenheiten, mancherorts auch durch allmähliche Erblichkeit der Hofämter, so daß die Fürsten dazu übergingen, in wichtigen Fragen – etwa der Außenpolitik und der Finanzen – ohne sie zu entscheiden. Dabei bedienten sie sich im Wege des Persönlichen Regiments der Hilfe von Sekretären, die entweder Staatssekretäre oder – nach dem fürstlichen Arbeitszimmer – Kammer-, später auch Kabinettssekretäre hießen[16]. Ihre Zuständigkeiten wurden im Lauf der Zeit aufgeteilt, zunächst nach Regionen, später nach Sachgebieten (etwa in Frankreich: 1. Außenpolitik, 2. Krieg, 3. Marine, 4. Königliches Haus und Religionsfragen). Im allgemeinen bildeten sie, unter Vorsitz des Fürsten und unter Zuziehung weiterer leitender Beamten, einen neuen Geheimen Rat oder Staatsrat, der den älteren Rat bedeutungslos machte.

Die weitere Entwicklung ging in den parlamentarisch und absolutistisch regierten Ländern auseinander. In England ließ die vom Parlament im 17. Jahrhundert erreichte Ministerverantwortlichkeit das Kabinett unter Leitung des Premierministers eng zusammenrücken und nach außen in kollegialer Solidarität auftreten. Im 18. Jahrhundert setzte sich der Grundsatz personeller Verflechtung des Kabinetts mit dem Parlament durch, so daß die Regierung zu einem Ausschuß der Mehrheitspartei wurde. Damit war die bis heute in den westlichen Demokratien übliche Form der Regierungsbildung gefunden. Dagegen hatten die absoluten Monarchen nur ein Interesse an gesteigerter administrativer Effektivität ihrer Ministerien – die auch erreicht wurde –, nicht dagegen an deren politischem Machtzuwachs. Deshalb verhinderten sie die Ausbildung einer festen Ministerversammlung und regierten mit Hilfe mehrerer, zum Teil miteinander konkurrierender Staatsräte oder mit direkten Befehlen an die einzelnen Minister. In Frankreich änderte sich das 1789 mit der Revolution, als moderne Fachministerien und eine kollegiale Ministerversammlung, Conseil d'Etat, eingeführt wurden. Die Minister galten als der Nationalversammlung verantwortliche Leiter der Verwaltung; erst die Republik übernahm 1871 das englische System parlamentarischer Regierungsbildung.

In Preußen kam es am Anfang des 19. Jahrhunderts zur Formierung von Fachministerien, einige Jahrzehnte später, beim Übergang zur konstitutionellen Monarchie, auch zur Ministerverantwortlichkeit. Doch blieb es bei den vom König ernannten, administrativ starken und politisch schwachen Beamtenministerien. Ähnlich verhielt es sich mit der Reichsregierung nach 1871. Obgleich Hintze die parlamentarische Regierungsweise als allgemeine Entwicklungstendenz anerkennt, hält er sie den deutschen Verhältnissen nicht für angemessen. Innenpolitisch betrachtet, seien die Parteien viel zu sehr zerstritten, um eine Regierung bilden und Verantwortung tragen zu können. Außenpolitisch dürfe sich Deutschland keine Schwäche leisten. An anderer Stelle betont er – im Anschluß an den englischen Historiker John Robert Seeley – mehrfach, »das Maß von politischer Freiheit in einem Staate müsse vernünftigerweise umgekehrt proportional sein dem militärisch-politischen Drucke, der auf seinen Grenzen lastet.«[17] Daß es sich hierbei eher um eine politische Entscheidung zugunsten des monarchischen Obrigkeitsstaates als um eine historische Tatsache handelt, ist Hintze wohl nicht bewußt geworden. Wie schon im Zusammenhang mit dem *Beamtenstand* erwähnt, beurteilen wir heute das Kaiserreich kritischer. Auch das Festhalten an den Beamtenministerien behinderte die fällige Demokratisierung der Gesellschaft – eine schwere Belastung für die kommenden Jahrzehnte. So führt auch diese Studie Otto Hintzes in die Probleme seiner eigenen Zeit, die bis heute fortwirken. »Die Gegenwart aus der Vergangenheit zu erklären,«[18] betrachtete auch er als Aufgabe des Historikers.

Der Text der drei vorliegenden Aufsätze ist aus der von Gerhard Oestreich besorgten zweiten und dritten Auflage der Gesammelten Abhandlungen Otto Hintzes übernommen. Da anläßlich der Neuauflagen alle Abhandlungen anhand der Originaltexte überprüft und an vielen Stellen verbessert wurden, gab es für einen erneuten Textvergleich keinen Anlaß. Verändert ist lediglich die Numerierung der Fußnoten, welche nun als Anmerkungen am Schluß eines jeden Aufsatzes erscheinen. Die nicht immer einheitliche Zitierweise Hintzes blieb absichtlich unverändert; Verbesserungen hätten keinen erkennbaren Gewinn gebracht. Ohnehin gibt Hintze dem Leser so vielfältige Denkanstöße, daß er selber nach weiterführender Literatur suchen wird. Die bibliographischen Hinweise am Schluß sollen diese Suche erleichtern.

Anmerkungen

1 Friedrich Meinecke, Straßburg–Freiburg–Berlin 1909–1919. Erinnerungen. Stuttgart 1949, S. 154. Siehe auch Hans Schleier, Hedwig Hintze, in: Ders., Die bürgerliche deutsche Geschichtsschreibung der Weimarer Republik, Berlin 1975, S. 275.

2 Julie Braun-Vogelstein, Was niemals stirbt. Gestalten und Erinnerungen. Stuttgart 1966, S. 353.

3 Brief vom 22. Dezember 1940 – Schleier, Hedwig Hintze, S. 289f.

4 Schleier, Hedwig Hintze, S. 299f. Als unbesoldete Privatdozentin war sie eigentlich nicht Beamtin. Zu dieser Problematik – bereits im Kaiserreich – siehe Bernhard vom Brocke, Hochschul- und Wissenschaftspolitik in Preußen und im Deutschen Kaiserreich 1881–1907: das »System Althoff«, in: Bildungspolitik in Preußen zur Zeit des Kaiserreichs, hrsg. v. Peter Baumgart, Stuttgart 1980, S. 9–118, besonders S. 93–108.

5 Julie Braun-Vogelstein, Was niemals stirbt, S. 353. Einzelheiten lassen sich nicht klären. Aus den Dokumenten der Akademie gehen lediglich Hintzes Anwesenheit und Diskussionsteilnahme an den Sitzungen vom 6. und 27. April 1933 hervor. Christa Kirsten/Hans-Jürgen Tredler, Albert Einstein in Berlin 1913–1933. Teil 1: Darstellung und Dokumente. Berlin 1979, S. 69–73. 250–252 (Dokument 177), 265f. (Dokument 191).

6 Gerhard Oestreich, Vorwort, in: Otto Hintze, Gesammelte Abhandlungen, Bd. 2, Göttingen [2]1964, S. 5*. – Conrad Grau/Wolfgang Schlicker/Liane Zeil, Die Berliner Akademie der Wissenschaften in der Zeit des Imperialismus. Teil 3: Die Jahre der faschistischen Diktatur 1933 bis 1945. Berlin 1979, S. 67, 256f.

7 Hans Schleier, Hedwig Hintze, S. 302f.

8 Unter diesem Titel werden die gehaltenen Vorträge veröffentlicht; der Band ist im Druck.

9 Otto Hintze, Gesammelte Abhandlungen. Bd. 1. Göttingen [3]1970, S. 564.

10 Gerhard Oestreich, Die Fachhistorie und die Anfänge der sozialgeschichtlichen Forschung in Deutschland [1967], in: Ders., Strukturprobleme der frühen Neuzeit, hrsg. v. Brigitta Oestreich, Berlin 1980, S. 57–95, besonders S. 92f. Luise Wiese-Schorn, Karl Lamprecht – Kulturgeschichtsschreibung zwischen Wissenschaft und Politik. Phil. Diss. Münster 1981.

11 Otto Hintze, Gesammelte Abhandlungen, Bd. 1, S. 565.

12 Ebenda, S. 470; siehe auch Gerhard Oestreich, Otto Hintzes Stellung zur Politikwissenschaft und Soziologie, in: Otto Hintze, Gesammelte Abhandlungen, Bd. 2, S. 57*–59*.

13 Otto Hintze, Gesammelte Abhandlungen, Bd. 2, S. 251.

14 Jürgen Kocka, Otto Hintze, in: Deutsche Historiker, hrsg. v. Hans-Ulrich Wehler, Göttingen 1972, S. 287.

15 Auf weiterführende Literatur ist in der Bibliographie hingewiesen.

16 Diese Zusammenhänge hat später Gerhard Oestreich für den deutschen Bereich erforscht: Gerhard Oestreich, Das persönliche Regiment der deutschen Fürsten am Beginn der Neuzeit [1935], in: Ders., Geist und Gestalt des frühmodernen Staates, Berlin 1969, S. 201–234.

17 Otto Hintze, Gesammelte Abhandlungen, Bd.1, S. 366; auch S. 411, 433, 506.

18 Ebenda, S. 565; ähnlich am Anfang der *Staatsministerien*.

Der Beamtenstand

Der leitende Gedanke, der dem Zyklus dieser Vorträge zugrunde liegt[1], bringt es mit sich, daß hier von dem *Beamtenstand* in seiner Eigenschaft als *Berufsstand* geredet werden soll, nicht von der Organisation und den Funktionen des *Beamtentums* als eines Instruments der Staatsverwaltung. Es ist das ein Gegenstand, der auf der Grenze verschiedener Disziplinen liegt. Die Nationalökonomie hat sich nur ausnahmsweise darum bekümmert und meist nur im Rahmen der Finanzwissenschaft; sie hat ihn im übrigen dem Staats- und Verwaltungsrecht überlassen, und diese Wissenschaft behandelt natürlich in der Hauptsache das Beamtentum als eine staatliche Institution, nicht aber den Beamten*stand* als eine soziale Erscheinung.

In den historischen Studien, namentlich über deutsche und preußische Verwaltungsorganisation sowie über die vergleichende Geschichte des Beamtentums überhaupt, lag der Brennpunkt des Interesses natürlich auch immer mehr in den politischen als in den sozialen Fragen; es galt zunächst, die verschiedenen großen Verwaltungssysteme in ihrer Entstehung und Gliederung und in ihrer Funktion für das öffentliche Leben zu erforschen, es kam vor allem darauf an, zu erkennen, welche gesellschaftliche Arbeit das Beamtentum zu leisten hatte und wie sich die Gestaltung seiner Organisation diesen großen Aufgaben anpaßte; – die soziale Lage der Beamten selbst kam erst in zweiter Linie in Betracht; sie liegt bei allen historischen und verwaltungsrechtlichen Studien gleichsam wie im Schatten, und zwar hauptsächlich deshalb, weil sie niemals eigentlich der Gegenstand eines starken und allgemeinen Interesses oder gar lauter und weit vernehmbarer Diskussionen in der Öffentlichkeit gewesen ist: es gibt ja eigentlich keine soziale Frage des Beamtentums; es ist den Beamten, wenn nicht immer nach Wunsch, so doch immer ganz leidlich gegangen, und ihre Zahl war früher auch nicht so groß, daß ihr Wohl und Wehe in der allgemeinen sozialen Bilanz irgendwie ausschlaggebend gewesen wäre.

Wenn ich es trotzdem wage, hier über den Beamtenstand, vorzugsweise in seiner sozialen Bedeutung, zu sprechen, so reizt mich einerseits das offenbar vorhandene Bedürfnis, das in der an mich ergangenen Aufforderung zum Ausdruck gelangt ist, und anderseits glaube ich, daß diese Frage überhaupt nur in den großen Umrissen einer vergleichenden sozialgeschichtlichen Betrachtung fruchtbar erörtert werden kann; ich hoffe also, daß Sie mir gestatten werden, das Thema in diesem Sinne zu behandeln. Ich werde zunächst von dem Wesen des modernen Beamtentums reden, dann von seiner Entstehung und endlich von einigen Entwicklungstendenzen und Problemen der Gegenwart.

I

Wenn wir vom Beamtenstand reden, so denken wir natürlich in erster Linie an das staatliche Beamtentum, von dem das Staats- und Verwaltungsrecht redet; es wird auch im Mittelpunkt unserer sozial-wissenschaftlichen Betrachtung stehen müssen.

Aber durch unsern leitenden Gesichtspunkt ist es bedingt, daß wir den Beamtenstand doch noch weiter fassen müssen, als das eigentliche staatliche Beamtentum reicht, welches obrigkeitliche Funktionen ausübt; den Kern bildet ja freilich der Stand der Richter und der Verwaltungsbeamten und mit diesen in engem Zusammenhang auch der Offizierstand – Offizier bedeutet ja ursprünglich nichts anderes als Beamter; man unterschied früher wohl die Kriegsoffiziere von den Ziviloffizieren –; aber darüber hinaus rechnen wir zum Beamtenstand im weiteren sozialen Sinne auch die Geistlichkeit, und zwar nicht nur die teilweise wenigstens verstaatlichte evangelische Geistlichkeit, sondern auch die katholische: in dem katholischen Priesterstand haben wir geradezu den ältesten Bestandteil des modernen Beamtenstandes zu sehen, das Urbild und Vorbild der weltlichen, staatlichen Beamtenhierarchie. Und an die Geistlichkeit schließt sich der Lehrstand in seinen verschiedenen Schichten, auf Hochschulen, Gymnasien und Volksschulen; ferner die zahlreichen Gruppen der technischen Beamten in den öffentlichen Betrieben, wie Post und Eisenbahn. Alle diese Kategorien kommen nicht bloß als Staats- oder Kirchenbeamte, sondern auch als Gemeindebeamte in Betracht; die Beamten der Städte, der Kreise, der Provinzen werden ja auch schon vom Staatsrecht als mittelbare Staatsbeamte an die Seite der unmittelbaren gestellt. Und endlich steht im Hintergrunde unserer Betrachtung das große Heer der

Privatbeamten, die gerade jetzt das Interesse der Öffentlichkeit in besonderem Maße in Anspruch nehmen.

Die Anlage unserer Berufsstatistik[2] erlaubt es uns nicht, für eine dieser Gruppen oder auch für ihre Gesamtheit genaue Zahlen anzugeben. Man mag für die Justiz- und Verwaltungsbeamten im Deutschen Reiche etwa 390000 rechnen, etwa ebensoviel für Offiziere, Geistliche, Lehrer, und etwa 420000 für Post-, Eisenbahn- und andere öffentliche Betriebsbeamte; das wären insgesamt etwa 1200000 Beamte, die mit Angehörigen und Dienstboten etwa das Doppelte ausmachen werden (2400000), das sind etwa 4 % der gesamten Bevölkerung. Etwa 700000 davon sind in den verschiedenen Beamtenvereinen organisiert[3].

Natürlich kann man diesen Berufsstand, der vom Reichskanzler bis zum Briefträger reicht, als eine soziale Klasse nur cum grano salis auffassen; nämlich nur hinsichtlich *der* sozialen Merkmale, die im Beruf liegen, *nicht* in Hinsicht auf Bildung, Lebensstellung und Einkommen. In dieser Hinsicht zeigt vielmehr der Beamtenstand die bekannte charakteristische Dreiteilung, die in jeder Behörde uns entgegentritt: die hierarchische Gliederung in obere, mittlere und untere Beamte. Die mittlere Klasse, deren Kern die sogenannten Bürobeamten bilden, ist die weitaus stärkste; von den 390000 öffentlichen Beamten im engeren Sinne, die 1907 gezählt wurden, entfielen darauf 257000; die höheren Beamten machten 55000, die unteren 77000 aus[4].

Die Zahl der Privatangestellten in ihren verschiedenen Gruppen, den eigentlichen *Privatbeamten* (Bürobeamten), den Technikern und Ingenieuren, den Handlungsgehilfen, reisenden Kaufleuten usw. wird heute auf etwa 1800000 Erwerbstätige geschätzt, eine Zahl, die also die der öffentlichen Beamten noch übertrifft. Die hierarchische Rangordnung ist hier nicht in gleicher Schärfe ausgeprägt; die große Mehrzahl wird der mittleren Klasse zugerechnet werden können; ein starker Bruchteil auch der unteren; die Oberklasse dagegen, die mit den Direktoren der großen Banken und Industriegesellschaften schon in die Spitzen der kapitalistischen Unternehmerklasse hineinreicht, dürfte hier minder zahlreich sein.

Von Interesse wäre nun noch festzustellen, zu welcher Region des sozialen Reiches oder zu welchem Organsystem des sozialen Körpers der Beamtenstand gehört. Unsere Berufsstatistik und ähnlich auch die anderer Länder faßt ihn mit dem Militär und mit den sogenannten freien Berufen zu einer großen gesellschaftlichen Gruppe zusammen;

aber diese Zusammenfassung, bei der bezeichnenderweise in unserer Statistik die Beamten der großen öffentlichen Betriebe, wie Post und Eisenbahn, nicht mit einbegriffen sind, deutet nur unvollständig an, wo die Wurzeln des Beamtenstandes zu suchen sind. Sie stecken – historisch betrachtet – zum Teil in den beiden ältesten Sonderbildungen, die als leitende und herrschende Kerngruppen von der Volksmasse sich abheben: in dem Kriegerstand und in dem Priesterstand. Der Beamtenstand ist von jeher ein Annex der herrschenden Gewalten kriegerischer oder priesterlicher Art; er ist ihr verlängerter Arm, ihr Werkzeug, ihre Gehilfen- und Dienerschaft. Aber auch aus den gewerblichen Ständen und namentlich aus Handelsstand und Verkehrsgewerbe ist ein großer Teil des Beamtenstandes hervorgewachsen; anfänglich rein privater Natur, ist er durch die Verstaatlichung solcher Gewerbszweige zu einem Teil des öffentlichen Beamtentums geworden. Der Beamtenstand ist also durch den ganzen Volkskörper verbreitet. Er ist überall kein bodenständiges Gewächs, aber doch auch kein bloßer Parasit; ihm mangelt das selbständige wirtschaftlich-soziale Fundament, aber er ist die notwendige Ergänzung des Standes der Herrscher und Unternehmer; die Unselbständigkeit, die Abhängigkeit ist sein charakteristisches Merkmal. Er dient nicht eigenen, sondern fremden Interessen, öffentlichen oder privaten. Er bildet den Übergang von den Regierenden zu den Regierten, von den Unternehmern zu den Arbeitern. Er macht einen wesentlichen Teil der mittleren sozialen Schichten aus. Man könnte den größten Teil des Beamtenstandes zum Mittelstand rechnen, wenn man diesen nicht, wie es zuweilen geschieht, nur als einen Stand kleiner selbständiger Unternehmer, Bauern, Handwerker, Kleinhändler, auffassen will. Aber die Spitzen des Beamtenstandes, und zwar nicht nur des öffentlichen, sondern auch des privaten, reichen weit über dies Niveau hinaus; bei einzelnen unter ihnen geht der Begriff des Dienstes in den der Herrschaft über; immer aber ist das nicht eine Herrschaft aus eigenem Recht, sondern kraft höheren Auftrags.

In diesen Betrachtungen stellt sich der Beamtenstand mit seinen verschiedenen Gruppen als ein System von konzentrischen Kreisen dar: im Kern das eigentlich obrigkeitliche Beamtentum, dann das der verschiedenen anderen öffentlichen Dienstzweige, endlich an der Peripherie das Privatbeamtentum. Dabei liegt die Vorstellung zugrunde, daß all die andern Gruppen des Beamtenstandes in der Hauptsache der Kerngruppe des obrigkeitlichen Beamtentums nachgebildet sind.

Ob aber diese Vorstellung, die ja durch viele Beobachtungen gestützt wird, ganz zutreffend ist, ob nicht auch umgekehrt das Privatbeamtentum hier und da maßgebend auf die Gestaltung des staatlichen Beamtenverhältnisses eingewirkt hat, ist eine Frage, die nicht ohne weiteres abzuweisen ist. Historisch hängen Staats- und Privatbeamtentum in der Wurzel zusammen. Wir werden aber gut tun, uns bei den Betrachtungen über den Inhalt des Beamtenbegriffs zunächst vornehmlich an jene Kerngruppe des *obrigkeitlichen*, jedenfalls aber des *öffentlichen* Beamtenstandes zu halten, denn dieser ist seinem Wesen nach ganz verschieden von dem heutigen Privatbeamtenstand. Er ist sowohl eine politische wie eine gesellschaftliche Erscheinung, während dem Privatbeamtenstand lediglich eine wirtschaftlich-soziale Bedeutung zukommt.

Das Wesen des öffentlichen Beamtentums mit seinen eigentümlichen Rechten und Pflichten, mit seiner gesicherten, aber auch vielfach gebundenen Lebensstellung ist ja uns allen aus der Erfahrung und zum Teil aus der des eigenen Lebens sehr wohl bekannt. Aber die wissenschaftliche Auffassung von der Natur dieses Verhältnisses bietet eigentümliche Schwierigkeiten; sie ist verschieden, je nachdem man den Gegenstand mehr vom juristischen oder vom national-ökonomischen Gesichtspunkt aus betrachtet; und auch die juristische Konstruktion hat eine kontroversenreiche Dogmengeschichte zum Hintergrunde, die die ganze Fülle aller denkbaren Möglichkeiten erschöpft[5]. Im großen und ganzen aber wird man heute als die herrschende Meinung unter den Juristen[6] eine Auffassung bezeichnen können, die das Beamtentum auf ein ganz eigenartiges Rechtsverhältnis begründet, auf ein Verhältnis, das seinem Kern nach öffentlich-rechtlicher Natur ist und nicht einfach unter den Begriff eines privatrechtlichen Dienstvertrags gebracht werden kann. Ob bei der Begründung des Beamtenverhältnisses ein Vertragsmoment mit hineinspielt oder ob es sich dabei bloß um einen einseitigen Akt der Staatsgewalt, um die Annahme und Anstellung des sich meldenden Bewerbers handelt, ist eine Frage, die noch immer verschieden beantwortet wird. Im allgemeinen ist die verwaltungsrechtliche Auffassung geneigt, den staatlichen Verfügungsakt bei der Anstellung stark hervorzuheben und die selbstverständliche Einwilligung des Bewerbers in die ihm bekannten Bedingungen des Staatsdienstes ganz zurücktreten zu lassen. Immerhin ist allgemein anerkannt, daß es sich um ein freiwilliges Dienstverhältnis und nicht um einen Dienstzwang, wie etwa bei der militärischen

Dienstleistung, handelt. Die Frage, ob nicht der Staat unter Umständen das Recht hat, die notwendigen Dienstleistungen, deren er zur Erfüllung seiner Aufgaben und zur Erhaltung der bürgerlichen Ordnung bedarf, von seinen Untertanen zu fordern, wird im Prinzip wohl kaum verneint werden können, da ja doch die Annahme und Ausübung unbesoldeter Ehrenämter, wie z.B. von Schöffen und Geschworenen, abgesehen von bestimmten gesetzlich festgestellten Voraussetzungen, nicht verweigert werden kann. In Hinsicht auf die besoldeten Ämter ist aber diese Frage niemals praktisch geworden, weil es bisher niemals an Bewerbern für solche Stellen gefehlt hat. Da es sich dabei um einen Lebensberuf handelt, wäre in der Praxis ein Zwang auch schwer denkbar.

Der Freiwilligkeit beim Eintritt in das Beamtenverhältnis entspricht die Freiheit des Rücktritts. Sie ist allerdings keine ganz unbedingte. Das Preußische Landrecht hat (in § 95 II, 10) die Bestimmung: die nachgesuchte Entlassung aus dem Staatsdienst sei nur alsdann zu versagen, wenn daraus ein erheblicher Nachteil für das gemeine Beste zu besorgen sei. Daraus ist jedenfalls zu entnehmen, daß für die rechtliche Beurteilung dieses Dienstverhältnisses das öffentliche, nicht das Privatinteresse maßgebend ist.

Die Pflichten des Beamten erschöpfen sich keineswegs in der Besorgung seiner Amtsgeschäfte, d.h. also in einer fortgesetzten Arbeitsleistung. Neben den besonderen Amtspflichten stehen die allgemeinen Dienstpflichten: Treue und Gehorsam gegen den obersten Dienstherrn – gewissermaßen eine Potenzierung der allgemeinen Untertanenpflichten –, dazu achtungwürdiges Verhalten in und außer dem Amte. Die Verpflichtung zur Amtsverschwiegenheit reicht selbst über die Dauer des Beamtenverhältnisses hinaus. Die Amtspflichten sind Gewissenspflichten; sie werden durch einen feierlichen Eid bestärkt. Nicht bloß die Arbeitskraft des Beamten wird in Anspruch genommen, sondern in gewissem Sinne seine ganze Persönlichkeit. Er darf keine Geschenke nehmen, er darf kein Gewerbe treiben, überhaupt keinen Nebenerwerb haben ohne Genehmigung seiner Vorgesetzten, er hat dem Staat in seinem Amt seine ganze Arbeitskraft zu widmen; das Amt ist sein ausschließlicher Lebensberuf. Dafür empfängt er seine Besoldung und hat Anspruch auf Rang und Titel und alle Ehren, die mit dem Amt verbunden sind. Die Besoldung erscheint in dieser Auffassung mehr nur als ein Akzidens, nicht als die Hauptsache in dem Amtsverhältnis. Sie ist im allgemeinen kein Äquivalent für eine bestimmte Arbeitsleistung (die Entlohnung der unteren Kanzleibeamten bildet eine Ausnahme), sondern sie ist die Form und Art, in der der Beamte vom Staate ernährt und erhalten wird; der Staat sorgt im ganzen und allgemeinen für seinen standesgemäßen Lebensunterhalt, wobei als Norm die Bedürfnisse eines Familienhaushalts zugrunde gelegt werden. Damit hängt zusammen, daß der Beamte auch besoldet wird, wenn er zeitweise einmal keine Arbeit leistet: bei Beurlaubung, bei Krankheit oder sonstiger Behinderung in den gesetzlichen Grenzen, wo unter Umständen der Staat für einen Stellvertreter zu sorgen hat. Und ebenso hängt damit zusammen die Gewährung eines Ruhegehalts für die durch Alter oder Krankheit dienstunfähig gewordenen Beamten sowie die Fürsorge des Staates für die Hinterbliebenen seiner Beamten in Gestalt von Witwenpension und Erziehungsgeldern für die Waisen. Auf der anderen Seite verlangt aber auch der Staat die volle Hingabe des Beamten an sein Amt; er fordert nicht bloß die Erfüllung der Arbeitspflicht, sondern auch ein allgemeines Verhalten, das den Zwecken des Staates angemessen ist. Er übt eine disziplinarische Aufsicht, die sich nicht bloß auf die amtliche Tätigkeit seiner Diener, sondern auch auf ihr außeramtliches Leben erstreckt, und er handhabt eine Strafgewalt über sie, die zu Verweisen und Geldstrafen, zur Strafversetzung, zur Suspension und Außerdienststellung, unter Umständen zur völligen Entfernung vom Amte führen kann. Früher war bei Unterbeamten im Zivildienst auch noch Arreststrafe üblich; im militärischen Dienstverhältnis ist sie bekanntlich auch jetzt noch nicht zu entbehren.

Diese weitreichende Disziplinargewalt des Dienstherrn ist ein charakteristischer Zug in dem Beamtenverhältnis, das eben kein bloß auf Leistung und Gegenleistung gestelltes Vertragsverhältnis ist, sondern ein Dienst- und Gewaltverhältnis eigener Art und zugleich ein Vertrauensverhältnis. Es ist, wenn auch nicht unauflösbar, doch seinem Wesen nach prinzipiell und in der Regel auch tatsächlich lebenslänglich; es schließt, wenn es ist, wie es sein soll, einen Fonds von sittlichen Gefühlen und Verpflichtungen ein: Treue, Ergebenheit, Pflichteifer im Dienst auf der einen Seite, wohlwollende, patriarchalische Fürsorge auf der andern Seite; das Ganze mit den modernen Anforderungen einer freien Rechtspersönlichkeit in Einklang gebracht, aber doch für die Beamten mancherlei Beschränkungen im persönlichen Leben wie in der wirtschaftlichen und politischen Betätigung mit sich führend; wie denn z.B. von ihnen die Anzeige der Verehelichung, teilweise sogar noch die Einholung eines Konsenses dazu von der vorgesetzten Behörde erfordert wird.

Von dieser staatsrechtlichen Auffassung, die in dem Beamtenverhältnis also ein öffentliches Dienst- und Gewaltverhältnis eigener Art erblickt, fühlt sich nun aber die nationalökonomische Theorie nicht recht befriedigt. Sie hat ihr eine andere gegenübergestellt, die das Beamtenverhältnis nur als eine besondere Art des allgemeinen Lohnverhältnisses betrachtet[7]. Sie stellt nicht die Dienstpflicht, sondern die Besoldung in den Mittelpunkt der Betrachtung und faßt sie als eine besondere Erscheinungsform des Arbeitslohns auf. Sie sieht das gemeinsame Merkmal von Beamtenbesoldung und gewöhnlichem Arbeitslohn darin, daß beide ein Entgelt für persönliche Leistungen darstellen, auf die sich der Erwerb des Lebensunterhalts für die dazu Verpflichteten gründet; nur daß es sich im einen Falle um einzelne Arbeitsleistungen, im andern um die Überlassung der Arbeitskraft im ganzen handelt. Sie läßt jenes patriarchalische Moment mit seinen sittlichen Anforderungen als unerheblich für die volkswirtschaftliche Beurteilung ganz zurücktreten und stellt das Vertragsmoment mit der ausbedungenen Leistung und Gegenleistung in den Vordergrund. Allerdings handelt es sich ja beim Beamtenverhältnis nicht um den sogenannten freien Arbeitsvertrag und überhaupt nicht um einen individuell gefaßten Vertrag, der von Einfluß auf den Inhalt des Dienstverhältnisses ist: der Beamte hat sich ja einfach der durch Gesetz oder Verordnung aufgestellten Norm für den Staatsdienst hinsichtlich seiner Rechte und Pflichten zu fügen. Aber ähnliches findet auch zuweilen bei dem gewöhnlichen Lohnarbeitsverhältnis statt, so daß ein individuell gefaßter Vertrag nicht als notwendiges Merkmal für das Verhältnis der Lohnarbeit betrachtet wird; als das Wesentliche erscheint vielmehr, daß beide, der Staatsbeamte wie der gewöhnliche Arbeiter, sich verpflichten, gegen entsprechendes Entgelt ihre Arbeitskraft in den Dienst und unter die Leitung eines andern zu stellen, einerseits des Staats, andrerseits des privaten Arbeitgebers. Der Staat erscheint also dabei auch als Arbeitgeber, der Staatsdienst als eine besondere Arbeitsart. Die besonderen Verhältnisse, die dabei obwalten, bedingen das Eigenartige in der Gestaltung des Entlohnungssystems beim Beamtenverhältnis. Der Staat als Arbeitgeber – sagt man – treibt eben eine besondere Lohnpolitik, wie sie den Zwecken und Anforderungen der besonderen Arbeitsart des Staatsdienstes angepaßt ist. Diese Arbeitsart ist eine besonders hoch qualifizierte; darum bedarf es einer besonderen, den einzelnen Zweigen und Stufen des Dienstes angepaßten Vorbildung, für die gewisse allgemeine Normen aufgestellt werden. Gleichmäßig wie diese Normen sind dann auch die Gehaltssätze, die in den einzelnen Kategorien von Ämtern gewährt werden. Es findet hier eine Abstufung statt nach den Anforderungen der Stellung und nach der Wichtigkeit der Ämter; und um die Angestellten durch die Aussicht auf wirtschaftliche Verbesserung zu höheren Leistungen anzuspornen, ist die Einrichtung getroffen, daß die Fähigen und Bewährten aus niedrigeren zu höher besoldeten Stellen aufrücken können. Auch die Pension ließe sich wohl aus einem eigenartigen Grundsatz der staatlichen Lohnpolitik erklären, als ein aufgeschobener oder ergänzender Besoldungsteil, der erst nach der Beendigung des Dienstes gezahlt wird, was freilich mehr nur ein theoretischer Behelf als eine historische Realität ist. Vor allem aber macht die Stabilität des Beamtenverhältnisses und die Besoldung bei dieser Auffassung Schwierigkeiten, die Tatsache, daß der öffentliche Beamte eine Sicherheit der Lebensstellung genießt, die nicht nur dem gewöhnlichen Lohnarbeiter, sondern auch dem Privatbeamten fehlt und die ihn dem Einfluß aller Konjunkturen des Arbeitsmarktes entrückt. Man glaubt zwar diesen Umstand aus dem Wesen der öffentlichen Gemeinwirtschaft erklären zu können, die ja einen möglichst hohen Grad von finanzieller Stabilität erfordert; aber damit spielen doch schon staatsrechtliche und politische Momente in die wirtschaftliche Theorie hinein; und vollends der Umfang der Disziplinargewalt läßt sich nicht aus rein wirtschaftlichen Erwägungen ableiten.

Es ist gewiß keine unberechtigte Auffassung, die Beamtenbesoldung unter den allgemeinen Begriff des Lohns zu subsumieren; aber das Besondere und Eigenartige der staatlichen Lohnpolitik ist denn doch so erheblich, daß der singuläre Charakter des Beamtenverhältnisses immer wieder beherrschend hervortritt. Die volkswirtschaftliche Theorie betrachtet das Verhältnis im Grunde doch nur einseitig, vom Standpunkt des um eine Versorgung bemühten Amtsbewerbers aus; der Standpunkt des staatlichen Arbeitgebers wird in seiner Eigenart nicht genügend gewürdigt, und darum vermag diese Theorie das Verhältnis nicht erschöpfend zu erklären. Der Staat ist kein Arbeitgeber wie andere, weil er keine wirtschaftliche Unternehmung ist. Es mag dahingestellt sein, ob man den Staat überhaupt als eine Unternehmung im weiteren Sinn auffassen darf – jede soziale Organisation, die Menschenkräfte zu einem zweckvollen Zusammenwirken vereinigt und leitet, kann man schließlich so nennen –; aber eine *wirtschaftliche* Unternehmung ist der Staat sicherlich nicht, wenigstens erschöpft sich sein Wesen in diesem Begriff nicht, wenn er auch gleichsam nebenbei solche Unternehmungen in den Bereich seiner Tätigkeit hineingezogen hat: sein Zweck ist nicht der wirtschaftliche Gewinn, er will nicht wirtschaftliche Güter produzieren, sondern Recht und Frieden, Sicherheit und Macht. Und darum ist er auch ein Arbeitgeber anderer Art als die wirtschaftliche Unternehmung. Er entrückt geflissentlich seine Arbeiter den Wechselfällen der wirtschaftlichen Konjunktur, damit sie ganz in seinem Dienst aufgehen und zur Förderung seiner Zwecke beitragen können. Die Gefahr der Arbeitslosigkeit, gegen die sonst im modernen wirtschaftlichen Leben noch kein Kraut gewachsen ist, bedroht den Beamten nicht. Die Bemessung seiner Besoldung folgt den Bedingungen für die Bestreitung des Lebensunterhalts, die die Veränderungen der wirtschaftlichen und sozialen Lage mit sich bringen: tritt eine allgemeine Preissteigerung oder eine allgemeine Steigerung der Lebenshaltung ein, so wird auch das Gehalt entsprechend erhöht werden müssen; aber die Regulierung des Lohns vollzieht sich hier nicht in der Form von Lohnkämpfen mit all den Begleiterscheinungen, wie sie die Privatindustrie darbietet, sondern durch Akte der staatlichen Gesetzgebung oder Verordnungsgewalt, d.h. durch einen einseitigen autonomen Akt des Arbeitgebers, nicht durch Kompromisse und Vertragsschlüsse zwischen Staat und Beamtenschaft. Ebenso ist es mit der Festsetzung der Arbeitszeit oder ähnlichen normativen Bestimmungen über die von den Beamten geforderten Leistungen, über die ihnen zu gönnende Erholungszeit, Urlaub u. dgl. Ein Streik der Beamtenschaft zum Zwecke der Verbesserung der Arbeitsbedingungen würde das ganze Beamtenverhältnis auf den Kopf stellen. Und darum gelten auch andere Bedingungen für die Zulassung von Berufsvereinen der Beamten als für die der freien Arbeiter. Die Bestrebungen dieser Vereine dürfen sich nicht gegen den Staat richten, weder im beruflichen noch im politischen Sinne. Der Dualismus, der im wirtschaftlichen Leben zwischen Unternehmern und Arbeitern herrscht, findet in dem Verhältnis von Staat und Beamtentum nicht statt. An die Stelle des freien Spiels der wirtschaftlichen und sozialen Kräfte tritt hier die pflichtmäßige Gebundenheit. Denn der zentrale Gedanke im Beamtentum ist die Pflicht, nicht das wirtschaftlich-soziale Selbstinteresse. Von diesem Gesichtspunkte aus könnte man eine eigene Psychologie des Beamtentums entwerfen im

Gegensatz einerseits zu der Psychologie des gewöhnlichen Lohnarbeiters und anderseits zu der der Unternehmerklasse und der wirtschaftlich erwerbenden Stände überhaupt. Der Kaufmann, der Gewerbetreibende, der Landwirt stehen nicht unter dem Arbeitszwang wie der Beamte; sie arbeiten allerdings trotzdem oft viel intensiver, weil es sich um ihr eigenes Interesse handelt: sie wollen in erster Linie gewinnen oder verdienen, wirtschaftlich vorwärtskommen. Der Beamte wird doch mehr von Motiven des Ehrgeizes als des Eigennutzes zu ungewöhnlichen Leistungen angetrieben. Oft fehlen freilich auch solche Leistungen und Motive, und der Durchschnittsbeamte hält sich wohl oft genug an die drei alten Standesregeln der Bürokratie: 1. de superis nil maledicere; 2. officium praestare taliter qualiter; 3. mundum sinere ire quomodo vult. Der Konkurrenzkampf des wirtschaftlichen Lebens hat höchstens ein Seitenstück in dem Rivalitätskampf der Ressorts; aber je tiefer abwärts in der Rangordnung, um so schwächer wird dieser Wetteifer, weil die Sichtbarkeit des Erfolgs abnimmt; im allgemeinen tritt an die Stelle der Konkurrenz im Beamtenstande der Geist der Kollegialität, der den Wetteifer zügelt, aber oft auch, namentlich in den unteren Schichten, jede ungewöhnliche Anstrengung perhorresziert und so den Schlendrian befördert. Daß im übrigen der Geist der Kollegialität im Zivilbeamtentum ebenso wie der der Kameradschaftlichkeit im Offizierstand zu den stärksten sittlichen und sozialen Faktoren der Standesmoral gehört und daß er auch für das öffentliche Leben im ganzen von guten und nützlichen Wirkungen und überhaupt ein völlig unentbehrliches Element ist, braucht hier nur eben angedeutet zu werden. Es ist bemerkenswert, daß dieser Geist auch auf die freien Berufe, namentlich der Ärzte und Rechtsanwälte stark eingewirkt hat, die ja allerdings in ihrer Standesgeschichte eine beamtenartige Vergangenheit und auch in der Gegenwart manche Berührungen und Zusammenhänge mit dem Beamtentum haben; aber auch auf die Kreise der Arbeiter, die, wenn sie sich keinen Zwang antun, viel häufiger von »Arbeitskollegen« als von »Genossen« sprechen; wie denn auch der Unteroffizier seinesgleichen lieber »Regimentskollegen« als Kameraden nennt. Das Wort »Kollege« gehört zu den beliebtesten Fremdwörtern unserer Sprache.

Jeder Stand hat ja seine besonderen Schwächen und Sünden; die der Bürokratie sind oft gegeißelt worden: die groben Sünden der Bestechlichkeit und der Faulheit wie die feineren der Streberei, der Unterwürfigkeit nach oben, der Brutalität nach unten, der Eitelkeit und Beschränktheit. Aber daneben stehen hohe Tugenden, an denen es im Beamtenstand zu keiner Zeit gefehlt hat: Rechtschaffenheit, Pflichtgefühl, uneigennütziger Fleiß, Gemeinsinn, unbeugsames Rechtsgefühl und schlichte Treue. Es gibt gottlob noch viele Beamte, die mit dem großen Kanzler sagen können: patriae inserviendo consumor. Die ganze eigenartige Seelenverfassung des Beamtenstandes ist ein Ergebnis langer Standeserziehung und selbst familienhafter Züchtung. In dem freien Spiel der wirtschaftlichen Kräfte hätte sich das Produkt nicht herausbilden können. Das Privatbeamtenverhältnis mag vielleicht zur Not rein wirtschaftlich erklärt werden können, obwohl auch hier Vertrauensverhältnisse und moralische Faktoren überhaupt eine sehr erhebliche Rolle spielen, die wirtschaftlich nicht recht zu definieren ist; beim öffentlichen Beamtentum aber handelt es sich offenbar nicht um eine Einrichtung, die von rein wirtschaftlichen Voraussetzungen beherrscht ist, sondern um eine politische Institution, die den herrschaftlichen Charakter unseres Staatswesens ganz deutlich und unvertilgbar an sich trägt und durch eine gewisse Altertümlichkeit in Gestaltung und Motiven auf eine lange Vergangenheit zurückweist. Es ist schwer, dies Verhältnis begrifflich zu konstruieren, sowohl staatsrechtlich wie volkswirtschaftlich. Es ist etwas Eigenartiges, Irrationales darin, was sich nur historisch begreifen läßt.

II

Wenn man nun diesen Entwicklungsprozeß in seinem weltgeschichtlichen Zusammenhang richtig erfassen will, so muß man zunächst mit der hergebrachten Auffassung brechen, als ob die Zustände und Institutionen, die uns das klassische Altertum auf der Höhe seiner Kulturentwicklung zeigt, als Ausgangspunkt der Entwicklung anzusehen seien, die zu unsern heutigen Einrichtungen geführt hat. Das Altertum ist eine Welt für sich, und seine Zivilisation bildet mehr eine Parallelerscheinung zu der der neueren Völkerwelt als ihr Vorstadium und ihre Voraussetzung. Dazu kommt, daß in den republikanischen Stadtstaaten des sogenannten klassischen Altertums ein eigentlicher Berufsbeamtenstand von der sozialen und politischen Bedeutung wie in der neueren europäischen Welt mit ihren monarchischen Großstaaten sich gar nicht hat ausbilden können, weil alle wichtigeren Ämter Ehrenämter von kurz befristeter Dauer waren. Das einzige Land des

Altertums, das uns einen ausgebildeten und allerdings sehr stark entwickelten Beamtenstand zeigt, ist Ägypten. Ägypten ist schon im 12. Jahrhundert vor Christus – wo die Quellen besonders reichlich fließen – ein wahrer Beamtenstaat mit allen charakteristischen Zügen einer bürokratischen Verwaltung, und man wird wohl annehmen dürfen, daß manches davon später auf die römische Zivilisation und durch diese auf die moderne eingewirkt hat; aber diese Zusammenhänge sind zu unsicher und undeutlich, als daß es sich lohnte dabei zu verweilen. Im übrigen bietet uns das Altertum mehr Analogien zu fortgeschrittenen Lebensformen der Gegenwart als archaische Bildungen, die wir als Überbleibsel eines früheren Stadiums des Entwicklungsprozesses der Zivilisation anzusehen hätten[8]. Wenn in dem perikleischen Athen jedermann aus dem Volke zu den meisten Staatsämtern durch das Los gelangen konnte, so ist das ein Zustand, der keineswegs ursprünglicher ist als unsere heutigen Einrichtungen, sondern er gehört in den Rahmen einer extrem-fortgeschrittenen Demokratie, wie sie in der neueren Welt etwa die Vereinigten Staaten von Amerika darstellen. Und ähnlich ist es mit den Institutionen der römischen Republik und der ersten Zeiten des Kaiserreichs; erst in den späteren Jahrhunderten des Römischen Reichs bereitet sich mit dem Verfall der antiken Kultur und dem Eindringen germanischer Völkerschaften langsam die neue Zeit vor. Nur *ein* wesentliches Moment möchte ich aus dieser antiken Geschichte des Beamtentums hervorheben, weil es auch für die neuere Entwicklung von Interesse ist: das ist die Tatsache, daß neben den vornehmen magistratischen Ämtern, die mehr Herrschaft und Repräsentation bedeuten, die niederen, Dienst und Arbeit erfordernden Funktionen meist von Sklaven und Freigelassenen besorgt wurden, als Privatsekretären oder Agenten der Magistrate – eine Erscheinung, die sich namentlich auch in der römischen Kaiserzeit zeigt und für die Ausbildung des spätrömischen Beamtentums von grundlegender Bedeutung gewesen ist: die Hauptmasse der Funktionen, die unser unteres und Subalternbeamtentum, zum Teil auch unsere höheren Beamten wahrzunehmen haben, lag damals in den Händen von freigelassenen Sklaven, die dem Kaiser persönlich ganz ergeben waren. Dies spätrömische Beamtentum ist nicht ohne Einfluß auf die moderne Welt geblieben; manches davon ist durch die Kirche und die lateinische Kultur des Mittelalters den germanischen Völkern überliefert worden und hat mehr oder minder nachhaltige Wirkungen geübt; aber das eigentlich Ursprüngliche in der neueren Völkerwelt sind diese antiken Traditionen nicht. Das zeitlich Ältere in der Geschichte bedeutet ja keineswegs immer das ursprüngliche Entwicklungsstadium. Die ursprünglichsten Erscheinungen der Zivilisation finden wir nicht im Altertum, das vielmehr, soweit unsere Überlieferung reicht, verhältnismäßig hoch ausgebildete, moderne Zustände darstellt, sondern vielmehr in dem, was wir von den altgermanischen Einrichtungen erfahren. Und da steckt eine der ältesten Wurzeln des modernen Beamtentums in dem Gefolgschaftswesen, wie es uns Tacitus schildert, in dem kriegerischen Gesindewesen, wie es uns der Beowulf und die ältesten angelsächsischen Gesetze zeigen. Auch die Beamten der ältesten fränkischen Könige, selbst die höchsten, sind meist aus dem vornehmen Gesinde des Königs, aber zum Teil auch aus Unfreien (pueri regis) genommen[9]. Das Wort »Amt« ist keltischen Ursprungs; das keltische Wort ambactos bedeutet einen Diener. Neben diesem königlichen Beamtentum gab es anfänglich noch ein Volksbeamtentum, das nicht in der gleichen unbedingten und strengen Abhängigkeit vom König stand, aber auch nicht der gleichen Ehren wie das königliche Beamtentum gewürdigt wurde; es ist allmählich, erst in den höheren, dann auch in den niederen Schichten von dem königlichen Beamtentum aufgesogen worden. Anfangs war dies merowingische Beamtentum keineswegs lebenslänglich und noch weniger erblich; der König ernannte die Beamten und setzte sie ab, ganz nach Bedürfnis und Neigung; auf Ungehorsam stand Todesstrafe, Verstümmelung, Blendung, Verstoßung aus dem königlichen Gefolge, Einziehung der Güter. Im 7. und 8. Jahrhundert aber bildete sich eine mächtige Amtsaristokratie heraus, die es verstand, sich den lebenslänglichen Besitz der Ämter zu sichern und sogar ihre Erblichkeit herbeizuführen. Der Inhaber des höchsten Hofamts, der Hausmeier, entthront schließlich den König und setzt sich an seine Stelle. Die Karolinger haben dann, als sie selbst zur Herrschaft gelangt waren, die Amtsinhaber in ihrem Reiche dadurch an ihre Person zu fesseln gesucht, daß sie sie veranlaßten, ihre Vasallen zu werden, oder dadurch, daß sie erledigte Ämter vorzugsweise an ihre Vasallen verliehen. Die Vasallität war ja eine Metamorphose des alten Gefolgs- und Gesindewesens, der ›vassus‹ bedeutet im Keltischen ursprünglich einen unfreien Diener. Karl der Große hielt die Beamten der Provinz, die Herzöge und Grafen in wirksamer Abhängigkeit durch die Institution der Missi, der königlichen Gewaltboten, die in regelmäßigem Turnus das Reich durchreisten und, wo sie erschienen, die Fülle der königlichen Gewalt auszuüben befugt waren, über den Beamten, deren Amtsbefugnisse von ihnen außer Kraft gesetzt werden konnten. Es waren also außerordentliche Beamte mit diskretionären Gewalten, reisende Kontrollkommissarien – eine außerordentlich wichtige Erscheinung in dem Beamtentum der neueren Welt, die maßgebend gewirkt hat, man kann sagen: bis in unsere Tage hinein, in mancherlei veränderten Gestalten, von denen gleich noch die Rede sein wird. Aber auch diese Institution hat nicht verhindert, daß unter den Nachfolgern Karls des Großen die Verbindung des Amts mit der Vasallität, die ursprünglich als ein Mittel zur Stärkung der königlichen Autorität eingeführt war, in das Gegenteil ausschlug: das Amt wurde mehr und mehr zu einem Annex des Lehens, es wurde mit dem Lehen erblich, und die Amtsbefugnisse verwandelten sich auf diese Weise in patrimoniale Gewalten, die von den Inhabern aus eigenem Recht ausgeübt wurden. Diese Entwicklung setzte sich auch in dem deutschen Reiche fort; sie hat im Laufe der Zeit die höheren Reichsbeamten zu Landesfürsten gemacht und das Reich in eine Menge von Kleinstaaten aufgelöst, die nur noch durch ein loses Band verbunden blieben; denn die Fürsten, geistliche wie weltliche, waren ursprünglich Beamte des Reichs gewesen. Aus einem Beamtenstande ist also der Fürstenstand erwachsen. Das ist die älteste Epoche des mitteleuropäischen Amtswesens, die uns das Amt als Lehen zeigt. Es war die Epoche, die dem Zeitalter der völligen Naturalwirtschaft entsprach. Das Äquivalent für den zu leistenden Dienst war nicht ein Geldgehalt, sondern ein Lehngut. Wie oft im modernen Beamtentum das Gehalt, so erschien hier das Lehen als das Wesentliche, die Amtsbefugnis als Anhängsel. So kam es, daß die Amtsbefugnisse sich verdinglichen konnten, daß sie zu patrimonialen Gewalten entarten konnten. Es ist ein typischer Vorgang für unentwickelte Verkehrs- und Wirtschaftsverhältnisse, daß die übertragene Gewalt zum Eigenbesitz des Inhabers wird, daß das Beamtentum selbstherrlich und unabhängig sich der Botmäßigkeit der staatlichen Autorität entzieht; wir werden diese Tendenz, wenn auch in abgeschwächter Form, noch später wirksam werden sehen.

In den deutschen Fürstenstaaten und ähnlich in Frankreich erfuhr nun aber das Lehnsprinzip eine wichtige Umbildung. Die deutschen Territorialfürsten und ebenso schon lange vor ihnen die Könige von Frankreich haben die Amtsaufträge, die sie zu vergeben hatten, nicht in der Form von Lehen, sondern in der Form von Ämtern vergeben. Das Vorbild der Kirche hat dabei wohl maßgebend eingewirkt. Die

Kirche hatte ja, als Erbin der spätrömischen Zivilisation und Organisationskunst, ein weitverzweigtes, streng geregeltes, übersichtlich gegliedertes geistliches Beamtentum ausgebildet; und sie hatte es auch verstanden, in ihren zum Teil sehr ausgedehnten Besitzungen, die durch Immunitätsprivilegien von den Eingriffen der weltlichen obrigkeitlichen Gewalt eximiert waren, ein brauchbares und gut kontrolliertes weltliches Lokalbeamtentum, ein Personal von Wirtschaftsbeamten mit lokalen obrigkeitlichen Befugnissen, auszubilden. Die ältesten lokalen Verwaltungsbeamten der Kapetinger in Frankreich, die Prévôts, scheinen eine Nachbildung solcher Praepositi in den großen geistlichen Grundherrschaften, wie z.B. der Abtei St. Denis, zu sein. Und dazu kam ein anderes Moment. Hofbeamte wurden vom König ausgesandt, ähnlich wie einst die Missi zur Zeit Karls des Großen, um die Lokalbeamten zu kontrollieren; aus solchen reisenden Kontrollkommissarien scheinen dann höhere Bezirksbeamte hervorgegangen zu sein, die Ende des 12. Jahrhunderts an bestimmten Stellen fixiert wurden: das sind die Baillis, die unseren deutschen Vögten, Amtleuten und Drosten entsprechen. Von dem Ursprung dieser deutschen Beamten wissen wir leider nicht viel; er könnte hie und da wohl ein ähnlicher gewesen sein. Der Name Drost scheint wenigstens darauf zu deuten. Denn der Drost ist ursprünglich ein Hofbeamter, nicht ein Bezirksbeamter, es ist die niederdeutsche Form für den Truchseß, der in alter Zeit einer der ersten Hofbeamten war. Die französischen Baillis, deren große Zeit das 13. und 14. Jahrhundert war, sind schon ganz Beamte im neueren Sinne: sie stehen nicht mehr in einem Lehnsverhältnis, sie sind nicht an einem Orte festgewurzelt, sie werden oft versetzt und abberufen, stehen in strenger Abhängigkeit von der königlichen Regierung, unterliegen einer strengen Kontrolle. Sie dürfen am Ort ihrer Amtstätigkeit keinen Grundbesitz erwerben, dürfen ihre Söhne und Töchter nicht mit den eingesessenen Besitzern verheiraten; sie haben auch nicht wie die ihnen sonst verwandten englischen Sheriffs ihre Ämter in Pacht, sondern sind auf gewisse Amtsgefälle und daneben auf Geldbezüge angewiesen. So beginnt die Geldwirtschaft allmählich einzuwirken; sie wird zur Grundlage des modernen Beamtentums. Aber die Entwicklung hat dabei, wie wir gleich noch sehen werden, sehr merkwürdige Umwege gemacht.

In Deutschland ist die Entwicklung des Amtswesens um etwa 200 Jahre jünger als in Frankreich. Es ist eine Folge der Tatsache, daß sich in Deutschland die große Auflösung des Reiches vollzogen hatte und der Aufbau der staatlichen Institutionen dann in den Territorien seit dem 13. Jahrhundert von neuem beginnen mußte, während in Frankreich eine im wesentlichen ununterbrochene Entwicklung im Sinne des modernen Staates schon im 11. Jahrhundert einsetzt. Die französische Verwaltung hat auch vielfältig auf die deutsche eingewirkt, und zwar durch das Medium des burgundischen Reiches, das im 14./15. Jahrhundert ein verkleinertes Abbild der französischen Verwaltungsorganisation darbietet. Dieses Beispiel hat wohl Maximilian I., der Gemahl der Erbtochter Karls des Kühnen, vor Augen gehabt, als er die Verwaltung in seinen österreichischen Erblanden reorganisierte, und von da sind manche Einflüsse auf andere deutsche Territorien ausgegangen. Man darf allerdings diese Einwirkungen nicht überschätzen: eine Kopie des französischen Beamtentums ist das deutsche nie und nirgends gewesen; man kann nur von einem allgemeinen Impuls reden, der damals durch das burgundische Medium von Frankreich auf die deutsche Entwicklung eingewirkt hat. Manche Gleichförmigkeiten in der Organisation werden sich übrigens auch als eine selbständige parallele Entwicklung aus verwandtem Keim erklären lassen. Indessen, wir haben es ja hier nicht mit den Fragen der Organisation, sondern mit dem allgemeinen Charakter des Beamtentums und namentlich auch mit seiner sozialen und wirtschaftlichen Seite zu tun. Und da möchte ich nun vor allem auf die Verhältnisse hinweisen, in denen für die deutschen Staaten die Wurzeln des modernen Beamtentums zu suchen sind.

Das ist auf der einen Seite das Dienstverhältnis der ritterlichen Ministerialen und auf der andern Seite der Dienstvertrag der Juristen, der »gemieteten Doktoren«, wie man sie wohl genannt hat. In diesen beiden Verhältnissen steckt die doppelte Wurzel des neuen Beamtentums. Ministerialen nannte man bekanntlich ursprünglich die unfreien Diener, die in der Haushaltung eines großen Herrn die persönlichen Dienste als Marschall, Kämmerer, Truchseß, Schenk versahen oder die als reisige Knechte vom Herrn zu Kriegszwecken ausgerüstet und gebraucht wurden. Es ist also ein unfreies Gesindeverhältnis, aus dem diese Klasse emporgewachsen ist. Diese Leute waren brauchbarer, abhängiger, zuverlässiger als die freien und allzu vornehm gewordenen alten Vasallen. Sie sind es wohl gewesen, mit denen die Landesfürsten die Ämter ihrer Hof- und Landesverwaltung zuerst vornehmlich besetzt haben, und so darf wohl die Ministerialität als die Grundlage des neuen fürstlichen Beamtentums bezeichnet werden. Dabei sind diese ursprünglich unfreien Dienstleute bald zu Ehren und Ansehen gelangt. Herrendienst hat ja zu allen Zeiten geadelt oder wenigstens eine sozial hebende Wirkung ausgeübt, namentlich wenn er zugleich Waffendienst war. So ist es dieser Klasse der Ministerialen gegangen. Sie verschmolz durch den ritterlichen Beruf mit den freien Rittern zu einem gemeinsamen Berufsstande, ähnlich wie heute adlige und nichtadlige Elemente in dem Offizierstande verschmolzen sind. Das Dienstgut, mit dem der Ministeriale ausgestattet wurde, die Ehre und der mannigfache Vorteil des fürstlichen Dienstes lockte schon im 13. Jahrhundert viele Freiedle, sich in das Verhältnis zu begeben, und seit dem 14. Jahrhundert verschwindet der Unterschied der Ministerialen und der freien Vasallen ganz und gar. Sie bilden zusammen den Grundstock des niederen Adels *(niederer* Adel im Gegensatz zu dem hohen Adel der Fürsten und Reichsunmittelbaren); die große Masse dieses niederen Adels geht wahrscheinlich auf ehemals ministerialischen, d.h. also ursprünglich unfreien Ursprung zurück: es ist ein Amts- und Dienstadel. Mit dem Moment aber, wo die Ministerialität als solche verschwindet, sehen wir, seit dem 14. Jahrhundert bereits, namentlich dann im 15. und 16. Jahrhundert, massenhaft besondere Dienstbestallungen auftreten, durch die landsässige oder fremde Edelleute zum »Diener« oder auch zum »Rat und Diener« der Fürsten bestellt werden, mit der Verpflichtung zu Kriegs- und Hofdienst und meist auch schon gegen ein bestimmtes Geldgehalt. Das ist gewissermaßen eine neue Auflage der Ministerialität, bei der anstatt der Dienstgüter die Geldzahlung bereits eine Rolle spielt. Diese Räte und Diener raten und dienen dem Fürsten zum Teil »von Haus aus«, d.h. sie bleiben gewöhnlich zu Hause, auf ihrem Gute und werden nur zu Zeiten an den Hof oder zu einer kriegerischen Unternehmung entboten; teils aber sind sie »wesentliche Räte«, die stets am Hofe anwesend sind und den Hof- und Verwaltungsdienst versehen, oder sie sitzen als Amtleute, Hauptleute oder Vögte und Pfleger auf den Domänen oder in den festen Häusern des Landesherrn als seine Bezirksbeamten. Die Fürstenhöfe sind noch im 16. Jahrhundert große naturalwirtschaftlich-patriarchalische Haushaltungen, in denen die Beamten und Räte nach Art von Hausgesinde Wohnung, Kost und Kleidung erhalten. In Brandenburg beispielsweise zeigt uns die Hofordnung von 1537 einen solchen Hofhaushalt, an dem täglich Hunderte von Personen gespeist, Hunderte von Pferden gefüttert werden, wo die Räte und Kanzleibeamten nicht bloß ihre Amtsstuben, sondern auch ihre persönliche Behausung im Schlosse des Kurfürsten haben und wo im Jahre ein- oder zweimal »über Hof gekleidet« wird. Erst seit 1549 beginnt man, einigen Räten statt der Naturalverpflegung ein Kostgeld zu verabreichen; sie hören auf, im Schloß zu wohnen, sie sondern sich nun mit ihren Familienhaushalten von dem fürstlichen Haushalt ab; aber der Grundgedanke bleibt, daß der Fürst für ihren Unterhalt sorgt. Draußen im Lande aber, in den Bezirksämtern, sitzen die Amt- und Hauptleute auf den fürstlichen Domänen gleichsam wie abgeschichtete Diener auf einem Dienstgute. Sie leben in der Regel wie große Gutsherren auf eigenem Besitz. Sie sind zwar »Haushälter«, die Rechnung legen müssen, aber es gilt als selbstverständlich, daß sie von den Einkünften ein behagliches, auskömmliches Dasein führen mit ihren Leuten und Unterbeamten und daß sie dem Fürsten nur zukommen lassen, was dabei übrigbleibt. Einen Fortschritt bedeutet es schon, wenn sie, wie man sagt, »auf Schied sitzen«, d.h. ein festes Deputat empfangen oder eine gewisse Menge von Einkünften an den Herrn abführen müssen, etwa die Einkünfte bestimmter Vorwerke, Zölle, Mühlen, Krüge u. dgl. Erst im 17. Jahrhundert tritt an die Stelle dieses älteren Administrationssystems in der Verwaltung der Domänen das Pachtsystem, mit dem an Stelle der alten patriarchalischen Naturalwirtschaft die Geldwirtschaft zum Durchbruch gelangt.

Der wesentliche Hauptpunkt, den ich hierdurch zur Anschauung bringen möchte, ist der patriarchalische Grundzug des Beamtentums in seinen Anfängen, sein Zusammenhang mit dem Haus- und Hofgesinde eines großen Herrn und mit seiner Haus- und Hofhaltung überhaupt. Erst dadurch, scheint mir, wird manches an dem heutigen Beamtentum ganz erklärlich; dieser patriarchalische Geist, der Jahrhunderte hindurch in dem Beamtentum waltete, hat ihm seinen Stempel aufgedrückt bis in die Gegenwart hinein.

Aber dieses Verhältnis wird nun von einem anderen, wesentlich verschieden gearteten durchkreuzt und modifiziert. Das ist das Dienstverhältnis, in das seit dem Ende des 15. Jahrhunderts, hauptsächlich aber im 16., die auf den Universitäten gebildeten Juristen und Humanisten zu den Fürsten getreten sind. Dies Eindringen der Gelehrten in den Fürstendienst ist eine der wichtigsten Kulturerscheinungen der neueren Zeit. Sie hat nicht bloß das Beamtentum und den Beamtenstand ganz wesentlich umgestaltet, sondern sie steht bekanntlich auch in Zusammenhang mit der Rezeption des römischen Rechts, also mit der Umformung des ganzen hergebrachten Zustandes der Rechtspflege und Gerichtsverfassung. Diese römisch-rechtlich gebildeten Juristen, die auf italienischen oder deutschen Universitäten, etwa in Bologna oder in Leipzig, studiert hatten und die nun als Kanzler oder Räte oder auch als Sekretäre in den Dienst der Fürsten traten – eher noch in den Verwaltungs- als in den eigentlichen Justizdienst – diese Magister und Lizentiaten und Doktoren brachten ein neues Element in das Beamtenverhältnis, nämlich den privatrechtlichen Dienstvertrag nach dem Vorbild des römisch-rechtlichen Kontraktsverhältnisses der Dienstmiete. Sie sind »gemietete Doktoren«: sie treten auf bestimmte Bedingungen, gegen ausbedungenen Lohn, meist nur auf Zeit in ein solches Dienstverhältnis. Dies Verhältnis ist kündbar von beiden Seiten, und nicht selten wechseln diese gemieteten Doktoren den Dienst. Es ist an sich nichts von patriarchalischem Geist, von Pietät und häuslicher Abhängigkeit in diesem Verhältnis; aber es wird doch von dem allgemeinen patriarchalischen Zuge, der an den Fürstenhöfen vorherrschte, erfaßt und von seinem ursprünglichen Wesen abgelenkt. Und andererseits trägt es auch dazu bei, diesen patriarchalischen Geist der Hausabhängigkeit, des Hofgesindedienstes bei den älteren Beamten zu verändern und freier zu gestalten. Kurz: die beiden Prinzipien durchdringen und modifizieren sich untereinander, und es ergibt sich daraus ein Verhältnis, das nicht mehr rein auf dem alten patriarchalischen Haus- und Gesindeverhältnis beruht, aber auch nicht bloß auf dem kontraktlichen Verhältnis der Dienstmiete, sondern das Elemente beider Verhältnisse in sich verschmolzen hat.

Das sind die beiden ältesten Wurzeln unseres modernen Beamtentums, das nun seit dem 16. Jahrhundert als ein besonderer Berufsstand von eigenartiger Haltung zwischen Ritterschaft, Bürgertum, Bauernstand und Geistlichkeit sich ausbildete. Noch im 15. Jahrhundert war das Beamtenverhältnis mehr nur eine vorübergehende Phase in dem Lebensgang eines Ritters oder Klerikers; der eine erwartete zum Lohn seiner Dienste meist noch ein Lehen, der andere eine Pfründe; einer wie der andere war und blieb noch in der Hauptsache Gutsbesitzer oder Priester. Mit den studierten Räten und Sekretären aber tritt eine neue Epoche ein: das Amt wird zum dauernden Lebensberuf, namentlich seit das kündbare oder befristete Dienstverhältnis in ein lebenslängliches übergeht, was meist schon seit dem 16. Jahrhundert geschieht. So entsteht ein Stand von Beamten, der ein neuer wichtiger Berufsstand ist. Dieser Stand weist anfangs unverhältnismäßig viele Bürgerliche auf, weil diese zuerst auf den Universitäten studierten und als »gemietete Doktoren« ihren Lebensunterhalt erwarben. Sie haben in der ersten Hälfte des 16. Jahrhunderts die Edelleute zum Teil aus den wichtigsten Stellen in der Hof- und Landesverwaltung verdrängt; in Brandenburg finden wir im 16. Jahrhundert meist bürgerliche Kanzler, darunter den Leipziger Schneiderssohn Lampert Distelmeier; aber dann begann auch der Adel seine Söhne zahlreicher auf die Universitäten zu schicken, und junge studierte Edelleute traten seit dem Ende des 16. Jahrhunderts in steigender Zahl in die fürstlichen Ratskollegien und Gerichtshöfe ein. Dieses höhere Beamtentum gab natürlich dem ganzen Stande seine Haltung und sein Gepräge. Es nahm mehr und mehr eine aristokratische Stellung ein. Hatten früher die adligen Herren auf den Landtagen oft über die bürgerlichen Schreiber und Juristen gescholten, so bildete sich im 17. Jahrhundert mehr und mehr ein sozialer Zusammenhang und eine politische Interessengemeinschaft zwischen Landständen und Beamten heraus. Kraft ihres Indigenatsrechts beanspruchten die Landstände, daß nur Landeseingeborene, d.h. in der Hauptsache nur Angehörige des einheimischen Adels, zu den höheren Stellen in der Landesverwaltung vom Fürsten genommen werden sollten, keine Ausländer und keine Leute niederen Standes. Und wo, wie z.B. in Preußen, der Staat sich aus mehreren früher selbständigen Territorien zusammensetzte, da hielt das eingeborene Beamtentum der Provinzen in der Regel mit dem Adel zusammen gegen die zentralisierenden Bestrebungen des monarchischen Einheitsstaats; in Cleve-Mark mußte der Große Kurfürst 1649 versprechen, die nicht eingeborenen Beamten zu entlassen und die übrigen auf die ständischen Rezesse zu vereidigen; und in Ostpreußen wies man Geheime Räte des Kurfürsten aus Berlin als Beamte eines fremden Potentaten zurück. Das Beamtentum war auf dem Wege, wieder, wie einst in den Zeiten des Lehnsstaates, zu einer unabhängigen selbstherrlichen Stellung zu gelangen, die es für die Zwecke der fürstlichen großstaatlichen Politik und Verwaltung natürlich unbrauchbar machte. Diese Lage der Dinge hat nun im 17. Jahrhundert Veranlassung gegeben zu einer eingreifenden Umbildung, die den Charakter des Beamtentums und die Haltung des Beamtenstandes dauernd beeinflußt hat. Es kommt zur Einsetzung kommissarischer Beamter mit außerordentlichen, widerruflichen Amtsaufträgen, die als Landfremde keinerlei Gemeinschaft mit den im Lande festgewurzelten adligen Cliquen haben, in deren Händen die Verwaltung bisher fast ausschließlich gelegen hatte; in diesem neuen kommissarischen

Beamtentum, das seinen anfänglichen außerordentlichen Charakter bald mit dem ordentlichen vertauschte, steckt die dritte wichtige Wurzel des modernen Beamtenstandes. Es ist gleichsam ein letzter Ausläufer, eine letzte Umformung des uralten Missus-Instituts. Wir werden aber die Bedeutung dieser großen Krisis im Beamtentum besser verstehen können, wenn wir zuvor erst noch einen Blick auf Frankreich werfen, wo dieselbe Entwicklung sich in anderen, noch handgreiflicheren Formen vollzogen hat.

In Frankreich war es nämlich im 16. und 17. Jahrhundert dahin gekommen, daß die meisten Beamtenstellen nicht bloß käuflich, sondern gegen eine Jahresabgabe auch vererblich geworden waren. Die Finanznot des Staates einerseits und der starke Andrang der reich oder wohlhabend gewordenen Elemente des Bürgerstandes andererseits hatten die Veranlassung zu dieser Mißbildung gegeben, und sie hatten weiter dahin geführt, daß die Zahl der Ämter weit über das Bedürfnis hinaus vermehrt worden war. Der reich gewordene Bürger legte sein Kapital an, indem er für seinen Sohn ein Amt kaufte; Gehalt und Sporteln bildeten dabei eine oft ganz anständige Rente, und vor allem verlieh das Amt dem Inhaber einen höheren sozialen Rang. Er gehörte zu der Klasse der Privilegierten, die von den bürgerlichen Lasten und von der hauptsächlichsten direkten Steuer (taille) befreit waren; langjährige Bekleidung eines höheren Amtes verlieh den Adel. So stieg vermittels des Ämterkaufs aus dem dritten Stande eine neue Adelsschicht empor, die Noblesse de robe im Gegensatz zum alten Schwertadel, der Noblesse d'épée. Diese Beamten der Justiz- und Finanzverwaltung fühlten sich als ein Stand von senatorischer Würde, als die »Magistratur«; sie nahmen, da sie tatsächlich unabsetzbar waren, eine sehr unabhängige Stellung ein und waren von dem oft oppositionellen Geiste des provinziellen, ständischen Partikularismus erfüllt; namentlich die sogenannten »parlamentarischen Familien« (so genannt nach den hohen Landesgerichten der Provinzen, den »Parlamenten«) bildeten ein nicht zu unterschätzendes Gegengewicht gegen den Absolutismus; dies sind namentlich jene »intermediären Gewalten« zwischen Krone und Volk, in denen Montesquieu das Wesen der altfranzösischen Verfassung sah.

Hier hatte also die Geldwirtschaft gewissermaßen zu einem Wiederaufleben jener feudalen Unabhängigkeit des Beamtenstandes geführt, wie sie einst in der Zeit des Lehnswesens auf rein naturalwirtschaftlicher Grundlage sich entwickelt hatte. Ungeheure Kapitalien waren in diesen Ämtern angelegt; Colbert schätzt ihren Betrag auf eine Summe, die etwa dem Wert des ganzen Grundbesitzes im Königreich gleichkam; er hielt es für einen Grundschaden der französischen Volkswirtschaft, daß dieses Kapital dem Handel und der Industrie entzogen worden sei. Natürlich machten sich auch schlimme Folgen in der Verwaltung und Justiz selbst bemerkbar. Aber der Staat war ganz außerstande, diese durch so große Summen erkauften Rechte auf die Ämter abzulösen, und so hat sich diese eigenartige Erscheinung eines patrimonialen, erbgesessenen Beamtentums bei den meisten Ämtern in Frankreich erhalten bis zur Revolution. Die Regierung half sich aber dagegen auf die Weise, daß sie neben diesen käuflichen und vererblichen Ämtern eine neue Beamtenkategorie einführte, die gerade im Gegensatz zu jenen nur einen widerruflichen Amtsauftrag hatte und in der strengsten Abhängigkeit gehalten wurde, und in deren Händen nun die eigentliche politische Gewalt und Verantwortlichkeit konzentriert wurde: das waren die Intendanten in den Provinzen, die Vorläufer der heutigen französischen Präfekten. Man unterschied im französischen Ancien Régime scharf zwischen office und commission. Das office, das eigentliche Amt alten Stils, ist käuflich und vererblich, die durch commission übertragenen Amtsaufträge sind jederzeit widerruflich, und ihre Inhaber stehen ad nutum der königlichen Regierung. Diese Intendanten sind nun aber die eigentlichen politischen Organe der französischen Regierung im Ancien Régime geworden. Es ist sehr bemerkenswert, daß sie ursprünglich bloße Kommissarien gewesen sind; ihr Ursprung geht auf jene Kriegskommissarien zurück, die in den Kriegen der Liga, in denen sich König Heinrich IV. das Königreich erobert hat, die Heere begleiteten und dann die eroberten Provinzen in Ordnung brachten, ausgerüstet mit außerordentlichen diktatorischen Gewalten.

Einen ganz ähnlichen Ursprung hat nun das neuere preußische Beamtentum, das jenen alten selbstherrlichen Provinzialregierungen zu Ende des 17. Jahrhunderts an die Seite gestellt wurde und das allmählich die Fülle der Gewalten in der Finanz- und Polizeiverwaltung in seine Hände brachte. Das sind die ebenfalls aus Kriegskommissarien hervorgegangenen Behörden, die anfangs auch Kriegskommissariat oder Kriegskammer hießen und später mit den älteren Amtskammern (Domänenverwaltungsbehörden) zu den sogenannten Kriegs- und Domänenkammern verschmolzen wurden (1723). Der Unterschied gegenüber Frankreich war nur der, daß dort die Intendanten Einzelbeamte waren, die entsprechenden preußischen Behörden aber Kollegien, wie es der Eigenart der deutschen Entwicklung entsprach. Aber auch hier in Preußen sind die Kommissariatsbehörden eine neue Schicht des Beamtentums, die sich gleichsam über die alte ständisch-partikularistische, von Provinzialgeist erfüllte Schicht lagert. Diese neuen Behörden repräsentieren den Geist des neuen Großstaats und Militärstaats, sie stehen in scharfem Gegensatz zu den Landständen der Provinzen und sind die Werkzeuge des Absolutismus und der Zentralisation. Das sind die Beamten, von denen König Friedrich Wilhelm I. in seiner drastischen Art sagte: »Sie sollen nach meiner Pfeife danzen oder der Deufel hole mir.« Wie dieser Begründer des altpreußischen Beamtentums den Dienst und die Stellung der Beamten auffaßte, das geht aus einer seiner Marginalien hervor, wo er sagt: »Man muß dem Herrn mit Leib und Leben, mit Hab und Gut, mit Ehr und Gewissen dienen und alles daransetzen, nur nicht die Seligkeit; die ist vor Gott, aber alles das andere muß mein sein!« Dieser neue, aus dem Geiste des Militärstaats geborene Beamtenstand umfaßte zunächst nur die Verwaltungsbeamten, während die Justiz in den Händen jener älteren, vornehmeren, unabhängigeren Beamten blieb. Friedrich Wilhelm I. hat sich nicht gescheut, die Justizämter und ebenso auch die Ämter der unter staatliche Botmäßigkeit gebrachten städtischen Verwaltung zu verkaufen, oft an den Meistbietenden, zugunsten seiner Rekrutenkasse. Der französische Mißbrauch des Ämterkaufs, der in die deutschen Territorien seit dem 17. Jahrhundert eingedrungen war und zum Teil stark im Schwange ging, fehlte also auch in Preußen nicht, nur hat er hier nicht so stark um sich gegriffen wie in Frankreich oder sonst im Reiche und ist von Friedrich dem Großen bald wieder beseitigt worden. Aber ein scharfer Gegensatz zwischen dem Justiz- und dem Verwaltungs-Beamtentum blieb zunächst bestehen, und in vielen anderen Staaten war es ähnlich. Die Gerichtsräte waren meist die vornehmeren, unabhängigeren Beamten; die Beamten der Verwaltung hatten noch keineswegs alle studiert, sie wurden in Preußen größtenteils aus den Regimentsquartiermeistern genommen oder aus jungen Leuten, die etwas von Handel, Gewerbe und Landwirtschaft verstanden, Söhnen von Domänenbeamten oder Gewerbetreibenden. Strenge Examina und ein geregelter Vorbereitungsdienst wurden in Preußen für die Justiz erst durch den Minister Cocceji eingeführt (1755); in der Verwaltung erst durch den Minister v. Hagen (1770); seit dieser Zeit begannen auch erst die höheren Verwaltungsbeamten vorzugsweise aus studierten Juristen sich zu rekrutieren und sich schärfer als bisher von den subalternen zu scheiden. Die Gehälter waren nicht hoch, aber immerhin anständig und auskömmlich, wenigstens in der Regel. Es wurde aber darauf gerechnet, daß der höhere Beamte, wie Friedrich Wilhelm I. in der Instruktion für das Generaldirektorium sich ausdrückt, »mehr vor die Ehre, als um Besoldung« diene. Derselbe König versprach seinen Beamten, daß er sie allemal beständig soutenieren, auch keinen wider sie samt und sonders angebrachten Beschuldigungen Glauben beimessen, viel weniger sie kondemnieren wolle, »es sei denn, daß wir selbst sie zuvörderst mündlich, und zwar in Gegenwart dessen, der sie verklaget, verläumdet oder angeschwärzet, darüber vernommen«. Und Friedrich Wilhelm II. verhieß seinen Beamten in der erneuerten Instruktion für das Generaldirektorium von 1786 nicht nur das gleiche, sondern erklärte auch, daß er »keinen rechtschaffenen Bedienten unverschuldet und ungehöret des Dienstes entlassen noch verstoßen werde«. Das alles klingt noch ganz patriarchalisch und war es im Grunde auch noch. Ein formelles Recht auf Stellung und Gehalt für die Beamten gab es noch nicht. Waren doch bei der Coccejischen Justizreform 1748 selbst die richterlichen Beamten der höchsten Gerichtshöfe, die ihre Stellen zum Teil titulo oneroso erworben hatten und ein jus quaesitum daran zu besitzen vermeinten, soweit sie nicht tauglich erschienen oder der Reform widerstrebten, einfach ihres Amtes enthoben worden. Prinzipiell stand dem König durchaus das Recht zu, jeden Beamten, mit dem er nicht zufrieden war, zu entlassen. Es waren Konduitenlisten eingeführt, die ihm dabei als Grundlage seines Urteils dienen sollten; sie sind freilich von den Vorgesetzten mit großer Schonung geführt worden, und es kam nur selten vor, daß ein Beamter wegen Untüchtigkeit entfernt wurde. Die Gewährung einer Pension war Gnadensache, ebenso wie die Sorge für die Hinterbliebenen eines Beamten. Das ganze Verhältnis beruhte noch auf der altüberlieferten Grundlage eines persönlichen Dienstverhältnisses zum Monarchen, das durch den Einfluß des kommissarischen Moments einen schärferen, halb militärischen Zug erhalten hatte. Der Ausdruck »Beamter« war zur Bezeichnung des königlichen Dienstes im allgemeinen noch nicht üblich; »Beamter« war im 18. Jahrhundert die technische Bezeichnung für einen Domänenpächter, der ja auch obrigkeitliche Befugnisse auszuüben hatte; die Beamten im allgemeinen nannte man »königliche Bediente«; erst gegen Ende des 18. Jahrhunderts kommt dafür die Bezeichnung »Staatsdiener« auf; der Ausdruck

»Beamter« in dem Sinne, wie wir ihn brauchen, gehört erst dem 19. Jahrhundert an.

In anderen deutschen Ländern, wo der schärfere Zug fehlt, den die preußischen Kriegskommissarien in das Beamtenwesen gebracht hatten, war der Grundsatz der freien Entlaßbarkeit der Beamten nicht mit derselben Schärfe wie in Preußen durchgeführt worden; der privatrechtliche Dienstvertrag mit seinen Kündigungsfristen behauptete hier vielfach noch einen bedeutenderen Platz, aber um so mehr entbehrte das Verhältnis des öffentlich-rechtlichen Charakters, der sich in Preußen bereits angebahnt hatte. Nun aber regten sich gegen Ende des 18. Jahrhunderts schon überall in dem alten Polizeistaat die neuen Ideen des Rechtsstaats, und vor allem die Beamten selbst strebten nach einer rechtlichen Sicherung ihrer Lage, nach einem festen, gesetzlich verbürgten Amtsrecht. Die Juristen, die in Preußen das Allgemeine Landrecht entworfen haben, hätten gerne schon in diesem Gesetzbuch, das in einem besonderen Titel (II, 10) das Staatsdienerrecht kodifizierte, den Grundsatz zur Geltung gebracht, daß kein Beamter anders als nach Urteil und Recht entlassen werden könne. Das ließ sich nun freilich damals noch nicht erreichen. Nur für die Richter drang dieser Grundsatz durch (II, 17 § 99); für die Verwaltungsbeamten aber wurde bestimmt, daß sie nur nach ordnungsmäßigem Verfahren durch Kollegialbeschluß des Geheimen Staatsrats ihres Amtes entsetzt werden durften, wozu bei denen, die vom König selbst ihre Bestallung empfangen hatten, noch dessen Bestätigung hinzukommen mußte. Das erschien vorläufig als eine ausreichende Sicherung, und auch bei der Neuordnung des Staatswesens im 19. Jahrhundert durch Stein und Hardenberg ist man noch nicht darüber hinausgegangen; immerhin aber verstärkte sich doch durch diese Veränderungen der öffentlich-rechtliche Charakter des Amtsverhältnisses und die Sicherung der Beamten gegen willkürliche Entlassung mehr und mehr, was namentlich in der Verordnung über das Disziplinarverfahren vom 21. Februar 1823 und dann auch in der Einführung der Pensionsberechtigung im Jahre 1825 zum Ausdruck kam. Ein ausführliches Disziplinargesetz wurde 1844 erlassen, im Sinne des neuen Standesrechts der Beamten, das sich nun überall durchsetzte und das der Tatsache entsprach, daß dieser Stand jetzt der eigentlich herrschende Faktor im Staate geworden war, seitdem der scharf autokratische Charakter des 18. Jahrhunderts einer mehr bürokratischen Verfassung Platz gemacht hatte. Aber auch der Übergang zur konstitutionellen Staatsform kam dem Beamtenstande zugute. Die Verfassung wiederholte nicht nur den Grundsatz des Allgemeinen Landrechts, daß die Richter nicht anders als durch Richterspruch ihres Amtes entsetzt werden können, sondern sie fügte auch eine Sicherung gegen eine Zwangsversetzung hinzu, und sie verlangte für die übrigen Beamten ein Staatsdienergesetz, wie es in anderen deutschen Landen, z.B. in Bayern, Sachsen und Hessen damals schon längst erlassen war, das sie gegen willkürliche Entziehung von Amt und Einkommen schützte. Ein solches Staatsdienergesetz ist nun freilich in Preußen bis zum heutigen Tage noch nicht erlassen worden, aber das ist nur formell eine Lücke in der Gesetzgebung; materiell wurde der beabsichtigte Zweck in der Hauptsache schon durch die Disziplinargesetze von 1851 erreicht, die freilich auf der anderen Seite zugleich auch die disziplinarischen Befugnisse der Staatsgewalt in einer Weise verschärften, daß es in der Praxis des Ministeriums Manteuffel in den 50er Jahren dann mehrfach zu übertriebener Einschränkung der staatsbürgerlichen Rechte der Beamten hat kommen können. Während bei den Richtern eine Versetzung ohne ihre Einwilligung an ein disziplinarisches Verfahren geknüpft war, mußten sich die Verwaltungsbeamten die Versetzung im Interesse des Dienstes ohne weiteres gefallen lassen; und bei einer Anzahl politisch besonders wichtiger Beamter (wie Unterstaatssekretäre, Ministerialdirektoren, Regierungspräsidenten, Polizeidirektoren, Landräte, auch Militärintendanten) war die Möglichkeit vorgesehen, sie mit geringem Wartegeld in den einstweiligen Ruhestand zu versetzen oder, wie man es nach der militärischen Analogie gewöhnlich nennt, zur Disposition zu stellen. An diese Bestimmung knüpft sich der neue Begriff der im eminenten Sinne politischen Beamten, auf die nun jene alte scharfe, an die Kommissariate anknüpfende Auffassung des Staatsdienstverhältnisses, die durch die Ideen des Rechtsstaats eine Zeitlang zurückgedrängt war, wieder angewandt, auf die sie aber auch beschränkt wurde. War früher in Preußen der Beamtenstand der eigentliche Tummelplatz der politischen Parteien gewesen, die hier, freilich der Öffentlichkeit entrückt, lange vor der Ära der parlamentarischen Kämpfe oft heftig miteinander über große prinzipielle Fragen gestritten haben, so zwang nun die konstitutionelle Verfassung zu einer strafferen Zusammenfassung des eigentlichen Regierungsapparates gegenüber den Kammern und dem Lande. Eine ähnliche Entwicklung setzte mit dem Übergang zur konstitutionellen Ära auch in den übrigen deutschen Staaten ein; im Süden früher, im Norden später; eine Anomalie war es, daß in Hannover mit dem Verfassungsbruch 1837 auch das Staatsdienerrecht in das alte persönlich-patrimoniale Dienerrecht der früheren Staatsordnung zurückverwandelt wurde, bis das Jahr 1848 auch hier die moderne Entwicklung endgültig zum Durchbruch brachte.

Mit der Errichtung des Reiches ist das preußische Beamtenrecht, obwohl nicht besonders kodifiziert, die Grundlage für das allgemeine deutsche Beamtenrecht geworden durch das ganz auf preußischen Grundsätzen beruhende Reichsbeamtengesetz von 1873 und die Einwirkungen, die von diesem auf andere Bundesstaaten ausgegangen sind. Württemberg, Baden, Hessen und Sachsen (von denen die beiden letzteren schon ausführliche Staatsdienergesetze besaßen, von 1820 und von 1835) haben in den 70er und 80er Jahren ihr Beamtenrecht mehr oder weniger vollständig in Übereinstimmung mit dem Reichsgesetz und seinem preußischen Vorbild gebracht. Eine Sonderstellung nimmt Bayern ein, das auch deshalb eine besondere Erwähnung verdient, weil es mit der Modernisierung seines Beamtenrechts den meisten deutschen Staaten vorangegangen ist und dabei eigenartige Formen gewählt hat, die erst jetzt sich der allgemeinen Entwicklung mehr und mehr anpassen. In Bayern ordnete der Minister Montgelas die Dienstverhältnisse der Staatsdiener schon 1805 durch die berühmte »Landespragmatik« in einem modernen Sinne, zum Teil unter dem Einfluß der napoleonischen Beamtenverfassung. Man unterschied pragmatische und nicht pragmatische Staatsdiener. Zu der ersten Kategorie gehörten die Richter und die höheren Verwaltungsbeamten, zu der letzteren die Subaltern- und Unterbeamten. Die Richter waren sofort mit ihrer Anstellung, die Verwaltungsbeamten erst nach dreijähriger Probezeit gegen willkürliche Entlassung gesichert, so daß sie alsdann nur bei Dienstverbrechen nach Recht und Urteil »dimittiert« werden konnten; die niederen nicht pragmatischen Beamten waren nur auf Widerruf angestellt, erhielten allerdings teilweise seit 1848 auch gewisse »Rechte der Stabilität«, unter anderem auch Pension, die übrigens auch den Widerruflichen bei dauerndem Wohlverhalten zuteil wurde. Bei den pragmatischen Beamten hatte das Pensionswesen eine eigentümliche Gestalt, indem die Besoldung zusammengesetzt war aus dem mit den Jahren wachsenden Standesgehalt und dem Dienstgehalt. Das letztere fiel bei der Versetzung in den Ruhestand (Quieszierung) fort, das erstere blieb dann bestehen, als Pension. Diese Regelung ist in Bayern bis in den Anfang dieses Jahrhunderts bewahrt geblieben.

Eine gewisse Beschränkung der politischen Freiheit der Beamten fand in allen Staaten statt; in Preußen hat sie ja 1863, während des Konflikts, dann noch einmal 1882 und zuletzt 1899 bei der Kanalvorlage, zu Erklärungen der Regierung oder zur Maßregelung von politischen Beamten geführt, die nicht von allen Seiten als berechtigt anerkannt wurden. Im allgemeinen wird man für die politische Haltung der Beamten überhaupt das als Norm ansehen können, was jüngst der Württembergische Ministerpräsident im Landtag erklärt hat: daß zwar die staatsbürgerlichen Rechte der Beamten durch die Regierung nicht beeinträchtigt werden sollen, daß aber Pflicht, Gewissen und Takt dem Beamten unter Umständen gewisse Grenzen bei der Ausübung dieser Rechte und in der politischen Betätigung überhaupt vorzeichnen müssen[10]. Seit die Beamtenvereine in allen Dienstzweigen eine so starke Ausdehnung gewonnen haben, ist natürlich auch die Gefahr hervorgetreten, daß die Vereine der Unterbeamten in gewerkschaftliche Bahnen und unter sozialdemokratischen Einfluß geraten. Aus Befürchtungen dieser Art war längere Zeit hindurch der Verein der Post-Unterbeamten verboten, der 1903 dann wieder hergestellt ist. Kein unbefangener und maßvoller Beurteiler wird dem Staat das Recht bestreiten, in dieser Weise einzugreifen, andererseits liegt ihm aber auch gerade den Unterbeamten gegenüber die moralische Verpflichtung zur Gewährung ausreichender Besoldung und zur Vermeidung dienstlicher Überanstrengung in besonders dringlicher Weise ob.

Im großen und ganzen ist das deutsche Beamtenrecht weitaus das beste in ganz Europa, d.h. in aller Welt. Deutschland ist das klassische Land des Beamtentums in der europäischen Welt, wie China in Asien und wie Ägypten im Altertum. Diese Vergleiche zeigen, daß es sich hierbei nur um einen bedingten Vorzug handelt. Immerhin aber beruht dieser Vorzug bei uns wenigstens zum Teil auf der starken Durchdringung des Beamtenverhältnisses mit den Ideen des Rechtsstaats und mit Gesinnungen der Treue und Fürsorge – Faktoren also, deren wir uns nicht zu schämen haben.

In Deutschland ist auch bei der öffentlich-rechtlichen Regelung des Beamtenverhältnisses noch manches von dem Geiste der alten fürstlichen Dienerschaft erhalten geblieben. In Frankreich hat die Revolution hinweggefegt, was davon noch etwa vorhanden war. In Frankreich beruht das Beamtenverhältnis seit Napoleon I. rein auf dem Geiste der

Commission, des widerruflichen Amtsauftrags. Nur für die Richter ist der Grundsatz der Unabsetzbarkeit auch hier durchgedrungen, was übrigens nicht ganz so unverbrüchlich gehandhabt wird wie bei uns; alle anderen Beamten sind nur auf Widerruf angestellt und können durch den Präsidenten der Republik unter Umständen von ihrem Amte entfernt werden. Natürlich spielen auch die allgemeinen politischen Verfassungsverhältnisse bei der Gestaltung des Beamtenrechts eine Rolle. Unser deutscher Beamtenstand beruht in wesentlichen Stücken auf der monarchisch-konstitutionellen Regierungsverfassung, die wir haben, im Gegensatz zu der parlamentarischen Regierungsweise anderer Länder. Unser Beamtenstand hat seine Spitze in den Ministerien; die Minister gehen bei uns gewöhnlich aus den Beamten hervor; jeder höhere Beamte trägt sozusagen ein Ministerportefeuille in der Tasche. In parlamentarisch regierten Ländern ist das bekanntlich anders. Die Minister gehen da ausschließlich aus den Parlamentariern hervor; das eigentliche Beamtentum bildet eine Klasse für sich; es ist von der Aussicht auf die leitenden Stellen ausgeschlossen; aber da die rasch wechselnden parlamentarischen Minister den Dienstbetrieb in der Regel nicht kennen, so sind sie natürlich in vielen Dingen auf die Sachkunde der Bürokratie angewiesen, und man darf also den geschäftlichen Einfluß dieser Klasse nicht unterschätzen. In England wechseln mit dem Kabinett etwa 60 ministerielle Ämter, die rein nach Parteirücksichten auf dem Wege der ministeriellen und parlamentarischen Patronage besetzt werden; die übrigen Stellen aber bleiben von dem Wechsel in der Regel ganz unberührt; allerdings setzt man von ihren Inhabern voraus, daß sie sich politisch, welches auch ihre Gesinnung sein mag, vollständig zurückhalten. Die soziale Geltung dieses permanenten Beamtenstandes leidet natürlich unter diesem Ausschluß von den Ministerstellen und von der Politik überhaupt, wenn auch die Gehälter nach unseren Begriffen sehr hoch sind, nicht nur für die Oberschicht, die sogenannten Staff Officers, sondern auch für die Bürobeamten, die Clercs; die Unterbeamten werden als »Diener« (Servants) bezeichnet und gelohnt. Auch dieses englische Berufsbeamtentum ist nach den Grundsätzen der Kommission durchweg auf Widerruf angestellt, aber es ist pensionsberechtigt (statt der Pension kann übrigens neuerdings auch ein entsprechendes Kapital verlangt und gegeben werden); Entlassungen kommen in Wirklichkeit selten vor. Wie der Parlamentarismus, so hat natürlich auch das System der lokalen Selbstverwaltung die Ausbildung eines Berufs-Beamtenstandes in England beeinträchtigt. Viele von den Funktionen, die bei uns dem bezahlten Berufsbeamtentum zukommen, werden in England ehrenamtlich verwaltet. Doch ist auch hier infolge der neueren Verwaltungsreformen ein zahlreiches Berufsbeamtentum entstanden, das im Dienste der kommunalen Körperschaften in Grafschaft, Distrikt und Gemeinde steht: eine große Kommunalbürokratie, die vom Local Government Board durch reisende Inspektoren beaufsichtigt und geleitet wird. Die Verhältnisse lassen sich also nur schwer mit den kontinentalen vergleichen; und wie bei den Verwaltungsbeamten, so ist das auch bei den Richtern der Fall. Der englische Richter ist uns ja neuerdings als Muster vorgestellt worden, und er hat allerdings unbestreitbare Vorzüge; aber Vorzüge, die mit der ganzen Eigenart des englischen Lebens und der englischen Rechtsverfassung zu eng zusammenhängen, als daß man sie durch Nachahmung übertragen könnte. Es gibt vor allem viel weniger Richter in England als bei uns, und sie sind unverhältnismäßig viel höher bezahlt. Das hängt damit zusammen, daß die Prozesse in England seltener und viel teurer sind als bei uns. Die Autorität des Richters ist freilich auch eine viel größere in England. Die Richter sind dort durchweg älter; sie haben alle eine lange und tadellose Anwaltspraxis hinter sich; zum Richteramt gelangt nur die Auslese des Advokatenstandes, den jeder Jurist zu passieren hat; der junge Jurist wird in der Juristeninnung, in der er Aufnahme findet, nicht bloß zur Anwaltspraxis, sondern auch zu einem hohen Grade von gesellschaftlicher Respektabilität ausgebildet. Dazu kommt dann endlich noch, daß der englische Richter nicht wie der deutsche lediglich Gesetzesparagraphen in Anwendung zu bringen hat, sondern daß er nach einem ungeschriebenen Gewohnheitsrecht urteilt, das seinem persönlichen Ermessen (trotz aller Präzedenzfälle) einen größeren Spielraum gestattet, als es bei unsern Richtern der Fall ist.

Das parlamentarische Prinzip des Wechsels der Ämter mit dem Umschwung der Parteiregierungen findet natürlich auch in Frankreich Anwendung, hier sogar in noch weit größerem Umfange als in England. Ein Beamter muß sehr geschickt in seiner politischen Haltung lavieren, um beim Wechsel der Regierung den Folgen der gefürchteten épuration zu entgehen, die alle politischen Gegner des neuen Systems beseitigt. Die Lage der so um ihr Amt gekommenen Personen, die oft statt der Pension eine geringfügige Abfertigung erhalten, ist eine sehr traurige; und in diesen Massen von abgesetzten Beamten ist daher natürlich auch die Unzufriedenheit sehr groß, und jede auf den Sturz der herrschenden Regierung gerichtete Aktion findet hier willige und brauchbare Instrumente. Noch verhängnisvoller aber sind die Folgen, die diese Unsicherheit der amtlichen Stellung für die Amtsführung selbst und den Geist des Beamtenstandes, namentlich auch in den höheren Ämtern, mit sich bringt. Von völliger Hingabe an das Amt kann hier nur selten die Rede sein; mit der amtlichen Tätigkeit verbindet sich vielmehr oft ein bedenklicher Nebenerwerb, der manchmal geradezu auf einer geschäftlichen Ausnützung der amtlichen Stellung und des amtlichen Einflusses beruht; man braucht nur an die Panamaaffäre zu erinnern.

Noch schlimmer steht es mit dem Beamtenstande in Amerika, wo ja die alte Tradition, über die man in Frankreich verfügt, auch noch in Wegfall kommt. Das amerikanische System der Ämterbesetzung ist bekanntlich seit dem Präsidenten Jackson (1828) und dem Durchdringen der schärferen demokratischen Tonart charakterisiert durch das Wort: »Dem Sieger die Beute!« Je nach dem Ausfall der Präsidentenwahlen wechselt, unter Umständen also alle vier Jahre, so ziemlich das ganze angestellte Verwaltungsbeamtentum, das auch hier stets nur widerruflich angestellt ist. Eine besondere Qualifikation wurde lange nicht für nötig gehalten, ein geordneter Vorbereitungsdienst existiert nicht. Die Wahlmacher und Parteiagenten der siegreichen Partei erhalten nach dem Siege die Stellen, aus denen die anderen weichen müssen; natürlich ist bei diesem System von einer Pension keine Rede, und man kann nur mit Einschränkungen von einem Stande staatlicher Berufsbeamten sprechen, wenigstens im Zivildienst. Erst neuerdings hat man begonnen, den civil service, der natürlich unter dieser Art der Stellenbesetzung in vielen Hinsichten zu leiden hatte, besser einzurichten, indem man für eine Anzahl von Ämtern, die eine besondere Qualifikation erfordern, Examina eingerichtet hat, die von den Beamten abzulegen sind; der Grad der Note, die sie dabei erwerben, entscheidet dann über die Reihenfolge der Einberufung, nicht die zeitliche Priorität. Für diese Examina ist übrigens ein freier Wettbewerb eröffnet, ähnlich wie auch in England. Unsere Regelung der Vorbildung und des Vorbereitungsdienstes ist unbekannt[11]. Man könnte zusammenfassend sagen, daß, ganz besonders in Amerika, aber auch sonst außerhalb Deutschlands, in Frankreich wie in England, das Beamtenverhältnis der öffentlichen Beamten sich nicht allzu stark von dem der Privatbeamten unterscheidet. Das hat seinen guten Grund: er liegt darin, daß hier überall die Commission, der widerrufliche Amtsauftrag, die Basis des Beamtenverhältnisses ist. Die Commission aber ist auch die Grundlage für das Privatbeamtentum. Privatbeamte hat es natürlich zu allen Zeiten gegeben. Ihr Typus ist der kaufmännische Kommis, der in Frankreich schon im 14. Jahrhundert begegnet; und commis bezeichnet noch lange in Frankreich bis in die Gegenwart den öffentlichen ebensowohl wie den Privatbeamten; ähnlich wie in England das Wort clerk, das auf den schreibkundigen Geistlichen hinweist, der auch in Deutschland der Vorläufer der gemieteten Doktoren war. Es scheint mir von besonderem Interesse, festzustellen, daß das moderne Beamtenverhältnis, zum Teil auch in Deutschland, ganz besonders aber auch außerhalb Deutschlands, in seinen historischen Wurzeln zum Teil mit dem Privatbeamtentum zusammenhängt.

III

Die soziale Zusammensetzung des Beamtentums hat im Laufe des 19. Jahrhunderts einen etwas anderen Charakter angenommen als vorher. Es handelt sich dabei namentlich um das Zurücktreten des Adels in den oberen Klassen des Beamtenstandes. Es ist ein durchgehender Zug in der Geschichte des kontinentalen Beamtentums, daß zur Zeit seiner Schöpfung beim Durchbruch des monarchischen Absolutismus vielfach die bürgerlichen Elemente vor den adligen bevorzugt wurden, auch gerade in den höchsten Stellen – weil der Absolutismus sich damals noch in einer Kampfstellung gegenüber der Aristokratie befand –, daß dann aber später, als der Adel sich dem absolutistischen System gefügt hatte, wieder ein Rückschlag im aristokratischen Sinne eintrat, der bis zur Französischen Revolution und zum Teil darüber hinaus gedauert hat. In Frankreich spricht man geradezu von einem retour de la noblesse nach dem Tode Ludwigs XIV., der die bürgerlichen Beamten bevorzugt hatte, wobei sie allerdings aber auch mit hohen Adelstiteln ausgezeichnet wurden. In Preußen tritt die Vorliebe für die bürgerlichen Beamten besonders unter Friedrich Wilhelm I. hervor; unter Friedrich dem Großen beginnt eine Umkehr im adelsfreundlichen Sinne, die namentlich in der engen Verbindung zwischen Adel und Offizierkorps ihren Grund hatte. Friedrich der Große hat fast nur Edelleute zu Ministern und Präsidenten gemacht; im übrigen hielten sich Adel und Bürgertum in den höheren Kollegien ungefähr das Gleichgewicht. Die Stein-Hardenbergsche Reform war dann ja wieder mehr dem bürgerlichen als dem adligen Elemente günstig und proklamierte das Prinzip der staatsbürgerlichen Rechtsgleichheit auch für Heer und Beamtentum. Aber wie der Adel im Offizierkorps tatsächlich noch lange eine überragende Stellung behauptete, so blieb er auch im höheren Beamtentum noch stark vertreten. Indessen mit der allmählichen Vermehrung des höheren Beamtentums drang das bürgerliche Element doch siegreich vor und hat in der zweiten Hälfte des 19. Jahrhunderts das adlige weit überflügelt. Auch hier wie in der Armee begannen übrigens die Standesunterschiede zu verblassen vor der sozialen Bedeutung der Berufsstellung mit ihrem Rang, ihren Auszeichnungen und Ehrenvorrechten, ihren Ansprüchen an gesellschaftliche Bildung und Lebenshaltung; es entwickelte sich eine adlig-bürgerliche Amtsaristokratie. Auch in dem exklusivsten adligen Beamtentum, das in Deutschland bestand, dem hannoverschen, das sich in seinen mehr zur Repräsentation als zur Arbeit bestimmten Spitzen aus dem geschlossenen Kreise des alten eingesessenen Adels ergänzte, während die eigentlichen Arbeitsämter, die einflußreichen Sekretärstellen, den übrigens auch meist studierten Söhnen der ebenso exklusiven bürgerlichen oder neuadligen Gruppen der sogenannten »hübschen Familien« vorbehalten waren – auch hier, wo der Adel seine Subsistenzgrundlage mehr in den Ämtern als in dem meist nur beschränkten Grundbesitz fand, ist doch – prinzipiell schon seit 1831 und praktisch wenigstens seit den fünfziger Jahren – das Adelsprivilegium in Fortfall gekommen. In den süddeutschen Staaten hatte es längst nicht mehr die gleiche Bedeutung wie in Norddeutschland besessen.

Eine Statistik über die soziale Herkunft der höheren Verwaltungsbeamten, die neuerdings der preußische Minister des Innern dem Landtage vorgelegt hat[12], zeigt, daß der Adel zwar noch eine bedeutende Stellung in dieser Klasse des Beamtentums einnimmt, aber doch nicht mehr dominiert; sie zeigt ferner, daß neben den agrarischen Kreisen auch die industriellen in nicht geringem Maße an der Stellung des Ersatzes an höheren Verwaltungsbeamten beteiligt sind; sie zeigt aber vor allem auch eine sehr starke Vertretung der Beamtenschaft selbst bei diesem Ersatz. Und diese letztere Erscheinung wird auch in allgemeinerer Fassung für den ganzen Beamtenstand bestätigt durch die tägliche Beobachtung und Lebenserfahrung, wenn sie auch nicht in gleicher Weise statistisch gestützt und präzisiert werden kann. Es ist in der Tat so, daß ein sehr großer Teil des Beamtenstandes in seinen verschiedenen Zweigen sich aus sich selbst ergänzt, also durch eine Art von Inzucht, wobei aber ein beständiger Austausch zwischen den einzelnen Beamtenkategorien und häufig ein wiederkehrender typischer Generationswechsel sozusagen eintritt. Die Söhne von höheren Subalternbeamten, Lehrern und Geistlichen werden häufig Oberlehrer, Geistliche, höhere Postbeamte, Juristen und Ärzte; die Söhne von Professoren, Richtern und höheren Verwaltungsbeamten werden häufig wieder Justiz- oder Verwaltungsbeamte oder auch Offiziere, die Söhne von Offizieren wieder Offiziere oder Juristen usw. Daneben findet allerdings auch ein beständiges und starkes Einströmen aus anderen Berufsständen, denen der Landwirte, Kaufleute, Gewerbetreibenden statt; aber das Beamtenelement – das Wort im weitesten Sinne genommen – spielt doch vielleicht die erste Rolle bei dem Ersatz der Beamtenschaft. Das ist an sich durchaus kein ungesunder Zustand. Die Qualitäten eines guten Beamten können durch Züchtung Generationen hindurch unter Umständen zu einer gewissen Höhe gesteigert und befestigt werden. Es handelt sich dabei namentlich um die Ersetzung des natürlichen egoistischen Selbstinteresses durch die aus amtlichem Pflichtgefühl und Ehrgeiz entspringenden Motive. Es ist zwar leicht möglich, daß der praktische Sinn und die Weltläufigkeit dabei leiden, die doch auch schätzenswerte Eigenschaften eines Beamten, namentlich eines Verwaltungsbeamten sind; aber auf der andern Seite muß auch erwogen werden, daß durch Generationen hindurch in einer Beamtenfamilie der Erwerbsbetrieb und die Lust und Fähigkeit zum wirtschaftlichen Konkurrenzkampf derart abgestumpft werden kann, daß für ein derartig erblich belastetes Individuum der Eintritt in einen freien Beruf sich kaum empfiehlt. Der Weg von den erwerbenden und produktiven Ständen in das Beamtentum ist überhaupt leichter als der vom Beamtentum zum Stande des Kaufmannes, des Industriellen, des Landwirts. Diese Stände erfordern, wenn ein gleiches soziales Niveau erstrebt wird, ein Anlage- und Betriebskapital, über das Beamtensöhne doch nur selten verfügen werden, und in die unteren unselbständigen Schichten dieser Berufe steigen sie natürlich nur ungern und nur gezwungen herab. Die Gefahr, daß Konnexionen bei dieser sozialen Selbstergänzung des Beamtentums eine übermäßige Bedeutung gewinnen können, ist zwar nicht ausgeschlossen, aber bei der Lage der Verhältnisse doch nicht eben groß und schlimm. Es ist doch im allgemeinen dafür gesorgt, daß untüchtige Leute auch durch Konnexionen nicht zu hervorragenden Stellungen gelangen können; und wenn unter gleich tüchtigen Bewerbern gelegentlich einer bevorzugt wird, weil er den maßgebenden Männern persönlich bekannt ist oder auch weil man bei ihm als Korpsstudenten oder Reserveoffizier gewisse persönliche Qualitäten, gesellschaftliche Bildung oder dergleichen sicherer als bei einem andern glaubt vermuten zu können, so sind das eben Menschlichkeiten, die überall vorkommen, und im Grunde ist es doch auch nicht unberechtigt, wenn ceteris paribus der Bekannte dem Unbekannten vorgezogen wird.

In Preußen und ähnlich auch wohl anderswo werden die Aspiranten für den höheren Verwaltungsdienst von den Regierungspräsidenten nach freiem Ermessen angenommen, so wie beim Militär der Avantageur von dem Regimentskommandeur; es kommt dabei nicht bloß auf das Referendarexamen, sondern auch auf die persönlichen Eigenschaften, die Herkunft und den Bedarf der Behörde an. Daß dabei politische und soziale Erwägungen oder Vorurteile eine Rolle spielen können, ist klar. Anders liegt es im Justizdienst, wo jeder Anwärter, der die Examina abgelegt hat, zugelassen wird, sofern er nur in der Lage ist, die Kosten für seinen Unterhalt während des Vorbereitungsdienstes zu erschwingen. Diese Demokratisierung hat dem Richterstande hinsichtlich seiner Leistungsfähigkeit gewiß nicht geschadet; aber ob nicht seine Autorität und gesellschaftliche Stellung darunter gelitten hat, dürfte wohl eher fraglich erscheinen. Jedenfalls wäre es nicht ratsam, die Anforderungen an die wirtschaftlich-soziale Qualifikation noch weiter herabzudrücken, wie die radikalen Parteien im Reichstag es verlangen.

Eine eigentümliche Erscheinung des deutschen höheren Beamtenstandes, soweit er obrigkeitlichen Charakter trägt, ist die Notwendigkeit juristischer Vorbildung, das, was man wohl den Assessorismus genannt hat. In keinem andern Lande – Österreich ausgenommen, das ja die gleichen historischen Grundlagen mit Deutschland gemein hat – gilt in gleicher Schärfe und Ausschließlichkeit wie bei uns die juristische Vorbildung als notwendiges Erfordernis nicht bloß der richterlichen, sondern auch der höheren Verwaltungslaufbahn. In Frankreich braucht der Präfekt nicht notwendig ein examinierter Jurist zu sein wie in Preußen der Regierungspräsident oder der Landrat. Der Techniker, der Ingenieur spielt dort und in anderen Ländern eine größere Rolle in der Verwaltung als bei uns – von dem gänzlich anders gearteten Personal der englischen Selbstverwaltung hier ganz zu schweigen. Allerdings gibt es auch in Preußen Wege, die von der Selbstverwaltung über das Landratsamt zur Minister- und Oberpräsidentenstellung führen, ohne juristisches Studium und selbst ohne Abiturientenexamen; aber das sind doch seltene Ausnahmen; in der Regel ist jetzt auch der Landrat ein ausgebildeter Jurist. Ferner gibt es technische Stellen bei den Regierungen – und sie haben in der zweiten Hälfe des 19. Jahrhunderts stärker zugenommen als die juristischen Stellen –, die von Bau-, Medizinal-, Schul- und Gewerbebeamten eingenommen werden. Bei der Eisenbahnverwaltung spielt das technische Element neben dem juristischen eine bedeutende, wenn auch nicht die erste Rolle. Aber im großen und ganzen gilt die Regel, daß der eigentlich höhere Verwaltungsbeamte Jurist sein muß und daß überall die leitenden Stellen mit solchen juristisch gebildeten Beamten besetzt werden. Ja, man beklagt sich wohl in den Kreisen der höheren Verwaltungsbeamten selbst, daß die reinen Juristen, die als Gerichtsassessoren von der Justiz in die Verwaltung übernommen sind, vielfach bessere Chancen im Verwaltungsdienst haben als die eigentlichen fachmäßig administrativ ausgebildeten Regierungsassessoren. Dieses Juristenmonopol in der Verwaltung ist eine verhältnismäßig junge Erscheinung. Im 18. Jahrhundert, unter Friedrich dem Großen, war es in Preußen noch anders. Da waren die Kriegs- und Domänenräte meist noch keine Juristen; man legte mehr Wert auf praktische, ökonomische Bildung. Der alte Polizeistaat scheute mehr die Einmischung der Juristen in die Verwaltung, als daß er sie befördert hätte. Es ist ohne Zweifel das Durchdringen des Rechtsstaatsgedankens gewesen, was im 19. Jahrhundert die Lage verändert hat. Indem die ganze Verwaltung unter Rechtsnormen und Rechtskontrolle gestellt wurde, indem die ganze Gesetzgebung, auch auf dem Gebiete der Verwaltung, ein juristisches Gewand anzog, wurde der Jurist überall unentbehrlich. Auch die Selbstverwaltungsbehörden bestätigen diese Regel, denn sie sind im Prinzip aus juristisch gebildeten Beamten und aus Laien zusammengesetzt. Erst jetzt, wo der Rechtsgedanke alle Lebensverhältnisse durchdringt, macht sich die fundamentale Tatsache unserer Rechtsgeschichte in ihrer ganzen Wucht geltend, daß wir kein einheimisches Gewohnheitsrecht haben, wie etwa England, sondern ein fremdes, gelehrtes und geschriebenes Recht, das man berufsmäßig studieren muß, um es zu verstehen und anzuwenden. Die Rezeption des römischen Rechts im 16. Jahrhundert und das Durchdringen des Rechtsstaatsprinzips im 19., das sind also die beiden Momente, die dem Stande unserer höheren Verwaltungsbeamten den juristischen Stempel aufgedrückt haben, und alle Reklamationen der Techniker werden gegen diese Umstände nichts vermögen. Nur das wird möglich und wünschenswert sein, daß auf die nationalökonomischen Kenntnisse der künftigen Verwaltungsbeamten mehr Gewicht gelegt wird als bisher; eine besondere, nicht juristische, sondern nur kameralistisch-finanzielle Vorbereitung für den Verwaltungsdienst und eine dementsprechend abgesonderte Verwaltungslaufbahn, wie sie bisher in Württemberg und Baden bestand, ist mehr noch ein Überbleibsel des alten Polizeistaats; man ist auch in diesen Ländern im Begriff, es zu beseitigen.

Spezifisch preußisch ist endlich in ihrem Ursprung die eigentümliche Verbindung des Zivilbeamtentums mit dem Militär durch die Institution der Militäranwärter für das untere und mittlere Beamtentum. Wie in den höheren Regionen der »Assessorismus«, so herrscht in den unteren der »Militarismus«; und diese Erscheinung hat sich seit der Begründung des Reiches auch den anderen Bundesstaaten mitgeteilt. Das System, durch Militäranwärter, d.h. also namentlich durch ausgediente Unteroffiziere, die unteren und einen Teil der mittleren Stellen des Zivilbeamtenstandes zu besetzen, geht auf das 18. Jahrhundert zurück, wo Preußen eine Armee hielt, die fast 4 % seiner gesamten Bevölkerung ausmachte. Friedrich der Große sah es auch gerne, wenn zu Landräten ausgediente Offiziere vorgeschlagen wurden; die Kriegs- und Steuerräte, die Kriegs- und Domänenräte wurden größtenteils aus den Auditeurs und Regimentsquartiermeistern ergänzt; vor allem aber sollten in den unteren Stellen der Verwaltung die ausgedienten Unteroffiziere und Invaliden versorgt werden. So hing also damals das Zivilbeamtentum mit dem Militär an mehr als einem Punkte zusammen. Das System der Militäranwärter aber ist eine bleibende Einrichtung in Preußen und dann auch allgemein im Deutschen Reiche geworden, weil man nur so den nötigen Ersatz für das Unteroffizierkorps gewinnen konnte; diese militärische Rücksicht hat alle Einwendungen dagegen zurückgedrängt. Nicht bloß im Staatsdienst, sondern auch bei den kommunalen und städtischen Behörden, im niederen Kirchendienst, bei den Versicherungsämtern usw. sind die unteren Stellen, die nur mechanische Dienstleistungen verlangen, und die Stellen der Kanzlisten, denen nur die Besorgung des Schreibwerks obliegt, ausschließlich den Inhabern eines Zivilversorgungsscheines vorbehalten und von den mittleren Stellen des Bürodienstes, den etatmäßigen wie den diätarischen, die Hälfte, mit Ausnahme solcher, die eine besondere wissenschaftliche oder technische Vorbildung verlangen. Nur wenige Behörden, wie Ministerien und Konsulate, sind an diese Vorschriften nicht unbedingt gebunden. Die Vakanzenlisten werden allwöchentlich veröffentlicht und durch die Vermittlungsbehörden, als welche die Bezirkskommandos fungieren, den Anwärtern zugänglich gemacht, die sich darum zu bewerben haben. Genügt die persönliche Qualifikation des Bewerbers den Anforderungen der Stelle, so wird der »Militäranwärter« zum »Stellenanwärter«, kann zunächst auf Probe angenommen oder zu informatorischer Beschäftigung eingestellt werden und wird dann je nach dem Charakter der Stelle auf Lebenszeit oder auf Kündigung oder auf Widerruf angestellt. Die vorgeschriebenen Prüfungen sind auch von den Militäranwärtern abzulegen. Das ganze Zivilversorgungswesen ist neuerdings zusammenfassend für das Reich geordnet durch das Mannschaftsversorgungsgesetz vom 31. Mai 1906. Die Kontrolle ist den obersten Rechnungsbehörden der Bundesstaaten und des Reiches übertragen; das Interesse der Militäranwärter selbst wird zugleich in oberster Instanz vom Kriegsminister wahrgenommen.

Einwendungen vom administrativen Standpunkt lassen sich gegen dieses System kaum erheben, da es sich keineswegs um eine wahllose Einstellung ohne Prüfung der Qualifikation handelt. Die militärische Disziplin mit ihrer Gewöhnung an Ordnung und Pünktlichkeit, an Promptheit im Gehorchen und Bestimmtheit im Auftreten ist eine ausgezeichnete Schule für untere Beamte, bei denen es weniger auf Intelligenz als auf Zuverlässigkeit ankommt. Daß militäruntaugliche Leute durch die Alleinberechtigung der Militäranwärter von den unteren Stellen des öffentlichen Dienstes fast ganz ausgeschlossen werden, mag in manchen Fällen bedauerlich erscheinen, kann aber nicht als durchschlagender Einwand gegen das System angesehen werden, das sich übrigens im allgemeinen recht gut bewährt hat. Nur in einem Punkt sind berechtigte Beschwerden hervorgetreten. Die militärischen Gewohnheiten unserer Schutzleute, die leicht geneigt sind, dem Publikum gegenüber sich als Vorgesetzte zu fühlen, und den barschen Unteroffizierston nicht so leicht loswerden, sind ja oft bemängelt worden; man hat demgegenüber auf die englischen Polizeibeamten hingewiesen, die sich aus Zivilisten ergänzen und weit populärer sind. Aber diese Übelstände, um deren Verminderung übrigens die Verwaltung ernstlich bemüht ist, müssen mit Rücksicht auf die militärischen Notwendigkeiten hingenommen werden. England hat nicht so viele Unteroffiziere zu versorgen wie wir; wir können den englischen Policeman sowenig bei uns nachahmen wie den englischen Richter. Man hat zwar geltend gemacht, daß bei dem jetzigen System ein großer Teil der vorgesehenen Stellen bei der Schutzmannschaft in Berlin unbesetzt bleibt, weil es an Beamten fehlt, und hat vorgeschlagen, diese Vakanzen mit geeigneten Zivilisten auszufüllen. Man hat Idealbilder von Polizisten entworfen, wie sie sein könnten und sollten, und dabei nur vergessen, daß solchen glänzenden Eigenschaften am Ende die nicht allzu glänzenden Existenzbedingungen dieser Beamtenklasse doch kaum entsprechen würden. Es würde in der Tat nicht ganz leicht sein, geeignete Personen aus dem Zivilstande zu finden, die zuverlässig, leistungsfähig und diszipliniert genug sein würden; und selbst, wenn das der Fall wäre, so würde die Ungleichartigkeit des Materials die größten Schwierigkeiten machen, und es würde sich dann erst – im Interesse der Gleichförmigkeit des Dienstes – die Frage erheben: soll der militärische Teil der Mannschaft zivilisiert oder der zivile militarisiert werden? Denn es kommt nicht nur auf die Leute, sondern auf den Geist des Systems an; und da würde doch wohl der Geist des Militärstaats den Sieg davontragen. Übrigens wird man anerkennen müssen, daß aus den Unteroffiziersklassen nicht bloß Unterbeamte, sondern auch mittlere Subalternbeamte von hervorragender Tüchtigkeit hervorgegangen sind, Männer von Intelligenz und Strebsamkeit, die auch ihre Kinder gut zu erziehen verstehen. Ich halte es in sozialer Hinsicht für eine sehr glückliche Einrichtung, daß durch den Kanal des Unteroffizierstandes ein soziales Aufsteigen von den untersten Klassen zu den mittleren und oberen in zwei bis drei Generationen stattfinden kann, wenn nur die nötigen persönlichen Eigenschaften vorhanden sind. Der Sohn oder Enkel des ehemaligen Unteroffiziers kann es sehr wohl zum höheren Beamten oder Offizier bringen.

Die Klasse der Subalternbeamten oder, wie man neuerdings bestimmter zu sagen pflegt, der mittleren Beamten, ist von dem höheren Beamtentum ebenso scharf und vielleicht noch schärfer geschieden wie von den Unterbeamten; eine Übergangsstufe, aber mehr zum Unterbeamtentum gehörig, bilden die Kanzlisten. Von dem Kanzleidienst, der es bloß mit Kopieren und dergleichen zu tun hat, ist der Bürodienst zu unterscheiden, der in seinen höheren Stufen (bei den expedierenden Sekretären und ähnlichen Beamtengruppen) schon ein erhebliches Maß von Bildung und Intelligenz erfordert. In früheren Zeiten galt die Tätigkeit des Sekretärs als natürliche Vorbereitung für die Wirksamkeit als Rat bei einer Verwaltungsbehörde; man pflegte erst die schriftliche Ausarbeitung von amtlichen Verfügungen zu lernen, ehe man dazu gelangte, dergleichen Verfügungen selbst zu treffen. Friedrich der Große wollte noch, daß die jungen Leute, die Kriegs- und Domänenräte werden wollten, als Sekretäre bei der Kammer anfangen sollten; er hielt nicht viel von dem Institut der Auskultatoren, das damals als besonderer Vorbereitungsdienst für die höheren Verwaltungsbeamten aufkam. Es ist offenbar mehr die Neigung der Beamten zu einer exklusiveren Stellung als die Veranstaltung des Monarchen gewesen, was diesem Institut dann doch den Sieg verschafft hat. Die Einführung von besonderen Prüfungen für den höheren Verwaltungsdienst (1770), die Voraussetzung des juristisch-kameralistischen Universitätsstudiums dabei hat allmählich eine unübersteigliche Schranke zwischen den höheren und den Subalternbeamten aufgerichtet. Allerdings gab es um die Wende des 18. und 19. Jahrhunderts auch in Preußen noch manche Subalternbeamte, die auch studiert hatten, und in anderen deutschen Ländern, beispielsweise in Hannover und Hessen, war das auch noch in der ersten Hälfte des 19. Jahrhunderts häufig der Fall. Mit der Vermehrung der höheren Stellen wurden allmählich die studierten Elemente ganz von diesen absorbiert, und die genaueren Bestimmungen über die Vorbildung der Subalternbeamten beschränkten überall das Maß der Anforderungen so, daß es auch Militäranwärtern möglich war, nach zwei- bis dreijährigem Vorbereitungsdienst die vorgeschriebene Prüfung ebenso wie die Zivilsupernumerare abzulegen. Vielleicht wird man sagen dürfen, daß das starke Eindringen der Militäranwärter in das mittlere Beamtentum dazu beigetragen hat, daß die Scheidelinie gegenüber dem höheren schärfer gezogen wurde; die Analogie des Verhältnisses von Offizier- und Unteroffizierstand lag dabei nahe. Von vorurteilslosen Praktikern ist es öfters bedauert worden, daß fähige und bewährte Subalternbeamte keine Möglichkeit haben, in höhere Stellen zu gelangen. Der verstorbene preußische Ministerialdirektor Althoff pflegte zu sagen, er kenne manchen Subalternbeamten, der sich ganz gut zum Ministerialdirektor eignen würde, und er ist auch offen dafür eingetreten, daß man Ausnahmen in der Beförderung zulassen solle. Natürlich aber wäre derartiges bei dem in den verschiedenen Klassen des Beamtentums herrschenden Standesgeist sehr schwer durchzusetzen; es würde eines diktatorischen Regiments dazu bedürfen.

Was nun die wichtige Frage der Besoldung betrifft[13], so nehme ich Abstand davon, Zahlen und Zahlenreihen anzuführen, die doch nur in tabellarischer Zusammenstellung zu rechtem Verständnis gelangen könnten. Ich möchte vielmehr auch hier nur die großen Züge der Entwicklung andeuten und die Tendenzen, die sich aus dem gegenwärtigen Entwicklungsstadium ergeben. Die Beamtenbesoldungen zeigen ganz allgemein im 19. Jahrhundert und so auch in Deutschland eine steigende Tendenz, entsprechend dem Sinken des Geldwertes und der erhöhten Lebenshaltung. In Preußen war es der Finanzminister Motz, der 1825, trotz der immer noch schwierigen Finanzlage, eine durchgreifende Aufbesserung der Gehälter der Zivilbeamten durchführte, nicht eben zur Freude des Landadels, der kurz zuvor auch der neuen allgemeinen Klassensteuer unterworfen worden war. Dabei ist es dann geblieben bis in den Anfang der 50er Jahre, wo neue Erhöhungen sich als notwendig erwiesen. Diese Erhöhungen der Gehälter sind seitdem in Preußen nach einem eigentümlichen System erfolgt, das der Rücksicht auf die Staatsfinanzen angepaßt war. Sie erfolgten nämlich meist nicht mit einem Male und gleichmäßig für alle Beamtenklassen, sondern sukzessive erst für die Unterbeamten, dann für die mittleren und zuletzt für die höheren Beamten, und zwar auf eine Reihe von Jahren verteilt, so daß zuweilen, wenn die Erhöhung zu den oberen Klassen fortgeschritten war, die unteren bereits wieder neue Wünsche zu äußern hatten. So begann man z.B. 1867 mit den Unterbeamten, fuhr 1868 bei den Subalternbeamten fort und mußte 1872 eine allgemeine Erhöhung um 15 % vornehmen. 1873 erfolgte als Ergänzung die Einführung des Wohnungsgeldzuschusses. Ähnlich wurden 1891 die Gehälter der Unterbeamten um 15 %, 1897 die der mittleren und oberen Beamten um 10 % aufgebessert. Die neueste Besoldungserhöhung von 1908 ist dagegen aus einem Guß und nach gleichen Gesichtspunkten vorgenommen worden. In manchen deutschen Bundesstaaten war mit dem Eintritt in die konstitutionelle Ära zunächst eine empfindliche Verminderung der Gehälter verbunden, namentlich da, wo der Staatsdienst noch im wesentlichen als eine Domäne des Adels und der höheren Klassen erschien, wie in Hannover und Sachsen; die bürgerlichen Mittelklassen, die nun zu Einfluß gelangten, namentlich seit 1848, hatten kein Interesse an einer standesgemäßen Ausstattung der Beamten; im Hinblick auf Hannover, in der Zeit nach 1848, hat man wohl gar von Hungerlöhnen der Beamten gesprochen. Indessen auch hier setzte seit den 50er und 60er Jahren eine Tendenz zur Erhöhung der Gehälter ein; in Sachsen war es der Minister Frhr. v. Friesen, der eine auskömmliche Besoldung für die Beamten durchgesetzt hat, seit den 60er Jahren; seine Lebenserinnerungen enthalten manches Interessante über die Verhältnisse des sächsischen Staatsdienstes. In Süddeutschland waren die Gehälter im allgemeinen etwas niedriger als im Norden; aber das Leben war auch vielfach billiger; solange noch die alte Guldenwährung bestand, konnte man sagen, daß in Bayern der Gulden so weit reiche wie in Preußen der Taler (Lotz). Die jetzt bei der bayerischen Besoldungsreform für die verschiedenen Hauptklassen der Beamten ausgeworfenen Gehälter bleiben – abgesehen von den obersten Stufen, namentlich den Ministergehältern – hinter den preußischen nicht mehr zurück.

Die modernen rationellen Besoldungssysteme haben sich erst langsam im Laufe des 19. Jahrhunderts entwickelt, und es ist nicht ohne Interesse, ihre innere Geschichte etwas näher zu verfolgen. Der Ausgangspunkt ist überall der typische ältere Zustand, bei dem das Einkommen der einzelnen Amtsstelle lokal und individuell bestimmt ist, und zwar in einer sich gleichbleibenden, ein- für allemal festgesetzten Höhe, soweit es sich um das eigentliche Gehalt handelt. Neben dem Geldgehalt nehmen in diesem älteren Zustand in der Regel noch Naturalbezüge mannigfaltigster Art eine sehr bedeutende Stelle ein: Dienstwohnung, Lieferung von Brennholz, Getreide, Wild, Vorspann, Pferderationen usw. Auch diese Deputate sind im allgemeinen fest normiert. Außerdem aber besteht vielfach ein ganz wesentlicher Teil des Amtseinkommens in den mit den Amtshandlungen verbundenen Gebühren: Gerichtssporteln, Schreibgebühren und anderen Kanzleitaxen, Stolgebühren, Schulgeld und anderen Akzidenzien oder Emolumenten. Diese Art von Einkünften ist natürlich von schwankender Höhe, steigend und fallend je nach den Konjunkturen des amtlichen Betriebes oder auch nach dem Maße von Geschicklichkeit und Raffinement, mit dem der Amtsinhaber die gesetzlichen Bestimmungen auszunutzen und unter Umständen auszubeuten versteht. Wo eine strenge obrigkeitliche Kontrolle fehlt, ist namentlich das gerichtliche Sportelwesen zu allen Zeiten der Gefahr schlimmer Mißbräuche ausgesetzt gewesen. Als in Preußen der Großkanzler Cocceji unter Friedrich dem Großen 1746 bis 1756 die erste große Justizreform vornahm, richtete er auf diesen Punkt sein besonderes Augenmerk. Er sprach in seinen Berichten an den König davon, daß in manchen Gegenden (namentlich in Cleve-Mark) die Richter in den Ämtern als wahre Blutsauger und Räuber geschaltet hätten; und er hob ganz allgemein den

Übelstand hervor, daß der persönliche Bezug der Sporteln durch die Richter, die eine Sache bearbeiteten (denn auch bei den großen Kollegialgerichten erhielten die Referenten persönlich die Gebühren) – daß dieser Zustand dazu führen müsse, die Richter, ähnlich wie die Advokaten, daran zu interessieren, daß der Prozeß recht lange dauere und möglichst viel an Sporteln abwerfe, d. h. also den Parteien das Geld aus der Tasche ziehe. Die Einsicht in die Schädlichkeit dieses Systems hat dann dazu geführt, daß die Sporteln fortan in Preußen nicht mehr den einzelnen Richtern zugute kamen, sondern daß sie in eine königliche Sportelkasse flossen und dazu verwandt wurden, nach einem festen Plane die Gehälter der Richter im ganzen Kollegium zu verbessern. Wie groß unter Umständen der Spielraum der Beamten beim Sportulieren sein konnte, dafür teilt Lotz aus Tiedemanns Lebenserinnerungen ein interessantes Beispiel aus Schleswig-Holstein mit, wo Tiedemann in der dänischen Zeit vor 1864 als Amtmann waltete und wo die Zustände noch ganz im Stil der alten Zeit erhalten geblieben waren. Es ist eine große Gerichtsverhandlung, die in einem Termin von morgens früh bis in den Nachmittag hinein dauerte und für die Tiedemann sich 29 M. an Gebühren berechnete; die Sache hätte sich aber auch anders berechnen lassen, wenn statt des einen Termins am selben Tage mehrere angesetzt worden wären; dann wäre der Ertrag 104 M. gewesen. Es wird auf diese Weise begreiflich, wie der Amtsvorgänger Tiedemanns 6000 M. im Jahre an Sporteln einnehmen konnte, während er selbst nur 2000 M. hatte. Das ist zugleich ein Beweis dafür, wie verderblich dies Sportelsystem für das Publikum werden kann.

In den meisten deutschen Staaten sind die Sporteln als Bestandteile der Amtsbesoldung erst im 19. Jahrhundert in Fortfall gekommen, und ebenso die Naturalbezüge der Beamten. In Hannover fand eine derartige Modernisierung des Besoldungswesens erst 1822 statt; alle Gebühren flossen seitdem in königliche Kassen, alle Nebenbezüge wurden aufgehoben, die Gehälter wurden fest normiert. Aber es blieb doch noch üblich, daß Beamte zugleich vorteilhafte Pachtungen von staatlichen Domänen übernahmen, die mit ihrem Amt einen inneren Zusammenhang hatten. Sehr interessant ist in Bayern der organische Zusammenhang der ländlichen Verfassung und der Art der Beamtenbesoldung. Weil der Staat bis zum Jahre 1848 noch aus abgabepflichtigen Domanialhöfen eine große Naturalrente bezog, blieb auch bei der Neuregelung des Amts- und Gehaltswesens zu Anfang des 19. Jahrhunderts der alte Gebrauch bestehen, daß die Beamten einen Teil ihres Gehalts in solchen Getreide- und anderen Naturalbezügen erhielten. Nachdem aber 1848 die Ablösung dieser Domanialabgaben erfolgt war, hörte auch bei den Beamten das System der Naturalbesoldung auf, und erst seit dieser Zeit hatte man in Bayern lediglich Geldgehalte.

Wo in der Hauptsache schon Geldgehalte ohne Naturalbezüge und Sporteln üblich waren, wie in Preußen seit der Mitte des 18. Jahrhunderts, da blieb auch die individuelle Bestimmtheit und die lokale Verschiedenheit der Amtsbesoldung nicht leicht erhalten. Man konnte nun vergleichen, und man begann zu generalisieren. Man faßte die Ämter gruppenweise zusammen, unterschied sie nach Kategorien; für jede Kategorie von Ämtern wurde eine bestimmte Summe ausgeworfen, und diese Summe wurde auf die einzelnen Amtsstellen bald auch in der Weise verteilt, daß man eine untere, mittlere und obere Gehaltsstufe unterschied, die natürlich dem Dienstalter der Beamten entsprechen sollten. Es ist das System des sukzessiven Vorrückens der Beamten in eine höhere Gehaltsstufe, das damit ausgebildet wird. Es beginnt in Preußen schon unter Friedrich Wilhelm I. und beherrscht in allmählich fester gewordener Ausbildung das Amtswesen in fast allen deutschen Staaten bis in das letzte Jahrzehnt des 19. Jahrhunderts hinein. Man kann es als das *Gehaltsstufen*system bezeichnen. Der Sinn dieses Systems in seiner ausgebildeten Gestalt war der, daß der Beamte in den Jahren, wo die Kosten eines Familienhaushalts durch die Aufwendungen für die Erziehung der Kinder zu steigen pflegen, also etwa mit dem Eintritt in das 50. Lebensjahr, zur höchsten Gehaltsstufe in der Regel aufgestiegen sein sollte. Dieses Aufsteigen war aber bei dem System davon abhängig, daß eine Vakanz vorhanden war, daß also der Vordermann, sei es durch Versetzung in ein höheres Amt oder durch Pensionierung oder durch Todesfall dem auf den Eintritt der Vakanz wartenden Nachfolger Platz machte. Aber der Abgang vollzog sich natürlich nicht immer mit der Regelmäßigkeit, die bei der Einstellung des Nachwuchses vorausgesetzt werden mußte; und so fand das beabsichtigte regelmäßige Aufrücken in die höheren Gehaltsstufen in der Wirklichkeit keineswegs allgemein statt. Die höheren Gehaltsstufen trafen nicht in der wünschenswerten Regelmäßigkeit mit dem höheren Lebensalter und den gesteigerten Familienausgaben zusammen; es gab namentlich in den oberen Stufen, in den Ministerien, vielfach junge Geheime Räte, die schon in den 40er Jahren die höchste Gehaltsstufe erreichten, während andere, die langsamer befördert worden waren, erst in den 60er Jahren in den Genuß der Bezüge traten, die für die 50er Jahre eigentlich bestimmt waren; und auch in den mittleren und unteren Stufen, wo das Aufrücken regelmäßiger stattfindet, kamen doch starke Abweichungen von dem Normalschema vor, namentlich da, wo dies Gehaltsstufensystem sich nicht innerhalb eines größeren Staates im ganzen bewegte, sondern innerhalb gewisser Verwaltungsbezirke, etwa einer Provinz oder eines Regierungsbezirks. Da konnte es vorkommen, daß in dem einen Bezirk das Avancement unverhältnismäßig günstig, in einem andern äußerst ungünstig war. Diese Nachteile machten sich natürlich bald bemerklich, aber man blieb trotzdem ziemlich lange bei diesem System, weil es den Vorzug hatte, daß es durch seine Stabilität den Rücksichten entsprach, die man auf die Staatsfinanzen zu nehmen hatte. Eine Veränderung in dem Sinne, daß das Aufrücken im Gehalt nicht mehr von dem Eintritt in die objektiv festgestellte höhere Gehaltsstufe abhing, sondern von dem Dienstalter der Beamten, ganz abgesehen davon, ob eine Vakanz vorhanden war oder nicht, brachte natürlich bei der Bemessung des staatlichen Besoldungsfonds ein Element der Unsicherheit und des Schwankens mit sich, das vorsichtige Finanzpolitiker lange Zeit vermeiden zu müssen glaubten. Als aber mit der zunehmenden Bedeutung der indirekten Steuern und der Zölle, mit der Verstaatlichung der Eisenbahnen und anderen finanziellen Veränderungen ohnehin der Staatshaushalt die alte Stabilität verlor und die Staatseinkünfte selbst vielfach von den Konjunkturen des Wirtschaftslebens abhängig wurden, da verlor sich auch die Scheu vor dieser Veränderung im Besoldungswesen, und man begann, seit den 70er Jahren schon in den kleineren und mittleren Staaten, seit den 90er Jahren auch in Preußen, überzugehen zu dem *System der Dienstaltersstufen*, das nun so berechnet war, daß in 3- bis 5jährigen Intervallen ein regelmäßiges Aufrükken im Gehalt erfolgte, bis etwa im Anfang der 50er Lebensjahre das Höchstgehalt erreicht war. Dies ist das System der Gehaltsregulierung, das wir praktisch noch gegenwärtig in Deutschland haben; in der Theorie aber ist man auch darüber bereits hinausgekommen. Es hat sich herausgestellt, daß auch dies System die gewollte Wirkung, daß nämlich der Genuß des Höchstgehalts mit dem Eintritt in die 50er Jahre zusammenfällt, nicht immer erzielt. Der Fehler liegt darin, daß das Lebensalter der ersten Anstellung nicht immer das normale ist, das der Berechnung zugrunde liegt, und zwar deshalb nicht, weil natürlich die Zahl der Stellen im ganzen etatmäßig festgelegt und also beschränkt ist, so daß Neuanstellungen nur nach Maßgabe des Abgangs älterer Beamter und der dadurch entstandenen Vakanzen erfolgen können. Wo der Abgang gering ist (weil etwa früher einmal massenhaft Beamte in sehr jungen Lebensjahren zur Anstellung gelangt sind) und wo außerdem ein starker Nachwuchs an Bewerbern vorhanden ist, da können auch bei diesem System, gerade auch in großen Staaten, erhebliche Unzuträglichkeiten entstehen.

Um diese zu vermeiden, empfiehlt man neuerdings das System der *Lebens*altersstufen statt der *Dienst*altersstufen. Nach diesem System soll die Höhe des Gehalts innerhalb der für jede Kategorie von Ämtern bestimmten Grenzen nicht gebunden sein an das Dienstalter, sondern an das Lebensalter, und zwar in der Weise, daß der Genuß des Höchstgehalts mit dem 50. oder 52. Lebensjahr eintritt und die niedrigeren Gehaltsstufen absteigend in gewissen Intervallen – etwa 3 Jahre – für die entsprechenden niedrigeren Lebensjahre bestimmt werden. Danach würde also ein Beamter, der verhältnismäßig jung zur Anstellung gelangt, so lange bei seinem Anfangsgehalt bleiben müssen, bis er die betreffende Altersgrenze, an die die höhere Gehaltsstufe gebunden ist, erreicht hat; dagegen würde ein Beamter, der verhältnismäßig spät zur Anstellung gelangt, unter Umständen nicht das Anfangsgehalt, sondern ein seinem höheren Lebensalter entsprechendes höheres Gehalt beziehen. Namentlich beim Übergang von einer Kategorie von Ämtern zur andern würde diese Regelung eine größere Gleichmäßigkeit mit sich bringen. Es ist ja auch dabei allerlei zu bedenken, aber im großen und ganzen scheint in der Tat dieses System der Lebensaltersstufen den Vorzug vor dem der Dienstaltersstufen zu verdienen; eingeführt ist es aber bisher in Deutschland noch nirgends.

Bei den Vorlagen für die letzte Besoldungsregulierung in Preußen (1908) hatte die Regierung auch eine differentielle Behandlung der verheirateten und der unverheirateten Beamten vorgeschlagen, in der Weise, daß den unverheirateten die Dienstalterszulagen in einem gewissen Umfange gekürzt werden sollten. Die Gründe, die dafür vorgebracht wurden, erscheinen aber wenig stichhaltig, und es ist nicht zu bedauern, daß dieser Vorschlag schon bei den Kommissionsberatungen gefallen ist. Die Begründung ging von dem Prinzip aus, daß die Besoldung des Beamten auf die Bedürfnisse eines Familienhaushalts zugeschnitten sei, aber sie vernachlässigte das andere ebenso wichtige Prinzip, daß die Besoldung das Äquivalent für die Überlassung der vollen Arbeitskraft eines Mannes ist. Sie ist zwar nicht die Bezahlung für einzelne, bestimmte Arbeitsleistungen, aber sie ist ebensowenig geradezu eine den individuellen Bedürfnissen sich anpassende Alimentation; sonst müßte nicht nur die Tatsache der Verheiratung, sondern auch die Zahl der Kinder und das vorhandene Vermögen in Betracht gezogen werden, denn bekanntlich bedeutet namentlich bei den höheren Beamten und Offizieren die Verheiratung im allgemeinen nicht gerade eine Verschlechterung der ökonomischen Lage. Übrigens besteht eine Differenzierung, die in der Natur der Sache liegt und keinen Beigeschmack von Ungerechtigkeit hat, bereits insofern, als die Witwen- und Waisengelder ebenso wie die Pension als eine nachträgliche aufgeschobene Gehaltszahlung aufgefaßt werden können, die einen erheblichen Mehraufwand des Staates für die verheirateten Beamten darstellt. Es ließen sich noch viele Gründe im selben Sinne geltend machen, aber ich muß mir versagen, näher auf die Materie einzugehen, die ja praktisch wohl auf absehbare Zeit erledigt ist. Ich will nur noch hinzufügen, daß die bayerische Besoldungsvorlage sich entschieden und mit überzeugenden Gründen gegen das von der preußischen Regierung vorgeschlagene Prinzip gewandt hat. Im Hintergrunde steht dabei wohl die Gehaltsfrage der katholischen Geistlichen. In Preußen erhalten sie bekanntlich einige hundert Mark weniger an Gehalt als die protestantischen mit ihrem sprichwörtlichen Kinderreichtum. Die Konsequenz dieser Tatsache wäre ja allerdings die allgemeine Differenzierung der Gehälter zwischen verheirateten und unverheirateten Beamten; aber ich glaube, es wäre gerechter, den Unterschied auch hier zwischen den Geistlichen beider Konfessionen zu beseitigen.

Eine andere Prinzipienfrage bei der jüngsten Regelung des Besoldungswesens in Preußen wie in Bayern ist die Frage der Gleichstellung der akademisch gebildeten Beamten, gleichgültig, ob sie obrigkeitliche Befugnisse auszuüben haben oder in der technischen Verwaltung oder im Unterricht sich betätigen. Es ist im Kern die vielumstrittene Frage der Gleichstellung der Oberlehrer mit den Richtern. Sie ist ja jetzt, und die ganze Prinzipienfrage überhaupt, von der Gesetzgebung in Preußen wie in Bayern im bejahenden Sinne gelöst. Keiner von den höheren Berufsständen hat in dem letzten Menschenalter so viele Erfolge errungen wie der der Oberlehrer; es ist zum guten Teil eine Folge ihrer kräftigen Organisation und der nachdrücklichen Vertretung ihrer Standesinteressen.

Nur teilweise gelöst ist die Frage der Gleichstellung zwischen den gleichartigen Beamten der Lokal-, Provinzial- und Zentralinstanz. Es ist eine Frage, die mit der Organisation der Ämter zusammenhängt und nicht gleichmäßig für alle Zweige des Staatsdienstes zu entscheiden ist. Es kommt auf die Leistungen an, die von den einzelnen Kategorien von Beamten gefordert werden, und auf das Interesse des Dienstes, das ebenso in der Lokalinstanz tüchtige Beamte verlangt, wie es andererseits erfordert, daß die höheren, arbeits- und verantwortungsvolleren Stellen auch durch das höhere Gehalt einen Anreiz auf die Bewerber ausüben können. Man hat in Preußen die Amtsrichter und die Oberlandesgerichtsräte im Endgehalt gleichgestellt, indem man von der Voraussetzung ausging, daß es eine qualitativ gleichartige Tätigkeit sei, die beide Kategorien auszuüben haben; ob das ganz gerecht ist, mag dahingestellt bleiben; es sind im allgemeinen nicht die Durchschnittsjuristen, die in die Oberlandesgerichte berufen werden; jedenfalls wäre eine allgemeine Ausdehnung der Maßregel, zugleich auch im Sinne einer Ausgleichung mit der Zentralinstanz, kaum zu empfehlen, obwohl ja das einmal angenommene Prinzip die Tendenz hat weiter zu wirken.

In gleichem Schritt mit dem Besoldungswesen hat sich, auch erst im 19. Jahrhundert, das Pensionswesen und die Sorge für die Hinterbliebenen der Beamten entwickelt in dem Sinne, daß eine feste Ordnung eingeführt und ein förmlicher Rechtsanspruch begründet worden ist. Die Versorgung alter und dienstunfähiger Beamter geschah früher im Wege der Emeritierung, die sich, wie so manches Überbleibsel älterer Amtsinstitutionen, am längsten im Stande der Geistlichen gehalten hat. Sie war aber früher ganz allgemein in allen Ämtern üblich. Dem alt und dienstunfähig gewordenen Beamten wurde ein jüngerer beigesellt, der ihm seine Amtspflichten ganz oder zum Teil abnahm und mit dem er sich nach näherer Übereinkunft in die Einkünfte des Amtes teilte. Der Gehilfe war oft ein Sohn oder ein Schwiegersohn des Emeritus oder sonst ein Mann seiner Wahl; er hatte den Anspruch auf die Nachfolge im Amt, wenn der Emeritus starb; eine solche Anwartschaft auf das Amt des Vaters wurde auch sonst den Söhnen von Beamten oft erteilt; in Frankreich nannte man das survivance, und diese Bezeichnung für die Einrichtung begegnet auch im älteren preußischen Amtswesen hin und wieder. Friedrich der Große und seine Nachfolger verliehen auch wohl schon Pensionen, sorgten hie und da auch für die Hinterbliebenen verdienter Beamten; aber das alles war Gnadensache, es gab keine feste Ordnung und keinen Rechtsanspruch in diesen Dingen. Als eine amtsrechtliche Institution ist die Pensionsberechtigung in Preußen erst durch den Finanzminister Motz bei der Gehaltsregulierung von 1825 eingeführt worden, und es ist lehrreich für die allgemeine Entwicklung dieser Institution, daß sie damals eigentlich noch den Charakter einer Zwangsversicherung trug und nach versicherungstechnischen Prinzipien geregelt war. Die Beamten hatten Beiträge in Höhe von 1 % bis 5 % ihres Gehalts zu leisten, und die Pensionsbezüge, die sie erhielten, richteten sich nach der Höhe der Beiträge und nach der Zahl der Beitragsjahre. Eine derartige Zwangsversicherung war überall der Vorläufer des heutigen staatlichen Pensionswesens. Es war eine Regelung, die noch mehr auf individualistischen als auf sozialpolitischen Ansichten und Grundsätzen beruhte. Frankreich ist noch heute nicht über diese Stufe der Entwicklung hinausgekommen: die Pension beruht dort noch auf Zwangsbeiträgen, und ihre Verwaltung ist mit der Staatsschuldenverwaltung verbunden. In Deutschland aber vollzog sich seit der zweiten Hälfte des 19. Jahrhunderts die Wandlung, daß die Zwangsbeiträge oder Gehaltsabzüge der Beamten allmählich in Wegfall kamen und daß der Staat die angemessene Versorgung der alt und dienstunfähig gewordenen Beamten als eine in der Natur des Staatsdienstes begründete staatliche Verpflichtung anerkannte. In diesem Sinne ist denn auch in Preußen bei der Gehaltsregulierung von 1872 das Pensionswesen neu geordnet worden.

Einen ähnlichen Entwicklungsgang zeigt auch die Hinterbliebenenversicherung, die anfänglich überall auf Beiträgen der Versicherten aufgebaut war. Staatliche Witwenkassen für den Beamtenstand finden sich schon im 18. Jahrhundert in Österreich und einigen kleineren deutschen Territorialstaaten; in Preußen war unter Friedrich dem Großen (1775) eine allgemeine königliche Witwen-Verpflegungsanstalt als freie Hilfskasse begründet worden; sie ließ sich aber in dieser Form nicht halten und ist im Laufe der ersten Hälfte des 19. Jahrhunderts auf den staatlichen Beamtenstand beschränkt und in eine reine Staatsanstalt verwandelt worden. Eine abschließende Regelung erfolgte im Jahre 1856. Ähnliche Anstalten gab es in den anderen deutschen Staaten. Überall lag eine Beitragspflicht nach versicherungstechnischen Prinzipien zugrunde, die aber anfangs sehr fehlerhaft waren und erst im Laufe des 19. Jahrhunderts mehr und mehr verbessert worden sind; eine besondere Waisenunterstützung war damit noch nicht verbunden. Nur Bayern hatte schon in der Dienstpragmatik von

1805 den Grundsatz aufgestellt, daß die Witwen- und Waisenpensionen ebenso wie das Ruhegehalt (Standesgehalt) der Beamten selbst als ein ergänzender Teil der Besoldung ohne Beitragspflicht der Beteiligten lediglich vom Staate zu bestreiten seien. Dieser soziale Grundsatz ist dann über den älteren individualistischen zum Siege gelangt seit dem Reichsgesetz von 1881, das für die Reichsbeamten staatliche Witwen- und Waisenpensionen ohne Beitragspflicht der Beamten einführte. Diesem Beispiel ist zuerst Preußen gefolgt (1882), dann auch andere deutsche Staaten (Sachsen 1890).

Ich komme nun zu dem letzten wichtigen Punkte, den ich hier noch erörtern möchte; es ist der, an dem meiner Ansicht nach das soziale Hauptinteresse und auch das eigentliche Hauptproblem der Gegenwart hängt; es handelt sich um das, was ich bezeichnen möchte als die soziale Expansions- und Assimilationstendenz des Beamtentums. Wir stehen vor der bedeutsamen Tatsache, daß sich das eigentliche öffentliche Beamtentum namentlich in den letzten 30 Jahren sehr stark ausgedehnt hat, daß es namentlich ganze Schichten oder Gruppen der Gesellschaft in seinen Kreis hineingezogen hat, die ihm früher nicht angehörten, und daß ferner eine starke Bewegung im Gange ist, die zur Annäherung des Arbeiterverhältnisses an das Beamtenverhältnis zu führen scheint.

Der öffentliche Beamtenstand hat sich mit der Verstaatlichung der Eisenbahnen, mit der starken Ausdehnung des Post- und Telegraphenwesens, mit der Einrichtung großer kommunaler Betriebe, wie Elektrizitäts-, Gas- und Wasserwerke, Straßenbahnen, Schlachthäuser, Kanalisationsanlagen, nahezu verdoppelt; und zugleich ist in dem Arbeiterstande solcher kommunaler und staatlicher Betriebe eine Veränderung vor sich gegangen, die sich als eine Annäherung an den Beamtenstand charakterisieren läßt. Diese Veränderung liegt namentlich in der statutmäßigen Normierung und Stabilisierung des Arbeitsverhältnisses, in der relativen Sicherung gegen willkürliche Entlassung, in der Einführung fester Lohnskalen, die mit dem Dienstalter aufsteigen, längerer Lohnperioden statt des sonst üblichen Tagelohns, in der Gewährung von kurzem Urlaub, in der Gewährung von Zuschüssen zum Krankengeld bis zur Höhe des Lohnes, in der Einrichtung von Arbeiterwohnungen nach Analogie der Dienstwohnung der Beamten und in anderen ähnlichen Wohlfahrtseinrichtungen[14]. Kombiniert man diese Erscheinung mit der im Hintergrund stehenden allgemeinen sozialen Versicherungsgesetzgebung und mit dem gegenwärtig schwebenden Plan, auch für das große Heer der Privatbeamten für die Gehaltsstufen von 2000 bis zu 5000 M. eine Pensions- und Hinterbliebenenversicherung einzuführen in Form einer staatlichen Zwangsversicherung mit Beiträgen der Unternehmer und der Versicherten von 8 % bis 10 % der Gehälter – kombiniert man das alles, so hat man das Bild einer weitreichenden Bewegung von staatssozialistischem Charakter, die für große Volkskreise eine Annäherung an das Beamtenverhältnis erstrebt, wie es sich in dem öffentlichen Dienst ausgebildet hat. Es ergibt sich daraus die Frage: ist diese Bewegung gesund und berechtigt oder nicht? Soll man den Geist des Beamtenstandes einzuschränken suchen oder soll man seiner Ausdehnung freien Lauf lassen?

Die Vorwürfe gegen den Geist des Beamtenstandes, den Geist der Abhängigkeit, der Routine, des Schlendrians, des seelenlosen, die Persönlichkeit aufreibenden Dienstmechanismus – diese Vorwürfe sind ja alt und zum Teil wohlberechtigt. Es gehörte seit dem Beginn des 19. Jahrhunderts zum beständigen Programm der liberalen Politiker, über die Bürokratie zu schelten. Keiner hat härtere Worte über das Beamtentum gesprochen als Stein, der Begründer der Selbstverwaltungsinstitutionen in Preußen, der, erfüllt von dem Ideal einer freien ehrenamtlichen Verwaltungstätigkeit der Bürger (d. h. vor allem der Grundbesitzer), über den Mietlingsgeist der bezahlten Beamten spottete, die Land und Leute nicht kennen, mit denen sie zu tun haben, die tagaus tagein in ihren Büros sitzen, pünktlich jeden Ersten des Monats ihr Gehalt aus der Staatskasse erheben und im übrigen schreiben, schreiben, schreiben. Diese Kritik ist nicht unfruchtbar geblieben; sie hat einen starken Umschwung in dem ganzen Dienstbetrieb zur Folge gehabt, und vor allem: sie hat uns neben dem Berufsbeamtentum die Selbstverwaltung gebracht, ungefähr in dem Umfange, in dem wir sie brauchten. Aber die Vorwürfe gegen den Beamtengeist sind auch heute nicht verstummt; nicht bloß die literarischen Zigeuner der radikalen Witzblätter machen ihre Glossen und Sarkasmen darüber, daß so viele Deutsche nach einem pensionsberechtigten Posten oder Pöstchen streben; auch in unseren Parlamenten wird die Klage erhoben, daß der Andrang zur Staatskrippe zu stark sei, und die Forderung gestellt, daß der Beamtenapparat eingeschränkt werde; und namhafte Gelehrte von hochgespanntem ethischen Individualismus sehen in der Ausdehnung des Beamtentums, das sie eigentlich nur als ein notwendiges Übel gelten lassen, eine Gefahr für die Gesundheit des Volkskörpers, das Grab der freien aufrechten Persönlichkeit, des Unternehmungsgeistes, der Selbständigkeit und Selbstverantwortlichkeit, der patriotischen Initiative des Bürgers[15]. Ich verkenne keineswegs, daß in dieser Kritik manches Berechtigte liegt; aber sie schießt, wie mir scheint, weit über das Ziel hinaus; sie ist im Grund mehr eine Satire auf den Beamtenstand als ein fruchtbares sozialpolitisches Programm. Es ist ja richtig, daß geniale Individuen, Herrenmenschen und Konquistadorennaturen nicht in den Beamtenstand hineinpassen – obgleich auch in diesem Hause viele Wohnungen sind für verschiedenartige Gäste; am Ende wären von der Berufsstatistik doch auch Männer wie Goethe und Bismarck zum Beamtenstande zu rechnen gewesen. Jedenfalls hat es zu allen Zeiten Persönlichkeiten von starker und bedeutender Eigenart gegeben, die durch die Beamtenlaufbahn und Beamtentätigkeit *nicht* zerbrochen und zerrieben worden sind; und für die Masse der Durchschnittsmenschen mag sogar das Gefühl, einem großen Ganzen anzugehören, von dem das Wohl und Wehe von Millionen abhängt, wenn auch nur als bescheidenes Rädchen der Maschine, eine Art von Ersatz bieten für die mangelnde Persönlichkeit, die ja doch zu allen Zeiten und in allen Ländern immer nur ein seltenes Glück der Erdenkinder zu sein pflegt.

Ich verstehe es, wenn ein ganz großer Privatbeamter, wie ein Bergwerks- oder Bankdirektor, dessen Einkommen das Vielfache eines Ministergehalts beträgt, im Gefühl seiner Leistungen und seiner Unentbehrlichkeit gern auf einen Anstellungskontrakt mit längerer Kündigungsfrist verzichtet und mit Geringschätzung auf die von seinem Standpunkt aus kümmerlichen Garantien blickt, die das öffentliche Beamtenverhältnis mit seinem Rechtsanspruch auf Amt und Gehalt samt Pension und Hinterbliebenenversorgung bietet. Und ich verstehe auch, wie ein strebsamer Ingenieur oder Techniker oder auch ein kaufmännischer Disponent oder Prokurist, der die Aussicht hat, sich selbständig machen zu können, mehr Interesse an der Einführung des Erfindungsschutzes für die Angestellten der großen Industrieunternehmungen oder an der Einschränkung der Konkurrenzklausel im Anstellungsvertrag nimmt als an der Realisierung des Projektes der Pensionsversicherung. Aber die große Masse strebt doch mehr nach Sicherung der Lebensstellung, und sie hat von ihrem Standpunkt aus ein gutes Recht dazu. Und warum soll man es einem Arbeiter verargen, wenn er für seine Kinder als Zukunftsideal den Posten eines kleinen Beamten mit gesicherter Stellung und mit Pensionsberechtigung erstrebt? Ist das nicht immerhin ein beträchtlicher sozialer Aufstieg? Ich glaube, die allermeisten Arbeiter würden gar kein Verständnis dafür haben, wenn man ihnen vorstellen wollte, daß ein freier Arbeiter, der einer sozialdemokratischen Organisation angehören und unter Umständen streiken kann, mehr Persönlichkeitswert besitze als ein kleiner Beamter, dem beides versagt ist.

Es ist doch auch sehr fraglich, ob die Persönlichkeit des Arbeiters, der unter dem terroristischen Druck einer sozialdemokratischen Gewerkschaft steht, freieren Spielraum zu ihrer Ausbildung hat als in einem städtischen oder staatlichen Arbeitsverhältnis, wo sozialdemokratische Betätigung ausgeschlossen ist und die Koalitionsfreiheit, die doch auch hier nicht fehlt, nur selten zu scharfen Lohnkämpfen und Arbeitseinstellungen führt. Es ist eine weitverbreitete, aber unberechtigte Auffassung, als ob auf seiten der Opposition immer die größere individuelle Tüchtigkeit sei als auf seiten derer, die mit der Autorität in Frieden leben. Bei einzelnen Führern mag das zutreffen, für die große Masse ist es nicht richtig. Gewiß wäre es vom Standpunkt des allgemeinen Menschentums zu wünschen, daß es mehr wirtschaftlich selbständige Existenzen gäbe; aber da es nun einmal im Zuge der modernen wirtschaftlichen Entwicklung liegt, daß bei der zunehmenden Konzentration des Kapitals und der Unternehmungen der Raum für solche immer mehr eingeschränkt wird, der alte selbständige Mittelstand großenteils einem neuen unselbständigen Platz macht, so ist es doch wohl besser, daß dieser die Form einer relativ gesicherten Beamtenexistenz annimmt als die eines Standes von höher bezahlten Lohnarbeitern, dessen Angehörige jeden Tag auf die Straße gesetzt werden können.

Ich vermag die Gefahren, die in der Ausdehnung des Beamtenverhältnisses und in der Schaffung von Arbeiter-Beamten liegen sollen, nicht für so groß zu erachten, wie man sie dargestellt hat, und, soweit sie wirklich vorhanden sind, nicht als unabwendbar oder unüberwindlich weder in politischer noch in sozialer Hinsicht. Daß Beamte oder auch Arbeiter in staatlichen und kommunalen Betrieben gehindert sind, sich als Sozialdemokraten zu betätigen, ist meines Erachtens selbstverständlich und auch kein Unglück für sie, solange die Sozialdemokratie so bleibt wie sie ist, d.h. so staatsfeindlich, so antimonarchisch und im Grunde doch auch so utopisch. Für die Allgemeinheit aber scheint mir doch, wenn einmal die Sache so liegt, daß man nur die

Wahl hat zwischen einer Verstärkung der Sozialdemokratie oder einer Ausdehnung des Beamtenverhältnisses, die Entscheidung der Frage, auf welcher Seite das größere Übel liege, nicht zweifelhaft zu sein. Ich halte es auch nicht für richtig, daß die Staatsbetriebe dazu führen müßten, die maßgebenden Staatsorgane auf den privatindustriellen Unternehmerstandpunkt, d.h. in eine Kampfstellung gegenüber den Arbeitern zu drängen, sie einer chronischen Verärgerung durch die täglichen Reibungen im Betriebe auszusetzen und ihnen dadurch die sozialpolitische Stimmung zu verderben. Derartiges mag gelegentlich vorkommen, aber solche Stimmungen verflüchtigen sich in den obersten Regionen der Staatsleitung weit eher als in Privatbetrieben und treten auch überhaupt nicht in derselben Intensität auf. Der Staat braucht ja nicht in dem Maße auf den Profit zu sehen wie der Privatunternehmer; und gerade in den Betrieben, wo der Staat keine private Konkurrenz hat, wie bei Post und Eisenbahn, liegen die Verhältnisse auch in sozialer Hinsicht viel befriedigender als da, wo er mit solcher Konkurrenz zu rechnen hat, wie bei den Bergwerken. Die Frage ist im Grunde eine finanzielle und weist auf das Problem einer ergiebigen und gerechten Besteuerung zurück.

Natürlich gibt es auch auf diesem Gebiet, wie überall, Mißbräuche und Auswüchse; man sollte von den Arbeitern kein politisches Glaubensbekenntnis verlangen, wie es der Bürgermeister Lueger in Wien getan hat, man sollte überhaupt alles, was nach Gesinnungsriecherei und Beschränkung der staatsbürgerlichen Rechte aussieht, in den Staats- und Kommunalbetrieben vermeiden und auch die Koalitionsfreiheit prinzipiell nicht einschränken. Freilich sozialdemokratische Organisationen oder gar Demonstrationen und offene Agitation darf der Staat in den öffentlichen Betrieben nicht dulden, nicht bei den Arbeitern und erst recht nicht bei den Beamten. Der Beamte, der sich als Sozialdemokrat betätigt, verletzt seine eidlich bekräftigte Dienstpflicht. Es würde heißen, den Glauben an das eigene Recht verleugnen, wenn der Staat in diesem Punkte Nachsicht üben wollte. Etwas anderes wäre es, wenn die Sozialdemokratie ihren absolut staatsfeindlichen, antimonarchischen Charakter ablegte. Man muß ja hoffen, daß es einmal dazu kommen wird; sonst sähe es um die Zukunft unseres Volkes traurig aus; aber das wird freilich noch lange Zeit dauern. Inzwischen sollte man die Staatsautorität gerade auch im Hinblick auf das Arbeiter- und Beamtenverhältnis in den Staatsbetrieben mit Ruhe und Konsequenz wahren, aber andererseits auch alle unnötigen Schikanen und Quälereien unterlassen, weil sie nur reizen und verbittern und mehr Schaden als Nutzen stiften. Im großen und ganzen wird man doch sagen dürfen, daß die Einrichtungen in unseren öffentlichen Betrieben, namentlich bei Post und Eisenbahn, sich auch nach der sozialen Richtung hin wohl bewährt haben und daß auch die kommunale Sozialpolitik darum nicht falsch ist, weil sie nicht gleich ein Eldorado für Beamte und Arbeiter zu schaffen vermag. Der starke Andrang zu den öffentlichen Betrieben legt doch ein günstiges Zeugnis für sie ab, das alle übelwollende Kritik nicht zu entkräften vermag. Trotzdem aber ist die Frage nicht unberechtigt, ob nicht eine weitere Ausdehnung der öffentlichen Betriebe und des Beamtenapparats von Übel wäre.

Es wird schwer sein, die Behauptung zu beweisen, daß die Zunahme des staatlichen Beamtentums bisher schon zu stark gewesen sei. Mit der wachsenden Staatstätigkeit, mit der zunehmenden Spezialisierung der Berufe ist auch eine Ausdehnung und Verfeinerung des Beamtenapparats bis zu einem gewissen Grade notwendig verbunden. Daß dieser Grad in der Wirklichkeit weit unter den Forderungen zurückbleibt, die aus dem Kreise der Behörden gestellt werden, ist jedem, der einen Einblick in diese Verhältnisse erlangt hat, bekannt; und jedermann kann sich davon überzeugen, wie bei unseren Etatsdebatten über jeden neuen Posten und jedes neue Gehalt zum Teil aufs heftigste gestritten wird. Wir dürfen wohl sagen, der Beamtenapparat, den wir heute haben, ist nicht größer, als wir ihn notwendig brauchen, solange wir überhaupt noch eine Beamtenverwaltung aufrechterhalten wollen; und wenn sich nicht von selbst Bewerber zu den im Rahmen dieses Apparats verfügbaren Stellen fänden, so müßte man geradezu nach solchen suchen! Eine reine Selbstverwaltung ist nur in verhältnismäßig unentwickelten Zuständen möglich; auch England und Amerika haben und brauchen ein bezahltes Beamtentum; und der erfolgreiche Wahlagitator, dem in Amerika die Beute eines Post- oder Zollamtes auf vier Jahre zufällt, mag wohl mehr Initiative und smartness besitzen als ein deutscher Postdirektor oder Zollinspektor, aber bei welcher Art von Beamten Staat und Gesellschaft besser wegkommen, das ist doch wohl keine Frage.

Es handelt sich also hauptsächlich noch um die Frage der Ausdehnung oder Einschränkung der Staats- und Kommunalbetriebe. Diese Frage ist von so vielen verschiedenartigen Voraussetzungen abhängig, daß ich sie hier nicht näher erörtern will; ich begnüge mich mit dem

Hinweis darauf, daß unsere ersten Sozialpolitiker der Meinung sind, daß weder Staat noch Gemeinde mit ihren gemeinwirtschaftlichen Betrieben bisher das gesunde Maß überschritten haben. Manche Sozialpolitiker, auch solche, die nicht Sozialisten sind, und namentlich auch manche Techniker sind sogar der Ansicht, daß eine erhebliche Ausdehnung dieser Betriebe in Zukunft notwendig werden kann. Man denkt dabei nicht bloß an Bergwerke oder Schiffahrtslinien, sondern vor allem auch an die sich so gewaltig entwickelnde elektrische Industrie. Wenn es über kurz oder lang dahin kommt, daß die elektrischen Kraftstationen mehr als bisher ausgedehnt und zugleich mehr als bisher zentralisiert werden – was technisch wie ökonomisch sich empfiehlt –, so wird der Staat vielleicht nicht umhin können, sich den maßgebenden Einfluß auf diese ungeheuer wichtigen Zentralen zu verschaffen, zumal wenn es zugleich zur Einführung des elektrischen Betriebes bei den Eisenbahnen kommen sollte, was manche Techniker nur für eine Frage der Zeit halten. In allen diesen Fragen der Staatsbetriebe spielt ja auch die Staatsräson eine entscheidende Rolle. Wie letzten Endes für die Verstaatlichung unserer Eisenbahnen die Erfahrungen des Krieges von 1870/71 maßgebend gewesen sind, so könnten Erwägungen der Staatsräson auch in Zukunft zur Ausdehnung der Staatsbetriebe Veranlassung geben. Abgesehen von solchen politischen Notwendigkeiten wird für die gemeinwirtschaftlichen Betriebe im allgemeinen eine doppelte Voraussetzung zu gelten haben: einmal, daß sie einen monopolartigen Charakter haben müssen, der die in- und ausländische Konkurrenz ausschließt, und zweitens, daß sie von einer relativen Einfachheit der technisch-ökonomischen Struktur sein müssen, wie sie den Bedürfnissen der finanziellen Stabilität und der etatrechtlichen Bindung öffentlicher Gemeinwirtschaften entspricht. Diese Voraussetzungen sind ja bei der Reichspost und den Staatseisenbahnen im großen und ganzen ebenso erfüllt wie bei den kommunalen Straßenbahnen, Elektrizitäts-, Gas- und Wasserwerken. Auf diesen Voraussetzungen beruht auch der Charakter des Beamtentums in diesen öffentlichen Betrieben. Es beruht darauf die Möglichkeit, daß bisher im großen und ganzen die Einrichtungen des alten obrigkeitlichen Beamtentums auf das neue Beamtentum der technisch-kaufmännischen Betriebe einfach haben übertragen werden können. Diese Möglichkeit würde schwinden, wenn die staatlichen Betriebe über die Grenzen jener Voraussetzungen hinaus ausgedehnt werden sollten, wenn ein Moment der Spekulation in diese Betriebe käme, wie es bei ganz großen Privatunternehmungen nicht auszuschalten ist, wo es auf ein kühnes Erfassen der Konjunktur ankommt, auf Geschäfte, über deren Erfolg man nicht von Jahr zu Jahr Rechenschaft ablegen kann, die weitsichtige Pläne und geduldiges Abwarten erfordern und sich nicht mit völliger pupillarischer Sicherheit abwickeln lassen. Die letzten Werftprozesse haben schon gezeigt, daß auch hier schon die beamtenmäßige Buchführung und Bilanzberechnung, die umständliche Kontrolle durch den Rechnungshof gewisse Nachteile oder Schwierigkeiten mit sich bringt. Man hat den Ruf erhoben: mehr kaufmännische Grundsätze in der Betriebsführung, im Rechnungs- und Kontrollwesen, in Büchern und Bilanzen; freiere Bewegung, größere Selbständigkeit der leitenden Beamten, Verminderung der bürokratischen Umständlichkeiten! Dieses Verlangen würde sich verstärken und würde an Berechtigung gewinnen in dem Maße, in dem die bisherige relative Einfachheit in der Struktur der Betriebe den komplizierten Verhältnissen großindustrieller Unternehmungen Platz machen würde. Damit würden dann auch wohl einschneidende Veränderungen in der Gestaltung des Beamtenverhältnisses verbunden sein, wie schon die jüngsten Kommissionsverhandlungen des Reichstags über diese Fragen gezeigt haben. Wenn die Betriebe mehr im kaufmännischen Sinne geleitet werden sollen, so bedürfen die leitenden Beamten eines weiteren Spielraums für ihre geschäftlichen Maßnahmen; und dieser vermehrten Selbständigkeit wird eine schärfere Verantwortlichkeit entsprechen müssen. Es ist im Reichstag hervorgehoben worden, daß es heute nicht möglich sei, einen Werftdirektor anders als auf dem Wege des Disziplinarverfahrens von seiner Stelle zu entfernen; und doch könnte ein Mangel an geschäftlichem Talent, der keiner disziplinarischen Ahndung unterliegen würde, bei einem solchen Beamten dem Staate Tausende und Millionen kosten. Es müßte also möglich sein, solche kaufmännischen Beamten geradeso wie die politischen unter Umständen zur Disposition zu stellen; der Grundsatz der unbedingt festen Anstellung ließe sich bei einer kaufmännischen Geschäfts- und Betriebsführung ebensowenig aufrechterhalten wie der Grundsatz der Beförderung nach der Anciennität. Es würde sich also in diesen Dienstzweigen um eine Annäherung des öffentlichen Beamtentums an das private handeln. Wir würden wieder die historische Erfahrung bestätigt finden, daß, wenn neue große Aufgaben zu lösen sind, das alte, gar zu stabil gewordene Beamtentum nicht mehr ausreicht, daß ihm zur Seite eine beweglichere, den neuen Aufgaben sich besser anpassende Schicht von Funktionären geschaffen werden muß – ähnlich jenen alten Kriegskommissarien aus der Zeit, wo Militarismus und Absolutismus die Welt umgestalteten und damit auch eine neue Grundlage für die Bürokratie notwendig machten. Mit dieser freieren und minder stabilen Stellung der höheren kaufmännischen und technischen Beamten würden sich dann auch wohl andere Grundsätze der Besoldungspolitik verbinden müssen. Man hört jetzt schon zuweilen die Ansicht, daß die Stadtverwaltungen für ihre großen Betriebe, etwa Elektrizitäts- und Wasserwerke und dgl., nicht Techniker vom ersten Rang bekommen können, wie es eigentlich wünschenswert wäre, weil es im allgemeinen als unverbrüchliche Regel gilt, daß kein städtischer Beamter ein höheres Gehalt haben dürfe als der Oberbürgermeister, und weil solche Gehälter hinter dem, was erstklassige Kräfte in den Privatunternehmungen verdienen, weit zurückbleiben. Auch der Staat würde für seine Betriebe sich zu einer solchen Erhöhung der Gehälter für gewisse leitende Stellen wohl entschließen müssen; das staatliche Beamtenwesen würde also auch in diesem Punkte mehr dem der Privatunternehmungen angeglichen werden müssen. Daß auch die bisherigen Grundsätze für die Vorbildung der staatlichen Beamten andere werden müßten, liegt auf der Hand. Der Techniker und der Kaufmann würden den Assessor in den Hintergrund schieben, wenigstens für diese kaufmännisch-technisch geleiteten Dienstzweige. Bei weiterer Ausdehnung solcher Staatsbetriebe könnte das unter Umständen zu einer völligen Umwandlung in dem Charakter und der Stellung des Beamtentums überhaupt führen.

Indessen die Verwirklichung solcher Möglichkeiten liegt in weitem Felde. Bleiben jene obenerwähnten Voraussetzungen, die den gemeinwirtschaftlichen Betrieb einschränken, in Geltung, so wird eine solche Entwicklung, die das ganze staatliche Etats- und Rechnungswesen auf einen andern Boden stellen würde, schwerlich eintreten. Fallen aber jene Voraussetzungen, so würde dann allerdings eine Bahn der staatssozialistischen Entwicklung eingeschlagen werden, in deren Perspektive sich letzten Endes ein gesellschaftlicher Zustand zeigen würde, in dem jeder Arbeiter zugleich Beamter wäre. Dann würde der Beamtenstand seinen früheren Charakter gänzlich verlieren und sich schließlich zum Staatsbürgertum erweitern oder in ihm auflösen.

Indessen es ist dafür gesorgt, daß die Bäume nicht in den Himmel wachsen. Eine derartige maßlose Ausdehnung staatssozialistischer Grundsätze ist ebensogut eine Utopie wie der sozialdemokratische

Zukunftsstaat. Keine gesunde und besonnene Theorie wird die freie Tätigkeit der Individuen und der Gesellschaft aus der Volkswirtschaft ausschalten wollen; sie ist und bleibt der notwendige Gegenpol der Staatstätigkeit, als deren Instrument der Beamtenstand erscheint. Und so wird der Beamtenstand vermutlich auch in Zukunft bleiben was er jetzt ist, ein verhältnismäßig kleiner, wenn auch wichtiger und einflußreicher Bruchteil der Bevölkerung.

Anmerkungen

1 Im Rahmen der Gehe-Stiftung in Dresden wurde 1911 eine Vortragsreihe über die Berufsstände – den Unternehmerstand, den modernen Mittelstand usw. – gehalten.

2 Statistisches Jahrbuch für das Deutsche Reich 1909. S. 10f. (auf Grund der Berufszählung von 1907). Die Bearbeitung der Berufszählung von 1895 in der Deutschen Reichsstatistik Bd. III, S. 63ff. Auf dieser beruhen auch die Angaben bei Zahn in dem Artikel über Beruf und Berufsstatistik im »Handwörterbuch der Staatswissenschaften«, 3. Aufl. Bd. 2 [Jena 1909], S. 793ff. Eine internationale Vergleichung und eine Vergleichung nach den verschiedenen Zeiten läßt sich nur, wie es dort geschehen ist, unter Zusammenfassung des Beamtenstandes mit den sog. »freien Berufen« anstellen, was aber für unsere Zwecke ohne Belang ist. Daher ist im folgenden von solchen Vergleichungen Abstand genommen worden.

3 Vgl. den Artikel »Berufsvereine« von W. Kulemann im »Handwörterbuch der Staatswissenschaften«, 3. Aufl., Bd. 2 [Jena 1909], 835ff. und den Artikel »Beamtenvereine« in L. Elster, »Wörterbuch der Volkswirtschaft«, 2. Aufl., Bd. 1 [Jena 1906].

4 Dabei sind freilich die Rechtsanwälte und einige andere nicht eigentlich zum öffentlichen Beamtentum gehörige Personen mitgezählt. Der Begriff des öffentlichen Dienstes, den die Statistik zugrunde legt, deckt sich bekanntlich nicht mit dem Begriff des öffentlichen Beamtentums. Immerhin scheinen die Zahlen geeignet, einen ungefähren Anhalt zu geben.

5 Grundlegend hierüber: H. Rehm, Die rechtliche Natur des Staatsdienstes, in Hirths Annalen des Deutschen Reichs 1884 und 1885.

6 Ich verweise dafür auf die Abschnitte über Beamtenrecht bei Laband, Staatsrecht des Deutschen Reichs I [Tübingen 1876ff.], 381ff., v. Rönne, Staatsrecht der Preuß. Monarchie [5. Aufl. Leipzig 1899ff.] Titel IV, Löning, Verwaltungsrecht [Leipzig 1884], ferner auf die Artikel von Harseim in v. Stengel, Wörterbuch des deutschen Verwaltungsrechts I [Tübingen 1890], 38, 136 u.a. sowie auf v. Bitter, Handwörterbuch der preußischen Verwaltung I [Leipzig 1906], 134ff. u. sonst. Das Gesetz-Material ist übersichtlich zusammengestellt bei Illing-Kautz, Handbuch für den Verwaltungsbeamten I [Berlin 1912].

7 Vgl. Max v. Heckel in dem Artikel: Besoldung und Besoldungspolitik im »Handwörterbuch der Staatswissenschaften«, 3. Aufl., Bd. 2 [Jena 1909], S. 848 ff. Dort auch die weitere Literatur. Anders Schmoller, Grundriß der Volkswirtschaftslehre T. I, 2. Aufl. [Leipzig 1900], 329 ff. (Finanzbehörden) und sonst.

8 Ich verweise hier nur im allgemeinen auf E. Meyers Geschichte des Altertums [Stuttgart, Berlin 1884 ff.], für das Römische außer Mommsens Römischem Staatsrecht [3 Bde., Leipzig 1871–1888] und Marquardts Handbuch der römischen Altertümer [darin Marquardt, Römische Staatsverwaltung, 3 Bde., 2. Aufl. 1881–1885] namentlich noch auf O. Hirschfeld, Untersuchungen auf dem Gebiete der römischen Verwaltungsgeschichte [Bd. 1, Berlin 1877].

9 H. Brunner, Deutsche Rechtsgeschichte Bd. I [2. Aufl. Leipzig 1906], 143, Bd. II [Leipzig 1892], 3 f. 8, 12 f. 82. Für das Folgende auch H. Brunner, Grundzüge der deutschen Rechtsgeschichte, 2. Aufl. [Leipzig 1903], und R. Schröder, Lehrbuch der deutschen Rechtsgeschichte, 4. Aufl. [Leipzig 1902]. Für die französische Verfassungsgeschichte mag es jetzt genügen, auf Holtzmanns Lehrbuch (1910) zu verweisen, wo die Literatur erschöpfend aufgeführt ist. Für die allgemeine und die frühere preußische Entwicklung des Amtswesens und der Behördenorganisation ist die Einleitung von Schmoller zu Acta Borussica, Behördenorganisation I [1894] zu vergleichen. Speziell über die Zeit Ludwigs XIV: Lavisse in der von ihm herausgegebenen Histoire de France VII, 1 [Paris 1906], S. 359 ff.; über die Kommissarien mein Artikel in den Festgaben für Zeumer 1909 [jetzt der folgende Aufsatz dieses Bandes und in: O. Hintze, Gesammelte Abhandlungen, Bd. 1, S. 242–274.]. – Eine ausführliche populäre Darstellung der Geschichte des deutschen Beamtentums, die namentlich auch Beamtenkreisen zu empfehlen ist, gibt W. Lotz, Geschichte des deutschen Beamtentums. Berlin 1909.

10 Verh. d. Württ. Zweiten Kammer auf d. 38. Landtag im Jahre 1911. Protokoll-Band 91, S. 190–191.

11 Über Frankreich: M. Block, Dictionnaire général de la politique [Paris 1873–1874]; Bodley, France [London 1898]; Sarrazin-Mahrenholtz, Frankreich [Leipzig 1897]; Ch. Benoît, La politique [Paris 1894] (La vie nationale Tome 1. Bibliothèque des sciences sociales et politiques, publiés sous la direction de Ch. Benoît et André Liesse). [Autor. Übers. unter d. Titel »Die Lehre vom Staat« von L. A. Hauff, Zittau 1896. (Bibliothek d. sozialen und pol. Wissenschaften Frankreichs, Bd. 3).] Über England: Wendt, England [Leipzig 1892]; Lawrende Lowell, The Government of England [2. vols., London 1908]; Redlich, Die englische Lokalverwaltung [Leipzig 1901]. Über Amerika: Bryce, The American commonwealth [3 vols., London 1888]; v. Holst, Verfassung und Demokratie der Vereinigten Staaten von Amerika [Düsseldorf, Berlin 1873 ff.].

12 Stenographische Sitzungsberichte über die Verhandlungen des Hauses der Abgeordneten, 21. Legisl. IV. Session 1911, S. 103, 104.

13 Grundlegend für Preußen: Herrfurth, Das preußische Etats-, Kassen- und Rechnungswesen. 3. Aufl. 1896, Bd. 2: Rechtsverhältnisse der Staatsbeamten. – Gute Übersichten bei Lotz a. a. O. 597 ff. und 660 ff. – Für die Gehaltssysteme folge ich der bei Lotz S. 600–609 auszugsweise mitgeteilten

Denkschrift (Beilage B zum Etat des Finanzministeriums für 1897/98), als deren Verfasser der inzwischen verstorbene Geh. Oberfinanzrat Belian gelten darf. – Über Witwen- und Waisenpensionen Elster im »Handwörterbuch der Staatswissenschaften«, 2. Aufl. 7, 1901, S. 810ff.

14 Bericht von Dr. Mombert auf dem Wiener Kongreß für Sozialpolitik 1909, Schriften des Vereins für Sozialpolitik 132, S. 156ff.

15 Verhandlungen des Vereins für Sozialpolitik auf der Versammlung zu Wien 1909. Schriften des V. f. S. 132.

Der Commissarius und seine Bedeutung in der allgemeinen Verwaltungsgeschichte

Eine vergleichende Studie

Das Institut des Kommissarius als eines außerordentlichen Organs der Staatsgewalt im Gegensatz zu den ordentlichen Beamten und Behörden hat in der Theorie des modernen Verwaltungsrechts keine eingehende Bearbeitung gefunden, wenn es auch in der Praxis eine nicht unwichtige, freilich sehr vielgestaltige und theoretisch schwer faßbare Rolle spielt. Viel größer ist seine Bedeutung für die Verwaltungsgeschichte des 15.–18. Jahrhunderts, wo es geradezu im Zentrum der großen monarchischen Reformen steht, die den modernen Staat geschaffen haben. Es ist die Absicht der gegenwärtigen Studie, den weitverzweigten Zusammenhängen, in denen es in verschiedenen Zeiten und Ländern erscheint, nachzugehen, soweit eine gewiß noch unvollkommene und nicht gleichmäßig in die Tiefe dringende Forschung es gestattet, um dadurch den Blick der Fachgenossen auf diesen noch kaum im ganzen behandelten Gegenstand der vergleichenden Verwaltungsgeschichte zu lenken, der bei geschärfter Beobachtung sicherlich noch mancher weiteren Aufklärung fähig sein wird.

I

Es ist eine allbekannte Tatsache, daß die preußische Behördenorganisation des 18. Jahrhunderts ihren eigentlich charakteristischen Kern in den Kommissariatsbehörden besitzt, die sich in der Hauptsache aus der Institution der Kriegskommissarien entwickelt haben. Der Kriegskommissarius erscheint zugleich mit den Anfängen der neueren Söldnerheere als der Beauftragte des Kriegsherrn zur Wahrnehmung seiner Interessen in mannigfaltiger Gestalt. In Brandenburg wie überhaupt in Deutschland finden wir ihn zuerst im 17. Jahrhundert[1], als Nachfolger der alten Musterherren, zur Kontrolle der Kapitäne, Obersten und Generale, die nach dem System der »Condotta«, halb

Kriegsoffiziere, halb Finanzspekulanten, an der Spitze der für den Kriegsherrn geworbenen Truppen standen. Der militärischen Hierarchie und der Gliederung der Truppenkörper folgend treten Kriegskommissarien von verschiedenem Rang und mit abgestuften Befugnissen auf, als General-, Oberst- und einfache Kriegskommissarien. Sie haben bei der Musterung darauf zu sehen, daß der General, der Oberst, der Kapitän seine Kapitulation erfüllt, daß die Truppen vollzählig und in gutem Stande sind, daß sie den Sold richtig ausbezahlt erhalten; insonderheit der an der Spitze der Armeeverwaltung neben und unter dem General oder Feldmarschall stehende Generalkriegskommissarius hat auch dafür zu sorgen, daß es an Proviant, Waffen und Munition nicht gebricht, daß die Festungen in verteidigungsfähigem Zustande sich befinden, daß die Justiz im Heere ordentlich verwaltet wird, daß die Kontributionen richtig einkommen.

Neben diesen eigentlichen Kriegskommissarien, die die Armeen und Regimenter begleiten, gibt es noch sogenannte Landkommissarien, deren Aufgabe vornehmlich darin besteht, die Interessen eines bestimmten Landbezirks (Provinz, Amt, Kreis) bei Truppenmärschen, Einquartierungen, Kriegsfuhren, Lagern wahrzunehmen, insbesondere auch die Einnahme und Verwendung der für militärische Zwecke erhobenen Kontribution zu beaufsichtigen und zu leiten. Diese Landkommissare werden in der Regel aus dem Mittel der Eingesessenen »verordnet«; sie sind vom Fürsten ernannt, aber zuweilen (wie in Brandenburg die Kreiskommissarien) auf Vorschlag der Stände. Sie heißen zuweilen zum Unterschied von jenen »Musterkommissarien« »Marschkommissare«; aber der Titel »Kriegskommissar« wird auch auf sie angewandt. Vieles von ihren Funktionen geht seit 1660 etwa auf die eigentlichen Kriegskommissarien über, die nun mit dem stehenden Heer selbst zu ständigen Beamten werden und neben den eigentlich militärischen Intendanturgeschäften auch die Aufsicht und Leitung des Steuerwesens übernehmen, womit sich bald auch weitgehende polizeiliche Befugnisse und administrative Jurisdiktion verbinden. Dieselben Behörden, die für die Unterhaltung des Heeres, für das Aufkommen der Steuern zu sorgen haben, werden auch für die Erhaltung und Entwicklung des Wohlstandes und der Steuerkraft der Bevölkerung, vor allem für die Aufnahme der städtischen Nahrungen und des Verkehrs verantwortlich gemacht. Die militärische Verwaltung verflicht sich dadurch unauflöslich mit der bürgerlich-polizeilichen; die ganze innere »Polizei«, die sich daraus allmählich entwickelt, trägt ein militaristisches Gepräge. Das ist das Unterscheidende der preußischen Verwaltungsorganisation gegenüber anderen deutschen Ländern wie Sachsen, Bayern, Österreich, wo das Kriegskommissariat in der Hauptsache eine rein militärische, z.T. außerordentliche Charge geblieben ist, ohne mit der regelmäßigen bürgerlichen Verwaltung organisch verbunden zu werden. In drei Stockwerken baut sich in Preußen dieses neue Zivilbeamtentum der Kommissariatsbehörden auf: der Generalkriegskommissar in der Zentralinstanz, die Oberkriegskommissarien an der Spitze der einzelnen Provinzen, einfache Kriegs- und Steuerkommissarien in der Lokalinstanz, und zwar entsprechend der verwaltungsrechtlichen Gliederung in dreierlei Gestalt: als »commissarii loci« für die Städte seit Einführung der Akzise, als »Kreiskommissarien« für die ritterschaftlichen Kreisverbände, die erst allmählich zu allgemeinen Verwaltungsbezirken wurden, und hier und da als »Ämterkommissarien« für die fürstlichen Domänenkomplexe, die nicht eigentlich zu den Kreisen gehörten. Aus dem »Commissarius loci« ist der spätere »Steuerrat« in den Städten geworden; die Kreiskommissarien erhielten mit der Zeit einen schärferen monarchischen Zug, ohne jedoch die Fühlung mit den kreisständischen Interessen zu verlieren; sie sind zu Anfang des 18. Jahrhunderts mit den ständischen Kreisdirektoren zu dem neuen Amt der »Landräte« verschmolzen; die »Ämterkommissarien« treten in dem Maße zurück, wie den neuen Provinzialbehörden die Sorge für das Wohl der Domäneneingesessenen überlassen werden konnte. Aus den Oberkriegskommissarien, die anfänglich in den Provinzen mit den ständischen Organen zusammen die Steuerverwaltung zu leiten hatten, bildeten sich, hier früher, dort später, die provinziellen Kriegskammern oder Kommissariate, die allmählich den Ständen die Steuerverwaltung und den alten Landesbehörden, den Regierungen, die Polizeiverwaltung aus der Hand nahmen. Seit die Spitze, das Generalkriegskommissariat, im Jahre 1712 eine kollegialische Organisation erhalten hatte, womit zugleich die alte Unterordnung unter das Militärkommando verschwand, ist diese Ordnung durchweg auch in den Provinzen durchgeführt worden, was namentlich der wachsenden administrativen Jurisdiktion dieser Behörden einen festeren Halt gab. Schließlich wurden die Kommissariatsbehörden mit den Domänenverwaltungsbehörden zu dem Generaldirektorium und den Kriegs- und Domänenkammern verschmolzen[2]. Aus den ursprünglich außerordentlichen Kommissarien sind also im Laufe der ersten Hälfte des 18. Jahrhunderts ordentliche Beamte und kollegialische Behörden geworden; aber der ganze Geist des Beamtentums hat sich zugleich auf eine eigentümliche Weise verwandelt.

Man kann im 17. und noch im 18. Jahrhundert eine ältere und eine jüngere Schicht in dem preußischen Beamtentum unterscheiden: die ältere Schicht, wie sie am klarsten in den Provinzialregierungen sich darstellt, gehört noch der territorialen, ständischen Epoche des Staatslebens an; die jüngere Schicht dient den Bestrebungen des neuen militärisch-absolutistischen Großstaats, und ihre maßgebenden Vertreter sind die Kommissariatsbehörden. Die Kommissariatsbehörden haben keine Wurzel in den alten Landesverfassungen und dem alten Landesrecht; sie stehen dieser alten Ordnung des öffentlichen Lebens ohne Verständnis, ja mit entschiedener Feindseligkeit gegenüber: sie sind die Hauptinstrumente zur Zertrümmerung des alten ständischen Staats und zum Aufbau des neuen absolutistischen Militärstaats geworden. Sie entbehren einer gesetzlichen, öffentlich anerkannten Rechtsgrundlage; die Richtschnur ihres Handelns wird durch geheime Instruktionen gegeben, die dem Lande und selbst den alten Behörden unbekannt bleiben. Sie sind mit dem stehenden Heer zugleich lediglich als Werkzeuge des monarchischen Willens in die Erscheinung getreten, ohne daß durch einen öffentlichen Akt Art und Umfang ihrer Befugnisse bestimmt worden wären. Ihre ganze Verwaltung, die sich nur auf das monarchische Verordnungsrecht stützt, mit den ständischen Rezessen und dem territorialen Herkommen vielfach in Widerspruch gerät, erschien zunächst dem Lande ebenso wie die Existenz des Heeres selbst, für das sie in erster Linie zu sorgen hatten, wie eine Fortsetzung des Kriegszustandes im Frieden, wie eine langsame Revolution von oben, die auf den Umsturz des alten territorialen Rechtszustandes gerichtet war. Ihre täglich weiter vordringende und um sich greifende Gewalt wurde von den alten Behörden, die sich von ihnen aus einer Position nach der andern verdrängt sahen, als eine rechtlose Usurpation betrachtet, hinter der freilich der unwiderstehliche Wille des Fürsten und obersten Kriegsherrn stand. Allmählich gewöhnte man sich dann an diese neue Regierungsweise, deren politische Notwendigkeit sich auch den Anhängern der alten Ordnung schließlich aufdrängte, deren großartige Erfolge im Innern und nach außen nicht zu verkennen waren; aber es war nicht eigentlich ein auf öffentlichen Gesetzen beruhendes Verwaltungsrecht, was dadurch geschaffen worden war, sondern nur eine monarchische Verwaltungsordnung, deren grundlegende Normen nach wie vor nur den Nächstbeteiligten selbst bekannt waren. So setzte sich der »Polizeistaat« an die Stelle des älteren, freilich ganz unausgebildeten, den Interessen der herrschenden Klassen dienenden, aber in der Anlage doch unverkennbaren Rechtsstaats der territorial-ständischen Zeit; und der scharfe Gegensatz, der zwischen den Kriegs- und Domänenkammern, in denen der Geist der Kommissariatsbehörden dominierte, einerseits, und den alten Landesregierungen, die mit der Zeit zu bloßen Obergerichten geworden waren, andererseits immer aufs neue hervortrat und seine Nahrung namentlich in den durch kein Ressortreglement völlig zu beseitigenden Jurisdiktionskonflikten fand, veranschaulicht den stillen, aber zähen Kampf, den die Idee des Rechtsstaats mit der des Polizeistaats das ganze 18. Jahrhundert hindurch führte. Daß die Idee des Rechtsstaats dabei so stark zurückgedrängt wurde, hatte seine Ursache darin, daß ihre Vertreter in ständischer Beschränktheit und provinzialem Partikularismus den militärisch-politischen Notwendigkeiten, dem Zuge zur Großstaatsbildung, nicht zu folgen vermochten; hätte man den ordentlichen Gerichten, den Regierungen, damals die Rechtsprechung in Verwaltungsstreitsachen überlassen, so wäre man mit den monarchischen Reformen keinen Schritt vorwärts gekommen: denn diese ordentlichen Gerichte konnten nur nach dem alten Landesrecht der Provinzen, nach den Rezessen und öffentlichen Verordnungen Recht sprechen, während die Normen des neuen monarchistischen Verwaltungsrechts in den geheimen Instruktionen steckten, die nur den Verwaltungsbehörden selbst bekannt waren; daher denn auch diesen die administrative Jurisdiktion im weitesten Sinne überlassen wurde. Erst die Justizreformen Friedrichs des Großen haben die Gerichtsverfassung und den Geist des Richterstandes mit den neuen Großstaatseinrichtungen so weit ausgeglichen, daß die Idee des Rechtsstaats nun wieder Fortschritte machen konnte, wie sie sich schon im Allgemeinen Landrecht ankündigten und dann 1808 in der allgemeinen und endgültigen Überweisung aller Prozesse an die ordentlichen Gerichte unter Aufhebung der »Kammerjustiz« zu dem lang erstrebten Ziele der »Trennung von Justiz und Verwaltung« geführt haben. Die neuen Regierungen von 1808, die aus einer leichten Umwandlung der alten Kriegs- und Domänenkammern hervorgegangen sind, beruhten, anders als diese, von vornherein auf einer öffentlich-gesetzlichen Basis. Immerhin aber lassen sie sich als direkte Nachkommen jener alten Kommissariatsbehörden bezeichnen, die ohne gesetzliche Grundlage ins Leben getreten waren und anfänglich nur aus einzelnen Kommissarien mit außerordentlichen und vorübergehenden Vollmachten bestanden hatten. Von diesen Kommissarien also ist in der Hauptsache jene große Umwälzung bewirkt worden, die die moderne Verwaltung des preußischen Staates geschaffen hat.

Wie der Kommissarius in einen ordentlichen Beamten übergeht, davon liefert übrigens noch im 19. Jahrhundert in Preußen das Amt der Oberpräsidenten ein bedeutendes Beispiel; die Oberpräsidenten sind bekanntlich aus den Zivilkommissaren hervorgegangen, die zur Zeit der französischen Okkupation nach dem Tilsiter Frieden in einzelnen Provinzen oder Provinzialkomplexen mit den fremden Truppenführern zu verhandeln und überhaupt bei der Verwaltung des Landes mit ihnen zusammenzuwirken hatten[3]. Sie sollten nach der ursprünglichen Absicht nichts anderes sein als beständige Kommissarien des Ministeriums in den Provinzen; erst später haben sie zugleich eine regelmäßige verwaltende Tätigkeit als Regierungspräsidenten zugewiesen erhalten, und erst durch die Reform von 1883 sind sie zu einer besonderen Instanz zwischen Regierungen und Ministerium geworden, was sie anfangs durchaus nicht sein sollten.

II

Es ist meines Wissens bisher unbemerkt geblieben, daß der Vorgang, auf dem die Verwaltungsordnung des französischen Ancien Régime beruht, eine auffallende Analogie zu der Entstehung der preußischen Kommissariate darbietet, wenn auch das äußere Resultat, entsprechend dem eigentümlichen Geiste der französischen Behördenorganisation, eine sehr verschiedene Gestalt angenommen hat. Ich meine den Entwicklungsprozeß, der zur Einrichtung der Provinzialintendanten geführt hat, wie ihn G. Hanotaux[4] so lichtvoll und gründlich dargestellt hat. Die Intendanten nahmen in dem Verwaltungssystem des alten Frankreich dieselbe Stelle ein wie die Kriegs- und Domänenkammern in dem des alten Preußen. In diesen beiden so verschieden gestalteten Behörden erscheint ja freilich der fundamentale Gegensatz des kollegialischen und des bürokratischen Organisationsprinzips, der die deutsche und die französische Verwaltungsordnung charakteristisch unterscheidet; aber der Ursprung beider Einrichtungen ist derselbe: er führt in beiden Fällen auf Kommissarien zurück, die in kriegerischen Zeiten mit außerordentlichen Vollmachten und ohne gesetzliche Grundlage, als Begleiter der Armeen und ihrer Führer, neben der militärischen zugleich auch die bürgerliche Verwaltung maßgebend beeinflußt und im monarchisch-zentralistischen Sinne umgestaltet haben, bis sie selbst zu dauernden, örtlich fixierten Behörden geworden sind. Die »Intendants de justice ou d'armée« oder mit dem volleren Titel »Intendants de justice ou des finances et des vivres en telle armée«, die in den Kriegen Heinrichs IV. 1589–1600 und abermals in den Unruhen seit 1614, auch noch unter Richelieu, erscheinen, sind offenbar nichts anderes als Kriegskommissarien, die dem Kommandeur einer Armee zugeteilt waren, um für den Unterhalt und die Ordnung bei den Truppen zu sorgen und zugleich in der Provinz, zu deren Unterwerfung oder Beruhigung die Armee bestimmt war, die Autorität des Königs den lokalen Behörden und allen Einwohnern gegenüber zu wirksamer Geltung zu bringen. Nach der Beendigung des Feldzuges pflegten sie noch längere Zeit in der Provinz zu bleiben, um die Herstellung der monarchischen Ordnung zu vollenden. Der Inhalt ihrer »Kommissionen«, die in der Regel nur an ihre eigene Person gerichtet sind (in Form von lettres closes, nicht an die Behörden in Form von lettres patentes) wechselt nach den Umständen, er ist dehnbar und vielgestaltig; aber den Grundzug bildet überall die Verbindung militärischer und bürgerlicher Funktionen, die auf außerordentlichen Vollmachten beruhen. Zuweilen erhalten diese Intendanten zwei besondere »Kommissionen«, eine auf die finanziellen Befugnisse und die Versorgung der Armee mit Lebensmitteln, die andere auf die Justiz- und Polizeibefugnisse bei den Truppen und im Lande lautend; beide Vollmachten erscheinen auch miteinander verbunden. Mit dem Aufhören der kriegerischen Operationen überwiegen natürlich die bürgerlichen Verwaltungsvollmachten, die den Intendanten ermächtigen, nicht nur eine umfassende Aufsicht über alle lokalen Behörden zu führen, sondern auch nach Ermessen in die tatsächliche Ausübung ihrer Gewalten einzugreifen: sie können in allen Behörden, auch in den Gerichtshöfen, den Vorsitz und die entscheidende Stimme in Anspruch nehmen, können selbständig urteilen, wo sie wollen, auch Jurisdiktions- und andere Kompetenzkonflikte zwischen den Behörden entscheiden; sie üben eine umfassende Polizeigewalt aus, namentlich in der Aufsicht über Städte und Landgemeinden, in der Annahme und Bescheidung von Beschwerden über die lokalen Obrigkeiten – alles das ohne einen anderen Rechtstitel als die ihnen allein bekannte königliche Vollmacht, die sie bei sich führen, und ohne daß dabei eine andere Berufung statthaft wäre als an den königlichen Rat, aus dessen Mitte sie entsandt sind. Denn sie sind in der Regel Conseillers oder Maîtres des requêtes.

Auch die Intendanten sind, wie die preußischen Kommissariate, Pioniere des Polizeistaates, die die Bollwerke des alten Rechtsstaats untergraben: daher von Anfang an der Widerstand der Parlamente gegen diese »commissions extraordinaires, non vérifiées ès cours souveraines«; die »Magistratur« sieht in den Intendanten, die »sans édit«, »sans payer finance« die umfassendsten Amtsfunktionen ausüben und sich vielfältige Eingriffe in die ordentliche Jurisdiktion erlauben, die Usurpatoren amtlicher Gewalt, die Werkzeuge einer Umwälzung des bestehenden Rechtszustandes. In den Zeiten der Fronde, wo die Intendanten als willfährige Organe einer unredlichen Finanzverwaltung besonders verhaßt geworden waren, steigert sich der Widerstand gegen diese Einrichtung zum Aufruhr; die Abschaffung der Intendanten wird das Losungswort der aufständischen Magistratur; ihre Beibehaltung ist vielleicht das deutlichste Zeichen für die Vollständigkeit des Sieges, den der Absolutismus damals errungen hat. Unter Ludwig XIV. und Colbert sind dann die »Provinzialintendanten« allmählich zu einer ordentlichen, öffentlich anerkannten Instanz geworden; aber der Gegensatz zwischen ihnen und den Parlamenten dauerte fort bis zur Revolution. Der alte Rechtsstaat hatte sich auch hier für die Zwecke der Machtpolitik und der monarchischen Reformen als unzulänglich erwiesen; aber er hörte nicht auf, gegen den Polizeistaat, der ihm über den Kopf gewachsen war, zu protestieren.

In der Provinzialinstanz lag der Schwerpunkt dieses Konflikts; aber auch im Zentrum und an der Peripherie des Beamtenstaats machte sich der Unterschied von »Commission« und »Office« geltend. Der Surintendant des finances und seine Gehilfen, die Finanzintendanten der Zentralinstanz (die mit den Provinzialintendanten sonst nichts zu tun haben), sind ebenfalls aus Kontrollkommissaren hervorgegangen[5]; auch das Amt der Staatssekretäre, der eigentlichen Minister des Ancien Régime, beruht auf bloßer Kommission im Gegensatz zu dem der Conseillers d'Etat; in der Lokalinstanz haben die Intendanten ihre Subdélégués: das sind Kommissare von Kommissarien. Das ganze altfranzösische Beamtentum scheidet sich in eine Schicht, deren Angehörige ihr Amt nur vermöge einer »simple commission« führen, daher auch beliebig entlaßbar, versetzbar, in beständiger wirksamer Abhängigkeit von der Zentralgewalt sind, und in eine andere, deren Stellen als eriges en titre d'office bezeichnet werden: es sind – abgesehen von den städtischen Behörden – die Stellen der Gerichts- und Finanzkollegien, auch des Staatsrats, sämtlich nach dem alten, im 16. Jahrhundert systematisch ausgebildeten Brauch käuflich erworben, zum Teil seit Heinrich IV. auch vererblich, jedenfalls weit weniger von der Regierung abhängig als die Stellen, die auf bloßer Kommission beruhen und »sans payer finance« erworben worden sind.

Auch dazu bietet sich in Preußen ein Gegenstück: durch die Angebote zur Rekrutenkasse waren unter Friedrich Wilhelm I. die Justiz- und städtischen Ämter so gut wie käuflich geworden, während bei den Kommissariaten und Kammern davon keine Rede war.

Merkwürdig ist auch die Ähnlichkeit in dem Verfahren der monarchischen Verwaltung gegenüber den Städten in Frankreich und Preußen unter Colbert und Friedrich Wilhelm I. Hier wie dort beginnt man mit einer Untersuchung zum Zweck der Schuldenregulierung, schreitet dann zu einer Beaufsichtigung der Finanzen fort und endet mit einer völligen Beseitigung der kommunalen Selbständigkeit. Colbert bediente sich dabei der Intendanten, Friedrich Wilhelm I. besonderer Kommissarien, wie denn in Preußen auch späterhin noch der Commissarius loci (Steuerrat) als Werkzeug der bürokratischen Beaufsichtigung der Stadtverwaltung erscheint[6].

Auch in Frankreich beruht die moderne Form der Verwaltung großenteils auf dem Geiste der »Commission« im Gegensatz zum »Office«. Die Intendanten sind zwar durch die Revolution beseitigt worden; aber sie sind die Vorbilder der heutigen Präfekten; der Prozeß, dem sie ihre Entstehung verdanken, hat sich mit auffallender Ähnlichkeit wiederholt in der Tätigkeit, die die Kommissare des Konvents während der Schreckenszeit ausgeübt haben; aus ihnen sind die napoleonischen Präfekten hervorgegangen wie einst die Intendanten aus den Kriegskommissarien der Bürgerkriege.

Einen parallelen Vorgang zu der Entstehung der französischen Intendanten bietet auch die spanische Verwaltungsgeschichte. Die spanischen Intendanten der Bourbonenzeit sind ein ziemlich getreues Abbild der französischen Intendanten; sie sind hervorgegangen aus den Kriegskommissarien, die während des Sukzessionskrieges die französischen Regimenter begleiteten und mit der Sorge für die Unterhaltung und Einquartierung der Soldaten zugleich die Finanzverwaltung und die administrative Jurisdiktion übernahmen. 1718 wurden sie zu ständigen Beamten gemacht, dann wieder abgeschafft, 1749 aber dauernd hergestellt[7].

Die Wirksamkeit des kommissarischen Instituts geht überhaupt durch einen großen Teil der europäischen Staatenwelt, fast überall im Dienste des absolutistischen Staatsgedankens. In Dänemark kommt es in der Zeit der königlichen Alleinherrschaft, namentlich unter Christian V. gegen Ende des 17. Jahrhunderts zu einer allgemeinen Verwandlung der alten selbständigen Kollegien in Kommissionen, die als willfährigere Instrumente des könglichen Willens dienen[8]; auch in Schweden beobachtet man unter Karl XI. eine ähnliche Auflösung der Kollegien und ein Überwiegen von Kommissionen[9]. Eine andere Bedeutung freilich hat es, wenn in England seit den Revolutionen des 17. Jahrhunderts die alten Hofämter des Lord High Treasurer und des Lord High Admiral in Kommissionen aufgelöst werden: hier ist es das Parlament, nun der eigentliche Machthaber im Lande, das die beweglichere und abhängigere Form dieser wichtigen Verwaltungsstellen durchsetzt.

III

Die Armeeintendanten aus der Zeit Heinrichs IV., der Regentin Maria von Medici und Richelieus sind, wie Hanotaux nachgewiesen hat, nur ein Spezialfall von »Commissaires départis«, die vom Hofe aus in die Provinzen gesandt wurden, um den Zwecken der königlichen Regierung zu dienen. In friedlichen Zeiten hielten im 16. und auch noch im 17. Jahrhundert ganz allgemein Maîtres des requêtes aus dem königlichen Rat ihre Umritte (chevauchées) durch die Provinzen, um als »Augen und Ohren des Königs« die lokalen Beamten zu kontrollieren, Beschwerden der Eingesessenen entgegenzunehmen, ihre Wahrnehmungen aufzuzeichnen, Protokolle aufzunehmen und bei ihrer Rückkehr dann der Regierung Bericht zu erstatten. In unruhigen Gebieten wie in Korsika 1550, oder in unruhigen Zeiten überhaupt wie in der Zeit der Hugenottenkämpfe, erhalten sie als »Intendanten« weitergehende Aufträge und Vollmachten exekutiver Natur; sie nehmen das Interesse des Monarchen bei den Versammlungen der Provinzialstände wahr, sie beaufsichtigen insgeheim die Gouverneure, die Parlamente und die Finanzbeamten, sie verfolgen Rebellen und Staatsverbrecher oder führen sonst irgendwelche besonderen Aufträge der Regierung aus. Im Kriege schließlich erscheinen sie dann zugleich als

Armeeintendanten (Oberkriegskommissare) mit ganz ausgedehnten und allgemeinen Vollmachten. So sehen wir hier die Kriegskommissare mit Zivilgewalt aus dem allgemeinen Institut der »Commissaires départis« sich gleichsam organisch, auf den Anlaß kriegerischer Notwendigkeiten hin entwickeln. Es ist charakteristisch, wie unter Heinrich IV., bei hergestellter Ruhe, die gewöhnlichen Commissaires royaux wieder an die Stelle der Intendanten treten, wie aber 1610, beim Ausbruch jenes letzten Krieges, den die Ermordung des Königs erstickte, sich sofort wieder Militärintendanten (in der Champagne) zeigen. Es wäre nicht unmöglich, daß die Institution von Frankreich nach Deutschland herübergewirkt hätte, wo wir ja von den Kriegskommissarien erst seit dem Anfang des 17. Jahrhunderts Genaueres wissen[10]. Andererseits hören wir freilich, daß sie schon in den Heeren Karls V. vorhanden gewesen seien[11]; auffallend ist auch, daß die Intendanten in Frankreich, wie es scheint, mit der eigentlichen Musterung nichts zu tun haben. Dafür gab es wohl besondere, mehr untergeordnete Organe[12]. Jedenfalls aber setzen sie überall die Ausbildung des allgemeineren Instituts von Kommissarien überhaupt als Trägern außerordentlicher Vollmachten der Regierung voraus, die die geordnete Hierarchie des alten Amtswesens durchbrechen und als neue Werkzeuge der Bewältigung neuer außerordentlicher Verwaltungsaufgaben dienen. Auch in Preußen sehen wir zugleich mit den Kriegskommissarien in der Verwaltung Kommissarien schlechtweg auftauchen, die mit der Armee nicht in Verbindung gestanden haben, so bei der Reform der Stadtverfassungen und bei der Neuordnung der Lokalverwaltung in Ostpreußen[13]; es wird auch nicht jeder Kriegs- und Steuerkommissarius, der bei der Einführung der Akzise verwandt wurde, wirklich früher bei einem Regiment gestanden haben. Der Begriff des Kommissariats ist eben ein allgemeinerer: der eigentliche Kriegskommissar ist nur ein besonders wichtiger Typus.

Hanotaux hat es abgelehnt, das Institut der Kommissare auf seine Wurzeln hin rückwärts zu verfolgen: ihn interessierten bei seiner ins einzelne dringenden Untersuchung nur die Intendanten des 16. und 17. Jahrhunderts. Für eine auf die großen internationalen Zusammenhänge gerichtete Forschung aber ist diese Aufgabe nicht zu umgehen; und sie ist keineswegs durch einen Hinweis darauf erledigt, daß es sich dabei um etwas Alltägliches und Natürliches, überall Vorkommendes handle. Von selbst versteht sich am Ende nichts in der geschichtlichen Welt. Wir haben es hier offenbar mit einer rechtlich irgendwie geformten Erscheinung zu tun. Weist doch schon die durchgreifende Bedeutung, die der Gegensatz von »Office« und »Commission« in dem französischen Beamtentum des Ancien Régime offenbar besitzt, darauf hin, daß es hier irgendwann einmal auch zu einer theoretischen Formulierung dieses Unterschiedes gekommen sein muß.

Was liegt näher, als hier bei Bodin anzufragen, dem ersten großen Systematiker des Staats- und Verwaltungsrechts in der neueren Zeit, der zugleich ein besonderes Studium aus den französischen Einrichtungen seiner Zeit gemacht hat? Und in der Tat finden wir in seinen »sechs Büchern vom Staat« eine ausführliche Theorie des Instituts der Kommissare im zweiten Kapitel des dritten Buches, das die Überschrift trägt: »Des officiers et commissaires« [14]. Es ist, wie Bodin selbst hervorhebt, die erste theoretische Behandlung des Problems; sie ist offenbar für das französische Verwaltungsrecht des Ancien Régime ebenso grundlegend geworden wie seine Theorie von der Souveränität für das Staatsrecht, obwohl ich bei keinem der französischen Verwaltungshistoriker einen Hinweis darauf gefunden habe. Die Theorie der Kommissarien hat also nicht das glänzende Los der Theorie von der Souveränität gehabt; es wird sich aber für unsere Zwecke wohl lohnen, sie etwas näher ins Auge zu fassen.

Nach seiner Gewohnheit beginnt Bodin mit einer scharfen Definition: »*L'officier* est la personne publique qui a charge ordinaire limitee par edit. *Commissaire* est la personne publique qui a charge extraordinaire limitee par simple commission.« Er unterscheidet weiterhin zwei Arten von Beamten und Kommissarien: »les uns qui ont puissance de commander, qui sont appellez Magistrats, les autres de cognoistre ou dexecuter les mandemens« – wobei zu bemerken ist, daß er im dritten Kapitel dieses Buches die »Magistrate« nur als eine Untergruppe der ordentlichen Beamten auffaßt und behandelt; die mit Befehlsgewalt ausgerüsteten Kommissare sind offenbar nicht mit darunter begriffen. Alle Beamten und Kommissarien sind öffentliche Personen; aber nicht alle öffentlichen Personen sind Beamte oder Kommissarien: z. B. nicht die Päpste, Bischöfe, Pfarrer, die er als »beneficiers« von den »officiers« scheiden will.

Zwei Merkmale sind es also, die den Begriff des Kommissarius von dem des Beamten unterscheiden: einmal der außerordentliche Charakter seines Auftrags und zweitens der Mangel einer gesetzlichen Grundlage. Auf diesen letzten Punkt legt Bodin den größten Wert. Er betont ausdrücklich, daß es eines Ediktes (Gesetzesakts) bedürfe

»pour l'erection des charges publiques ordinaires erigees en tiltre d'office; autrement ce n'est point office, s'il n'y a edit ou loy expresse«. Er erklärt, daß es in Frankreich üblich sei, solche Edikte über die Einrichtung neuer Ämter, auch der geringsten, in den cours souveraines ou subalternes zu publizieren; sie werden mit grünem Wachs gesiegelt und enthalten eine Klausel, die auf das Dauernde des Amtes hindeutet: »A tous presens et advenir« etc.; dagegen sind die lettres patentes des commissions mit gelbem Wachs gesiegelt und entbehren des »trait perpétuel«[15]. Mit großer Bestimmtheit versichert er, daß der König bei keiner Behörde (Corps et collège) etwa die Zahl der Richter oder der Unterbeamten (sergens, crieurs, trompettes, arpenteurs, langayeurs etc.) vermehren könne ohne ein besonderes Edikt, das publiziert, geprüft und einregistriert sein muß[16]. Die gesetzliche Grundlage ist dabei die Hauptsache: »Non pas qu'il soit besoin de parchemin pour escrire ou de cire verde pour séeller ou de Magistrats pour publier les edits touchant les erections d'office: car l'escripture, le séel, la vérification ne font pas la loy, non plus que les autres actes et contracts ... Mais en quelque sorte que les offices soient erigez pour estre charge ordinaire et publique, il ne se peut faire sans loy.«

Das ist der Unterschied zwischen Office und Commission. Um ihn leichter verstehen zu können, meint Bodin einmal, könne man etwa sagen: »que l'office est comme une chose empruntee que le proprietaire ne peut demander que le temps prefix ne soit expiré: et la commission est comme une chose qu'on a par soufrance et par forme de precaire, que le seigneur peut demander quand bon luy semble.« Die Natur der Kommission bringt es mit sich, daß sie erlischt, sobald der Auftrag ausgeführt ist, auf den sie sich bezieht; sie kann aber auch vor der Ausführung des Auftrages zurückgezogen werden. Bei dieser Angelegenheit zitiert Bodin einen alten »Arrest de la Cour, extrait du registre coté Olim«: man habe Personen, die nicht zum Personal des Hofes gehörten, kommissarisch als huissiers zu den »grands jours de Troyes« geschickt (wo eine Deputation des Parlaments Gericht hielt); diese hätten sich nach Beendigung der »Grands jours« noch weiterhin als huissiers aufgeführt, was ihnen aber durch den »arrest« untersagt worden sei, weil sie keine »officiers« seien.

Für gefährlich hält es Bodin, unter Suspension aller Magistrate Kommissarien mit absoluten Vollmachten zur Reform der Staatseinrichtungen einzusetzen. In einer Republik wenigstens, wie Florenz, habe sich das nicht bewährt; eher sei es in einer Monarchie tunlich. Er verweist dabei auf das Beispiel aus der Regentschaft Karls V. in Frankreich, wo auf Veranlassung der Generalstände von Paris fünfzig »Commissaires reformateurs« in das ganze Reich geschickt wurden, um die Stände und die Regierung über die Mißbräuche der Beamten zu informieren, die sämtlich suspendiert wurden[17].

Eines Falles gedenkt Bodin noch, der scheinbar den Unterschied zwischen Office und Commission verwischt: der »Commissaires de Chastelet et des Requestes du Palais«[18]. Diese sind allerdings »Officiers«, trotzdem sie »Commissaires« heißen. Aber das erklärt sich, nach Bodins Annahme, so, daß sie anfänglich bloß Kommissarien waren und daß dieser Name beibehalten worden ist, als sie zu Officiers wurden (»furent erigez en tiltre d'offices ordinaires et perpetuels«). Jetzt sind sie keine Kommissarien mehr, denn sonst könnten sie vom Hofe (Parlament?) abgesetzt werden, »ce que le Roy mesmes ne peut faire, sinon ès trois cas de l'ordonnance de Louys XI comme tous les officiers de ce Royaume«[19]. Hier wird also die Unabsetzbarkeit der Beamten außer durch richterlichen Spruch als ein charakteristisches Kennzeichen der französischen Officier gegenüber dem bloßen Commissaire hervorgehoben.

Office und Commission sind also begrifflich geschieden, aber sie sind trotzdem in *einer* Person wohl vereinbar: die Mehrzahl der Kommissionen sind an Beamte gerichtet; nur kann der Beamte nicht als solcher und im Umkreis seines ordentlichen Amtes als Kommissar fungieren. Die sogenannten »Commissions excitatives«, durch die ein Beamter angewiesen wird, seine Amtspflicht zu erfüllen, sind keine eigentlichen Kommissionen; es wäre denn, daß Bestimmungen darin enthalten wären, die mit denen der Gesetze nicht übereinstimmen und lediglich auf der fürstlichen oder obrigkeitlichen Autorität beruhen, wie z. B. wenn ein Richter angewiesen wird, die letzten Prozesse zuerst abzuurteilen und die älteren liegen zu lassen: in solchem Falle handelt es sich um eine wirkliche Kommission (die offenbar nach Bodins Meinung unstatthaft ist). Tritt auf diese Weise eine Konkurrenz zwischen Kommission und Office ein, so hat die amtliche Entscheidung den Vorzug, ebenso wie die Eigenschaft des Officier der des Commissaire vorangeht.

Bei dieser Gelegenheit hebt Bodin auch das Odiöse außerordentlicher Kommissionen hervor, ebensosehr aber auch ihre Notwendigkeit in Fällen, wo es sich darum handelt, die Mißbräuche der Beamten zu untersuchen oder die während eines Bürgerkrieges massenhaft anwachsenden Prozesse zu entscheiden oder in Sachen zu urteilen, bei denen die Mehrzahl der Beamten einer Behörde oder wohl gar die ganze Behörde selbst interessiert ist. Man sieht, er spricht aus den Erfahrungen seiner eigenen Zeit heraus. In dem ersteren Punkte weist er auch noch auf das Beispiel von Venedig und Genua hin, wo alle fünf Jahre oder Jahr für Jahr Syndici als Kommissarien deputiert wurden, um über die Mißbräuche der Beamten und Behörden zu erkennen. Bei dem letzten Punkt flicht er eine Erinnerung aus seinem eigenen amtlichen Leben ein (er war bekanntlich avocat du Roi beim Gerichtshof zu Laon). Im Jahre 1570 war er von König Karl IX. mit einer Kommission beauftragt, die eine allgemeine Reform der Verwaltung der königlichen Gewässer und Forsten in der Normandie betraf (des besten Teils des dortigen Domanialbesitzes). Bodin erreichte es dabei, daß die Präsidenten und Räte des Parlaments zu Rouen von der Teilnahme an der Untersuchung ausgeschlossen wurden, und obwohl sie, wie er sagt, Himmel und Erde in Bewegung setzten, um diese Verfügung rückgängig zu machen, blieb es doch dabei, und sie mußten sich schließlich fügen: der erste Präsident und zweiundzwanzig Räte wurden von der Untersuchung ausgeschlossen und ebenso die ganze Stadtbehörde von Rouen wegen der Ansprüche, die sie selbst gegen den König erhob. Hier tritt also die administrative Jurisdiktion in Domänenangelegenheiten im Gewande einer außerordentlichen Kommission auf, weil die ordentlichen Gerichte des Landes in diesen Dingen für befangen erachtet werden.

Bodin geht dann weiter dazu über, den Umfang des Begriffs der Kommissarien zu bestimmen, nachdem er dessen Inhalt erörtert hat. Er unterscheidet Kommissarien pour le gouvernement de provinces, ou pour la guerre, ou pour la justice, ou pour les finances, ou pour autre chose qui concerne l'estat (dabei denkt er u.a. wohl namentlich an Gesandte). Man sieht also, daß Kommissarien in allen Zweigen der staatlichen Verwaltung verwendet werden. Hätte er die protestantischen Länder im Auge gehabt, so hätte er auch noch das kirchliche Gebiet hinzufügen können in Ansehung der geistlichen Visitationskommissionen, aus denen in den deutschen protestantischen Ländern die Konsistorien hervorgegangen sind, in England der »High Court of Commission«, der diesen Ursprung schon in seinem Namen andeutet.

Bodin unterscheidet ferner die Kommissionen, die von dem souveränen Fürsten ausgehen oder von ordentlichen Behörden (Magistraten) oder von Kommissarien, die der Fürst abgeordnet hat. Denn die vom Souverän ernannten Kommissarien können Teile ihres Auftrags wieder an andere Personen kommittieren, wenn es ihnen nicht ausdrücklich in ihrer Kommission verboten ist, außer wenn es sich um ein Staatsinteresse handelt (wie bei diplomatischen Verhandlungen über Frieden oder Bündnis u. dgl.) oder um Leben und Ehre eines Menschen. Man erinnert sich hierbei der Subdélégués der späteren Intendanten, die von diesen selbst ernannt waren: ein besonders wichtiger Fall der Anwendung des Kommittierungsrechts von Kommissarien. Bodin selbst bemerkt einmal, daß überhaupt bis auf Phillipp den Schönen in Frankreich die »Magistrate« ihre Kreaturen zu Unterbeamten bestellt hätten; Philipp der Schöne habe diese Gewalt den Baillis und Sénéchaux genommen, während den mit Jurisdiktion ausgerüsteten Seigneurs die Bestellung ihrer Sergenten und Notare in ihrem Territorium überlassen blieb. Auch hatte der Procureur général du Roy (der bei den Gerichtshöfen nach Art eines Generalfiskals das Interesse des Monarchen wahrzunehmen hatte) in früheren Zeiten den fiskalischen Unterbeamten, den Avocat du Roy, nach seinem Gutdünken bestellt. »Depuis ceste commission particuliere d'un magistrat a passé en force d'office tres honorable otroyé par le Prince.» (Man erinnert sich, daß Bodin selbst, als er sein Buch verfaßte, diese Stellung in Laon bekleidete.)

Bodin unterscheidet ferner Kommissarien, die zugleich Beamte, und solche, die Privatleute sind (durch die Kommission werden diese dann natürlich auch zu personnes publiques); unter den Beamten unterscheidet er wieder die Kommissarien, deren Kommission mit ihrem Amtsauftrag zusammenhängt, und die, bei denen das nicht der Fall ist. Weiter wird ein Unterschied gemacht zwischen denjenigen Kommissarien, die eine Sache in letzter Instanz ohne Berufung an den Auftraggeber zu entscheiden haben, und solchen, die der Berufung an den Fürsten oder eine in der Kommission bezeichnete Behörde stattgeben müssen. Endlich gibt es noch Kommissare mit und ohne Befehlsgewalt, wie schon im Anfang hervorgehoben worden ist.

Die Kommission erlischt, wenn der, welcher sie erteilt hat, stirbt oder sie widerruft oder wenn der Kommissar während der Kommission ein Amt erlangt, das dem des kommittierenden Magistrats gleichsteht. Der formelle Widerruf der Kommission durch ein Schreiben des Fürsten, der sie erteilt hat, übt seine aufhebende Wirkung, gleichviel ob der Kommissar davon in Kenntnis gesetzt worden ist oder nicht; die Akte des Kommissars seit der Revokation der Kommission haben keine Gültigkeit. Das ist das strenge Recht. Vernunft und Billigkeit allerdings verlangen, daß die Kommission in Kraft bleibt, bis ihre Revokation dem Kommissar mitgeteilt ist oder er davon Kenntnis erlangt hat[20]. Um diese alten Schwierigkeiten zu vermeiden, haben (in Frankreich) die Staatssekretäre sich gewöhnt, den Kommissionen und allen darauf bezüglichen Schreiben die Klausel einzufügen: »du jour de la signification de ces presentes« – eine Klausel, die als selbstverständlich ergänzt werden muß, wenn sie etwa einmal ausgelassen ist.

Eine Kommission erlischt mit dem Tode des Souveräns, der sie erteilt hat, vorausgesetzt, daß die Sache unverändert geblieben ist (que la chose soit entiere); das ist z.B. nicht der Fall, wenn bei einer Rechtssache die Parteien sich eingelassen haben: dann muß der Kommissar die Sache erst zu Ende führen. Ähnlich steht es, wenn ein kommissarisch beauftragter Feldherr im Beginn einer Schlacht die Nachricht vom Ableben des Souveräns erhält, dem er seine Kommission verdankt. Die ordentlichen Beamten bleiben dagegen auch beim Tode des Souveräns in ihrem Amt. Nach dem Tode Ludwigs XI. ordnete das Pariser Parlament an, daß die Beamten in ihrer Wirksamkeit fortfahren sollten wie vorher, bis die Antwort des neuen Königs eingetroffen sei; es folgte dabei einem alten Erlaß vom Oktober 1381 (nach dem Tode Karls V.). Anders handelte freilich das Parlament zu Toulouse beim Tode Karls VII.: es stellte alle Verhöre und Bescheide ein, bis ein Schreiben des neuen Königs eingetroffen war. Dies Verfahren mißbilligte Bodin, weil das Amt ebenso wie die königliche Gewalt von Rechts wegen fortdauert[21]. In dieser verschiedenen Behandlung des Amtes und der Kommission zeigt sich eben wieder der Unterschied beider: das Amt ist dauernd oder wenigstens genau befristet und beruht auf Gesetz; die Kommission ist von vorübergehendem Charakter und beruht auf bloßem Auftrag. Daher erlischt sie mit dem Tode des Auftraggebers von selbst, während zur Aufhebung des Amtes ein besonderer gesetzlicher Akt notwendig ist. Als im Jahre 1544 die Stellen des fünften und sechsten Präsidenten beim Pariser Parlament abgeschafft wurden, geschah das durch besonderes Edikt, ebenso wie 1560, wo auf Verlangen der Generalstände von Orleans durch Karl IX. alle seit dem Tode des Königs Franz I. neu errichteten Ämter aufgehoben wurden. Selbst das Amt der clercs du greffe beim Parlament ist im Mai 1544 ebenso durch ein besonderes Edikt (auf Ansuchen des greffier en chef) aufgehoben worden, wie es früher durch ein solches begründet war. Ist eine Kommission mit einem Amte als solchem verbunden, so geht sie auch auf den Amtsnachfolger über.

Die amtliche Gewalt der officiers ist nach Bodin auch inhaltlich eine stärkere und ausgedehntere als die der Kommissarien. Die »Magistrate« insonderheit können die Gesetze selbständig interpretieren, während die Kommissare an den Wortlaut ihres Auftrages gebunden sind, es sei denn, daß eine Klausel darin steht (»selon les personnes« – »à la discrétion«, »à la prudence«, »à la volonté«), die ihnen eine größere Freiheit des Handelns gestattet, wie das namentlich bei Gesandten und Militärs wünschenswert ist, natürlich immer unter dem Vorbehalt, daß es nicht zum Schaden des Gemeinwesens ausschlage. Man sieht: die durchgreifende, allmächtige Wirksamkeit der Kriegskommissare, wie sie in der Hauptsache erst seit Heinrich IV. erscheint, hat Bodin noch nicht gekannt. Er hat überhaupt wohl nicht geahnt, welche eminente Bedeutung die von ihm so sorgfältig beschriebene Institution noch für das Verwaltungsrecht seines Vaterlandes und anderer Länder erlangen sollte. Seine Gedankenrichtung ging nicht auf die Ausbildung des Absolutismus, sondern eines monarchischen Rechtsstaats. Er sieht in den Commissions ein Überbleibsel eines früheren Zustandes, in dem die Völker noch ohne Gesetze regiert wurden; ein notwendiges Regierungsinstrument allerdings, das aber doch mit Vorsicht gebraucht und möglichst eingeschränkt werden muß. Die Verwandlung von Kommissionen in Ämter ist ihm ein wohlvertrauter und sympathischer Vorgang. Er weiß, daß man Kommissare nicht entbehren kann, um den Mißbrauch der Ämter zu verhüten oder einzuschränken; aber daß das ganze Amtswesen, soweit es die eigentliche Verwaltung betraf, im Geiste des Kommissariats reformiert werden sollte, ist eine Vorstellung, die ihm ganz fern liegt.

IV

Was ergibt sich nun aus der Darstellung Bodins über den Ursprung des Instituts der Kommissarien? Die Frage ist nicht ganz einfach zu beantworten; Bodin hat sich ausdrücklich nicht darüber ausgesprochen. Es liegt aber bei ihm offenbar die Ansicht zugrunde, daß die vorübergehende formlose Übertragung der Autorität an einen Stellvertreter die einfachste und ursprünglichste Art darstellt, auf die ein Machthaber durch andere Personen wirken kann; daß daher die Kommissarien eigentlich älter sind als die gesetzlichen ordentlichen Beamten. Dementsprechend wählt er auch seine Beispiele aus dem ganzen Bereiche seiner historischen Belesenheit, namentlich auch aus der griechischen und römischen Geschichte, die er nach der Art der Schriftsteller des 16. Jahrhunderts mit der Geschichte der neueren Zeiten ganz unbefangen zusammenwirft. Namentlich die römischen Diktatoren, die Dezemvirn, die quaestores parricidii, die Statthalter der Provinzen sind ihm charakteristische Vertreter des Typus der Kommissarien. Wir folgen ihm auf diesem Wege nicht. Das Altertum ist eine Welt für sich, und es kann uns genügen, daß weder die Politik des Aristoteles noch das römische Recht eine ausgebildete Theorie über das in Frage stehende Institut aufweisen[22]. Beschränken wir uns aber auf das Gebiet der neueren staatlichen und rechtlichen Entwicklung, so ist klar, daß der Begriff der Kommissarien erst größere juristische Bestimmtheit gewinnt und überhaupt erst zu einem theoretisch faßbaren Rechtsinstitut wird, sobald er gegen den Begriff der ordentlichen Beamten abgegrenzt werden kann. Die ganze Theorie der Kommissarien, wie sie Bodin vorträgt, beruht auf deren Gegensatz zu den Officiers: das officium mußte erst ausgebildet sein, ehe von der commissio im rechtlich-theoretischen Sinne die Rede sein konnte. Damit stoßen wir auf das Problem der Entstehung des Amtes in der feudal-hierarchischen mittelalterlichen Welt, das noch keineswegs hinreichend aufgeklärt ist und hier nicht nebenbei erörtert werden kann[23]. Es mag nur darauf hingewiesen werden, daß hier das Beispiel der kirchlichen Ämterhierarchie für die staatlichen Einrichtungen offenbar von großem, nicht immer genügend gewürdigtem Einfluß gewesen ist. Hinschius hat diesen Einfluß besonders nachdrücklich betont[24]. Das kirchliche Recht hat (offenbar im Anschluß an die Überlieferungen der römischen Staatsverwaltung) nicht bloß einen ausgebildeten Behördenorganismus geschaffen, sondern – sagt Hinschius – es hat auch »den Begriff des Amtes« – im Gegensatz zu der späteren germanischen Auffassung als eines wesentlich nutzbaren Privatrechts – als Komplex gewisser im öffentlichen Interesse zu übender Rechte und Pflichten sowie den Grundsatz, daß dem Amtsträger seine Stellung nur unter bestimmten Voraussetzungen und nur infolge eines bestimmten Verfahrens entzogen werden dürfte, zur Geltung gebracht: »Seine Beamtenhierarchie und das Recht derselben hat das Vorbild für den sogenannten absoluten Staat abgegeben«. Er ist auch geneigt, »das Beispiel der Kirche, welche nach ihrem Dogma dem Beamtenstande allein die Fähigkeit zur Regierung zusprechen mußte und die Laien lediglich als die willenlosen Objekte für die Vollziehung der dem Beamtentum obliegenden Mission betrachtete«, mittelbar verantwortlich zu machen für »jene bekannte Anschauung von der Allweisheit der Regierung und dem beschränkten Untertanenverstand sowie der Beamten- und Regierungstätigkeit als einer von den Interessen des regierten Volkes losgelösten, selbständigen Aufgabe«. Jedenfalls haben die mit Recht neuerdings hervorgehobenen internationalen Zusammenhänge des mittelalterlichen Verwaltungsrechts[25] hier offenbar eine ihrer stärksten Wurzeln.

Mit dem Begriff des Amtes aber tritt sofort auch der Begriff des Kommissarius mit größerer juristischer Bestimmtheit in die Erscheinung, und zwar gerade in kirchlichen Rechtsquellen. Bodin zitiert für seine Distinktionen römische und kanonische Rechtsquellen nebeneinander, Leges aus den Digesten und dem Kodex Justinians, Capitula aus den Dekretalen Gregors IX., dazu Legisten und Kanonisten wie Bartolus, Baldus, Jakob Butrigarius, Joh. Andreae, Felinus, Hostiensis u.a. Geht man seinen Zitaten näher nach, so zeigen sich aber in den römischen Quellen nur geringe Ansätze für die Theorie wie die Sätze über iurisdictio mandata in den Digesten und im Kodex Justinians[26]; am wichtigsten erweist sich der oft zitierte Titel 29 des ersten Buchs der Gregorianischen Dekretalen: »de officio et potestate iudicis delegati«; daneben die Kommentare der genannten Juristen.

Wir werden also für die Ausbildung der Theorie hauptsächlich auf das kanonische Recht geführt. Zugrunde liegt die Lehre von der »iurisdictio delegata«. »Die Anfänge zu der Ausbildung dieses Instituts und einer besonderen Theorie darüber« – sagt Hinschius[27] – »fallen in die erste Hälfte des 12. Jahrhunderts, und in der zweiten Hälfte desselben zur Zeit Alexanders III. erscheint die Delegation bereits praktisch in umfangreicher Übung und theoretisch vollkommen ausgebildet...« »Seit Anfang des 12. Jahrhunderts begegnen erst spärlich, seit Alexander III. aber massenhaft päpstliche Reskripte, welche die Untersuchung oder auch gleichzeitig die Entscheidung direkt an den Papst gebrachter Angelegenheiten anderen Geistlichen, namentlich Bischöfen, Äbten usw. übertragen.« Es war eine Wiederholung des Prozesses, der schon in früheren Jahrhunderten zur Ausbildung der päpstlichen Legaten geführt hatte; auch die Entstehung der bedeutenden Stellung der Archidiakonen, denen im Mittelalter eine iurisdictio ordinaria zugeschrieben wurde, will Hinschius auf eine ursprünglich nur kommissarisch durch die Bischöfe übertragene Gerichtsbarkeit zurückführen. Zwischen den Legati der früheren Epoche und den Delegati des 12. und 13. Jahrhunderts ist eine unüberbrückte Kluft in der kanonistischen Theorie, die wohl darauf beruhen mag, daß inzwischen die Gewalt der Legaten ebenfalls zu einer iurisdictio ordinaria geworden war. Beide Male aber waren es Anregungen der spätrömischen Kaiserzeit, die den Anstoß zur Ausbildung der päpstlichen Kommissarien gaben, das eine Mal die direkte Übernahme des byzantinischen Instituts kaiserlicher Kommissarien, das im Codex Iustinianus wie im Codex Theodosianus erwähnt wird[28], das andere Mal war es das Zusammentreffen der außerordentlichen Steigerung der päpstlichen Machtstellung im 12. Jahrhundert mit dem Aufblühen der römischen Juristenschule in Italien, was zur Ausbildung des neueren Instituts der iudices delegati geführt hat[29].

Dieselbe Übung aber wie an der päpstlichen Kurie finden wir zu gleicher Zeit am kaiserlichen Hofe, in Deutschland wie in Italien: auch der Kaiser ernennt delegierte Richter in denselben Formen und mit denselben Bestimmungen wie der Papst[30]; und damit dringt dies Institut auch in das deutsche Gerichtswesen ein: beim Reichshofgericht begegnet es seit dem 12. Jahrhundert (1159); seit dem 14. Jahrhundert dann mit zunehmender Häufigkeit, bis es unter Friedrich III. fast die Regel wird, daß Kommissarien ernannt werden, um die Rechtssachen zu vertragen oder zu entscheiden[31].

Wann der Name Commissarii für die in den kanonischen Rechtsquellen noch durchweg als Delegati bezeichneten Träger einer außerordentlichen obrigkeitlichen Gewalt aufkommt, läßt sich nicht genauer feststellen; im 15. Jahrhundert ist er in Frankreich wie in Deutschland allgemein im Gebrauch[32].

Wie der Papst, so bestellten auch die Bischöfe Kommissarien, und wie der Kaiser, so auch die Fürsten. Es ist bekannt, von welcher Bedeutung gerade für die Gerichtsverfassung der deutschen Territorien dieses Institut geworden ist: Stölzel hat an der Wirksamkeit dieser landesherrlichen Kommissarien die Entstehung des gelehrten Richtertums nachgewiesen[33]. Noch im 17. und 18. Jahrhundert war die Bedeutung der außerordentlichen Kommissionen im deutschen Zivilprozeß sehr groß; erst die neuere Justizgesetzgebung hat prinzipiell damit aufgeräumt.

Über das Gebiet des Prozesses aber, insonderheit des Zivilprozesses, reicht in Deutschland bis zum 16. Jahrhundert die Anwendung des Instituts der Kommissarien noch nicht sehr weit hinaus, wie es ja auch in der kanonistischen Doktrin in der Hauptsache auf das Gerichtswesen beschränkt geblieben ist. Im Verkehr mit den Ständen, der ja überhaupt manche Analogien zum Gerichtsverfahren bietet, lassen sich Kaiser und Fürsten durch Kommissarien vertreten. Als 1495 der gemeine Pfennig beschlossen war, sandten die Reichsschatzmeister von Frankfurt aus Kommissarien ins Reich, um die von fürstlichen Amtleuten und Pfarrern veranlagten Steuern einzunehmen[34]; aber wie die Steuer selbst, so ist auch dies Institut zu keiner dauernden Einrichtung gediehen. Maximilian I. redet in einer Verfügung vom 18. Februar 1502 ganz allgemein von seinen »Commissarien und Viztumben im heiligen Reiche, Italien, obern und niedern österreichischen und burgundischen landen und anderswo« mit besonderer Beziehung auf die Finanzverwaltung[35]. Von den Visitationskommissionen der Reformationszeit ist schon die Rede gewesen. Mit den Kriegskommissarien des 17. Jahrhunderts und ihren Nachfolgern beginnt dann das Institut der Kommissarien in Deutschland, sich auf allen Gebieten des Staatslebens, natürlich nur in den Territorien, reicher zu entfalten.

Größere Bedeutung für die allgemeine Staatsverwaltung hat die Einrichtung in den administrativ viel früher entwickelten westlichen Reichen schon im Mittelalter gewonnen. Es ist gewiß kein Zufall, daß die bedeutsame Entwicklung des Instituts in England und Frankreich im 12. Jahrhundert einsetzt, zu derselben Zeit, wo Kaiser und Papst davon stärkeren Gebrauch zu machen begannen. Auch hier ist die Gerichtsgewalt die Grundlage; aber aus ihr entwickelt sich bald eine Fülle von administrativen Wirksamkeiten. In Frankreich sind schon die Baillis als königliche Kommissarien zu betrachten, die zur Beaufsichtigung der Prévôts, der alten lokalen Vögte oder Pfleger, vom Hofe aus ins Land gesandt wurden, bis sie, seit dem sogenannten Testament Philipps II. August (1190), zunächst in kleiner, später dann in größerer Zahl zu ständigen Beamten wurden, zu einer Zwischeninstanz zwischen dem Hofe und den Prévôts[36]. Aber sobald die Baillis lokal fixiert worden sind, bedürfen auch sie wieder der Überwachung vom Hofe aus durch reisende Kommissarien. Das sind die inquisitores der Epoche Ludwigs des Heiligen, die schon Ducange und manche neueren Schriftsteller nach seinem Vorgang als Nachfolger der karolingischen Missi haben auffassen wollen[37]. Die Missi der fränkischen Zeit[38] waren offenbar Kommissarien von ausgesprochenem Charakter; sie gehören derselben Epoche an, in der die päpstlichen Legaten sich ausgebildet haben, die ja auch anfänglich offiziell als Missi bezeichnet werden; ein starker kirchlicher Einfluß wird dabei kaum auszuschließen sein, zumal immer ein geistlicher und ein weltlicher Missus zusammenreisten. Aber die direkte Einwirkung des Missus-Instituts, von dessen späterer Fortdauer wir nichts wissen, wird bei den inquisitores Ludwigs IX. doch wohl zu bezweifeln sein; es liegt näher, hier an eine Übertragung des kanonischen Instituts der iudices delegati zu denken. Dieselbe Anknüpfung scheint mir auch für die reisenden Richter nahezuliegen, die in England seit 1131 und dann namentlich zur Zeit Heinrichs II. erscheinen und an die sich bekanntlich die Anfänge der lokalen Selbstverwaltung anschließen, in der Form der Kommissionen von Eingesessenen für die Zwecke der Gerichtshaltung, der Steuerveranlagung und der Enrollierung zu den verschiedenen Klassen der Miliz[39]. Die Wirksamkeit dieser Kommissare, der iudices itinerantes wie die der französischen inquisitores, hängt ja zugleich auch mit der Einführung des Inquisitionsverfahrens im Gerichtswesen zusammen, für die das Vorbild des Verfahrens im fränkischen Königsgericht maßgebend geworden ist[40]; eine Nachwirkung des Instituts der Missi in ähnlicher indirekter Form, durch das Medium der kanonistischen Delegati hindurch, wird nicht gänzlich auszuschließen sein: die Delegati sind eben eine Wiederholung des in den Legaten erstarrten Instituts der alten päpstlichen Missi.

Als Nachfolger dieser inquisitores erscheinen in Frankreich die commissaires-enquêteurs réformateurs des 14. und 15. Jahrhunderts[41], zu denen auch die von Bodin erwähnten 50 commissaires réformateuers von 1356 gehören und die noch unter Karl VII. eine bei den Provinzialbeamten wenig beliebte Einrichtung waren[42]; endlich dann im 16. Jahrhundert die Maîtres des requêtes de l'hôtel, d.h. die im königlichen Rat angestellten Beamten dieses Namens (zum Unterschied von den Maîtres des requêtes du Palais, die beim Pariser Parlament tätig waren), die durch die Generalitäten geschickt wurden, um die Justiz- und Finanzverwaltung der lokalen Beamten zu beaufsichtigen und über die angetroffenen Mißbräuche Bericht zu erstatten. Sie sind als Maîtres des requêtes ordentliche Beamte, aber auf ihren Umritten (chevauchées) erscheinen sie als Commissaires départis, commissaires-enquêteurs[43]. Sie waren im 16. Jahrhundert die wichtigste Form der Kommissarien, die Bodin vor Augen hatte; aber neben ihnen hatte sich dies Institut auf allen Gebieten der Staatsverwaltung in reicher Entfaltung ausgebildet, und zweifellos ist für Bodin das französische Verwaltungsrecht die wichtigste der Quellen gewesen, aus denen er seine allgemeine Theorie geschöpft hat.

Auf dem Gebiete des Prozesses war das Kommissionswesen in Frankreich ebenso wie in Deutschland verbreitet, namentlich auch in der Form der Bestellung von königlichen Kommissarien für gewisse Rechtssachen im monarchischen Interesse oder auf Ansuchen der Parteien; das Privilegium des »committimus« verlieh den damit begnadigten Personen ein forum privilegiatum vor den darin bezeichneten Gerichten, sei es das des Königs in seinem hôtel, sei es das des Parlaments im Palais[44].

Auf dem Gebiete der Polizei sind bereits die Commissaires du Châtelet de Paris erwähnt worden, die vielleicht an die inquisitores der Zeit Ludwigs IX. anschließen[45].

Auf dem Gebiete der Finanzen fanden Kommissarien mindestens seit dem 15. Jahrhundert vielfache Verwendung[46]. Man unterschied schon im 15. Jahrhundert bei den Kassenbeamten office und commission[47]; in der großen Finanzordonnanz von 1445 (Art. 16) findet sich ein Verbot, Kommissionen in Finanzsachen auszufertigen und zu siegeln ohne Befehl des Königs und der Trésoriers oder Généraux; auch sollen nur ordentliche und zahlungsfähige Leute zu commissaires im Finanzwesen genommen werden[48]. In Art. 20 derselben Ordonnanz werden die »commissaires, esleuz (élus) etc.« erwähnt[49], und auch das Reglement von 1454 (Art. 46)[50] spricht von den »lectres de commissions envoyées de par le roy aux esleuz ou autres commissaires sur le faict des aides«. Die élus waren also damals noch königliche Kommissare, vielleicht aus den Mitteln der Eingesessenen der Diözesen oder Landschaften (pays), von denen sie früher (seit 1355) eine Zeitlang gewählt waren; auch die collecteurs des tailles haben eine commission[51]. Das Recht der Subdelegation erscheint in der Bestimmung der Ordonnanz von 1452, daß die élus sich zur Stellvertretung auf eigene Kosten und Gefahr »Commis« halten können, deren Zuständigkeit allerdings begrenzt ist[52]. Diese spezifisch französische Institution der »Commis«, die gewisse höhere Beamte sich halten (namentlich z.B. später die Minister-Staatssekretäre), welche die Bürokratie des französischen Ancien Régime in so eigentümlicher Weise kennzeichnet, ist ein Ausfluß des Delegationsrechts: diese Commis sind nichts anderes als Subdelegati, ebenso wie die Subdélégués der Intendanten. Auch die Greffiers der Elus haben im 15. Jahrhundert schon ihre Commis oder Commissaires[53]. In das Gebiet der Militärverwaltung werden wir schon hinübergeführt, wenn wir von den Commis oder Commissaires des Contrôleur des guerres oder der maréchaux de France[54] lesen oder von den Commissaires pour lever les chevaux pour l'artillerie, die die Ordonnanz von 1517 (Art. 19) als vorhanden voraussetzt[55].

Eine hervorragende Bedeutung müssen die mit außerordentlichen Gewalten vom Hofe in die Provinzen entsandten Kommissarien in Savoyen-Piemont während des 15. und 16. Jahrhunderts gehabt haben; die von Sclopis veröffentlichten Ständeakten[56] enthalten fast bei jedem Landtage von 1440 bis 1536 Beschwerden der Stände über diese außerordentlichen Werkzeuge der fürstlichen Gewalt, die nicht bloß auf gerichtlichem, sondern namentlich auch auf polizeilichem und finanziellem Gebiete häufig in die Befugnisse der ordentlichen Obrigkeiten eingriffen, ohne daß man die ihnen erteilte Kommission und ihre Tragweite kannte. Im Jahre 1440 mußte der Herzog auf Ansuchen der Stände sämtliche Kommissarien zurückberufen; später erscheinen sie aber wieder in den mannigfaltigsten Funktionen. Im Jahre 1489 erhielten die Stände von Piemont auf ihre Beschwerden das Zugeständnis, daß fortan die Kommissarien vor Ausübung ihrer Funktion den ordentlichen Behörden (officiarii ordinarii) ihre Kommissionen vorweisen sollten; doch scheint das nicht immer beobachtet zu sein. Vielleicht sind die Referendarii, die im 17. Jahrhundert an der Spitze der Provinzialverwaltung erscheinen und aus denen später die Intendanten geworden sind, Nachfolger dieser Kommissarien als örtlich fixierte ordentliche Beamte.

V

Eine von Bodin nicht erwähnte Gruppe von Kommissarien, für die er in dem Frankreich seiner Zeit keine Beispiele mehr fand, die aber anderwärts von großer Bedeutung für die Ausbildung der Verwaltungseinrichtungen gewesen ist, muß hier schließlich noch besonders hervorgehoben werden. Es sind die in Deutschland sogenannten Landkommissare. In den monarchischen Staaten können wir überhaupt zwei große Gruppen von Kommissarien unterscheiden: Hofkommissarien und Landkommissarien. Die Hofkommissarien sind Personen, die vom Hofe aus in die Provinzen gesandt werden, um dort die königliche Autorität zur Geltung zu bringen oder sonst den Zwecken der Zentralverwaltung zu dienen: sie sind Instrumente der Zentralisation und des Absolutismus, Bahnbrecher für eine monarchisch-bürokratische Beamtenverwaltung. Die Landkommissarien sind in der Regel auch vom Monarchen ernannt, aber aus den angesehensten Eingesessenen eines »Landes«, d.h. eines Bezirks von kommunalem Charakter; zuweilen sind sie von diesen geradezu erwählt und vom König nur bestätigt; sie haben in erster Linie für die Interessen der Eingesessenen dieses Bezirks zu sorgen, sie mit der monarchischen Staatsordnung in Einklang zu bringen. Sie machen nicht einen Lebensberuf aus dem öffentlichen Dienst, sondern dienen als Ehrenbeamte dem öffentlichen Wohl und werden daher auch nicht zu so einseitig fürstlichen Instrumenten wie die fürstlichen Berufsbeamten: sie sind die Träger der modernen Selbstverwaltung, die ja eben auf der Delegation staatlicher, obrigkeitlicher Funktionen an ehrenamtlich tätige Eingesessene eines kommunalen Verbandes beruht. In England kann man schon die Mitglieder der lokalen Kommissionen, die die reisenden Richter im Gericht, bei der Steuerveranlagung und bei der Enrollierung zur Miliz unterstützten, als »Landkommissarien« bezeichnen; auch das späte Amt der Friedensrichter, das als solches von 1327 bis 1360 begründet worden ist, hat im 13. Jahrhundert Kommissarien zur Friedensbewahrung (conservatores, custodes pacis) als Vorläufer; und eben die gemeinsame Eigenschaft als ursprüngliche »Landkommissare» verleiht den brandenburgischen »Kriegskommissaren und Kreisdirektoren«, den späteren Landräten, ihre oft hervorgehobene Ähnlichkeit mit den englischen Friedensrichtern. Auch sonst ist das Institut weit verbreitet: wir finden Landkommissarien in Hannover bis ins 19. Jahrhundert hinein[57] und in Dänemark seit der ständischen Reaktion gegen das Willkürregiment Christians IV. (1638) bis zur Durchführung der absolutistischen Verwaltungsordnung[58]. Daß man auch in Frankreich die élus in der Epoche von 1356 bis 1439 und darüber hinaus wohl als solche Landkommissarien anzusehen haben wird, wurde bereits angedeutet[59]; zur Zeit Bodins freilich waren sie längst zu rein königlichen Beamten geworden, die nicht mehr aus den Eingesessenen genommen wurden. Wo die Spannung zwischen solchen Kommissarien und der königlichen Gewalt zu stark war, wo sie geradezu in Opposition gegen das monarchische Regiment getreten sind wie in Dänemark, da sind sie durch die erstarkte monarchische Gewalt wieder beseitigt worden, ohne Spuren zu hinterlassen. Wo sie aber der monarchischen Ordnung sich einfügten und ihren Zwecken dienten wie in England, da haben sie sich zu den wichtigsten Organen lokaler

Selbstverwaltung entwickelt; die englischen Friedensrichter stehen in deutlichem Gegensatz zu den ordentlichen Instanzen der Bezirksverwaltung, den Vicecomites (Sheriffs), die weder bei den Eingesessenen noch bei der Krone Vertrauen genug besaßen, als daß man ihnen die wachsenden Aufgaben der Polizeiverwaltung mit ihren vielfachen Beziehungen zum Wirtschaftsleben hätte anvertrauen mögen. Dem Verlangen nach Wahl der Friedensrichter durch die Eingesessenen hat die Krone immer widerstanden: der Friedensrichter sollte ein Delegat der Staatsgewalt sein und bleiben. Die Institution an sich ist durch Gesetze geschaffen; aber ein jus quaesitum an dem Amt wie etwa die Sheriffs, die die Grafschaftseinkünfte gepachtet hatten, haben die Friedensrichter nicht gewonnen. Ihre Bestallung wird als »Commission« bezeichnet; bis zu der großen Umwälzung durch die puritanische Revolution können sie von der Sternkammer, d.h. von der vorgesetzten Verwaltungsbehörde, ohne ordentliches Gerichtsverfahren abgesetzt werden. Erst im 18. Jahrhundert sind sie die selbstherrlichen Figuren geworden, als die man sie gewöhnlich im Sinne hat.

VI

Fassen wir zusammen, so ergibt sich als die Summe der Bedeutung des Kommissarius in der allgemeinen Verwaltungsgeschichte der neueren Staaten einmal die Tatsache, daß überall da, wo neue und außerordentliche Aufgaben an die Staatsverwaltung herantreten, zu deren Bewältigung die alten ordentlichen Beamten nicht geeignet oder zulänglich sind, zunächst außerordentliche Amtsträger kommissarisch mit den diesen neuen Aufgaben entsprechenden Gewalten ausgerüstet werden und daß diese außerordentlichen Beamten dann im Laufe der Zeit leicht zu ordentlichen werden, wenn das Bedürfnis, das sie ins Leben gerufen hat, andauert und eine regelmäßige Amtsfunktion wünschenswert macht. Auf diese Weise ist überall in Europa die alte primitive Bezirksverwaltung der Vögte und Amtleute durch eine neue Organisation des Bezirksbeamtentums abgelöst worden: durch Selbstverwaltungsorgane wie die Friedensrichter in England, durch kollegialische Bezirksbehörden, Steuerräte und Landräte in Preußen, durch scharf-bürokratische Einzelbeamte wie Intendanten oder Präfekten in Frankreich. Überall sind es Kommissarien, Hof- oder Landkommissarien, die den Ursprung dieser Neubildungen maßgebend beeinflußt haben; und die Spur davon macht sich noch lange z.T. bis zur Gegenwart, bemerklich.

Insbesondere aber ist die Institution des Kommissarius ein Mittel der monarchischen Disziplin und der absolutistischen Staatsautorität in der Verwaltung gewesen. Wir sehen, daß diese Einrichtung Jahrhunderte hindurch gedient hat, das Ämterwesen vor den Gefahren privatrechtlicher Entartung zu bewahren und es schließlich auf dem Kontinent, im 17. und 18. Jahrhundert, im Sinne der modernen Staatsräson innerlich umzubilden. Wie zum kirchlichen Amt (officium) das beneficium, die Pfründe, so gehört zum weltlichen Amt die Amtsausstattung mit liegenden Gründen oder mit einem Geldgehalt. Die frühere Entartung des Amtswesens durch die lehnrechtliche Übertragung findet in der neueren Ämterverfassung, nach Überwindung des Lehnwesens, eine analoge Wiederholung in der Neigung der festbestallten Amtsinhaber, das Amt mit seinem Zubehör mehr im Sinne eines wohlerworbenen Rechtes als einer öffentlichen Pflicht auszuüben und zu genießen; die Verflechtung mit lokalen Sonderbestrebungen und Klasseninteressen, das zähe Festhalten an überlebten Gewohnheiten und Rechtszuständen macht die Bezirksämter, namentlich in Zeiten durchgreifender monarchischer Reformen, oft zu Herden eines unüberwindlichen passiven Widerstandes gegen die von oben eingeleitete Aktion. Der große Verschmelzungs- und Zentralisationsprozeß, auf dem der einheitlich verwaltete moderne Großstaat beruht, hat hier überall auf dem Kontinent die schwersten Hemmungen zu überwinden gehabt. In diesem Kampfe um die Durchsetzung einer neuen Staatsordnung ist der Kommissarius das wirksamste Instrument der Staatsgewalt geworden: ohne ein jus quaesitum an seiner Stelle, ohne Verbindung mit den lokalen Mächten des Widerstandes, ohne die Fesseln verjährter Rechtsanschauungen und herkömmlicher Amtswaltung, nur ein Werkzeug des höheren Willens, der neuen Staatsidee, dem Fürsten unbedingt ergeben, von ihm bevollmächtigt und abhängig, nicht mehr ein officier, sondern nur ein fonctionnaire, stellt er einen neuen, dem Geiste der absolutistischen Staatsräson entsprechenden Typus des Staatsdieners dar, der zwar in dieser Schärfe und Einseitigkeit das alte Beamtentum nicht völlig verdrängt, aber doch durch die Verschmelzung mit ihm nach langem Kampfe eine tiefgreifende Veränderung in seinem Wesen hervorgebracht hat, die bis zur Gegenwart fortwirkt.

Es ist leicht verständlich, daß nach der Durchführung dieser großen

Aufgabe der Kommissarius in seiner reinen Gestalt in dem modernen Rechtsstaat nicht mehr dieselbe Rolle spielen konnte wie im 17. und 18. Jahrhundert. Von den beiden wesentlichen Merkmalen, die Bodin für den Kommissarius aufstellt, ist das eine, nämlich der Mangel einer gesetzlichen Grundlage seiner Wirksamkeit, mit den Prinzipien des Rechtsstaats nur insoweit vereinbar, als diese Wirksamkeit sich in den gesetzlichen Schranken der Befugnisse seines Auftraggebers hält. Ohne im entferntesten den Versuch machen zu wollen, die vielfältige Anwendung der Institution im öffentlichen Leben der Gegenwart erschöpfend aufzuzählen, mag hier nur hingewiesen werden auf die Regierungsvertreter vor den parlamentarischen Körperschaften, auf die Kommissionen im Steuerwesen, im militärischen Ersatzwesen, im Prüfungswesen, bei wirtschafts- und sozialpolitischen Untersuchungen und zahllosen anderen Anlässen des öffentlichen Lebens, namentlich auch zur Vorbereitung und Durchführung von Reformen aller Art; auch der Schwerpunkt aller parlamentarischen und körperschaftlichen Arbeit überhaupt liegt ja in den Kommissionen. Viel wichtiger aber erscheint mir im Rahmen dieser Betrachtungen der Hinweis darauf, wie stark und sichtbar noch in unserem heutigen Amtsrecht der Einfluß des Geistes und der Stellung der alten Kommissarien des 17. und 18. Jahrhunderts nachwirkt. Die Verschiedenheit in der rechtlichen Stellung der richterlichen und der politischen Beamten, die größere Unabhängigkeit der einen, die stärkere Gebundenheit der anderen, beruht auf dem alten Unterschied von Officiers und Commissaires, mag er auch in dem modernen Rechtsstaat bis zur Unkenntlichkeit abgeschliffen und modifiziert sein. Die ganz eigenartige amtsrechtliche Stellung der Minister findet ebenfalls in den überlieferten Rechtsformen kommissarischer Amtswaltung ihre Erklärung. Im alten Frankreich galten die Staatssekretäre (die Minister des Ancien Régime) geradezu als »commissaires«, nicht als »officiers«, und ähnlich war es tatsächlich – trotz der kollegialischen Formen – auch im alten Preußen: das beruht darauf, daß die Monarchen sich gegenüber diesen mächtigsten ihrer Diener am wenigsten binden mochten. In England aber hat andererseits die geschärfte Verantwortlichkeit vor dem Parlament dazu geführt, daß die Minister als solche zu bloßen »Commissioners« geworden sind. Seit der puritanischen Revolution und endgültig seit 1688 sind die wichtigsten Ministerien, das Schatzamt und das Admiralitätsamt, mit einer Mehrheit von Commissioners besetzt worden statt der alten Großämter des Lord High Treasurer und des

Lord High Admiral. Und das moderne englische Kabinett überhaupt, dessen Existenz ja bekanntlich auf keinem Rechtstitel beruht und nach der ganzen Natur des parlamentarischen Lebens einen transitorischen Charakter hat, kann als eine richtige Kommission im Gegensatz zum festen Amt bezeichnet werden. Etwas von diesem kommissarischen Charakter haben alle konstitutionellen Ministerien. Wie bedeutend aber auch auf den untern Stufen des Staatslebens noch heute die Verwendung von Kommissarien statt der ordentlichen Beamten einwirken könnte, mag man ermessen, wenn man sich vorstellt, daß in Preußen der Vorsitz in den Steuerveranlagungskommissionen der Kreise statt des Landrats auf einen ad hoc deputierten Steuerkommissarius übertragen würde, der von der den ordentlichen Beamten fast unvermeidlichen Verflechtung in lokale Interessen, soziale Machtverhältnisse und persönliche Rücksichten vollständig frei wäre.

Anmerkungen

1 [H. Helfritz, Geschichte der preußischen Heeresverwaltung (1938) S. 36 Anm. 3 macht darauf aufmerksam, daß das Wort »Kommissare« im Sinne von Musterherren bereits in »Kaiser Maximilians II. und des heil. römischen Reiches Reutter-Bestallung« von 1570 vorkommt. Früherer Nachweis für 1544 bei F. Uhlhorn, Reinhard Graf zu Solms Herr zu Münzenberg 1491–1562, Marburg 1952, S. 67.]

2 Vgl. Schmoller, Acta Borussica, Behördenorganisation Bd. I. Einleitung. – Breysig, Die Organisation der brandenburgischen Commissariate, Forsch. z. brandenb. u. preuß. Gesch. Bd. 5, 135ff. – Frhr. v. Schroetter, Die brandenburgisch-preußische Heeresverfassung unter dem Großen Kurfürsten (Schmollers staats- und sozialwissensch. Forschungen XI, 5, namentlich S. 79ff.). – Prinz August Wilhelm von Preußen, Die Entwicklung der Kommissariatsbehörden in Brandenburg-Preußen bis zum Regierungsantritt Friedrich Wilhelms I. Straßb. Dissertation, Berlin 1908.

3 E. Meier, Die Reform der Verwaltungsorganisation unter Stein und Hardenberg. S. 197ff. [2. Aufl., 1912, S. 174ff.]

4 Origines de l'institution des intendants des provinces d'après les documents inédits (mit einer Auswahl dieser Dokumente S. 179–369). Paris 1884.

5 Sully und seine Gehilfen reisten erst als Kommissare im Lande herum, ehe ihre ordentliche Verwaltung begann. Die früheren sporadisch auftretenden Superintendenten waren wohl nur kommissarisch bestellt. – Es mag dabei auch hingewiesen werden auf eine parallele Erscheinung in Österreich unter Maximilian I., die allerdings mancherlei Besonderes hat: es sind die fünf Superintendenten der Finanzverwaltung, die in der Hofkammerordnung vom 13. Februar 1498 als reisende Kontrollkommissarien in Aussicht genommen werden

(Art. 5; gedruckt bei Adler, Organisation der Zentralverwaltung unter Maximilian I., jetzt auch bei Fellner und Kretschmayr, Österreichische Zentralverwaltung Bd. II). Die Einrichtung beruht auf einer fragmentarischen Denkschrift, die Adler mitteilt (S. 509f.), die zwar wohl nicht, wie er meint, niederländischen Ursprungs ist, aber doch offenbar von einem Beamten herrührt, der die burgundischen und französischen Verhältnisse kannte. In Burgung selbst sind solche superintendants nicht vor 1493 nachzuweisen (Walther, Burgund. Zentralverwaltung S. 182).

6 Vgl. Depping, Correspondance administrative sous Louis XIV, Bd. I. Babeau, La ville sous l'ancien régime. Schmollers Aufsätze über Reform der Stadtverwaltung in Preußen in der Zeitschr. f. preuß. Gesch. u. Landeskunde Bd. X–XII [wieder abgedruckt in »Deutsches Städtewesen in älterer Zeit«, 1922, S. 231–428].

7 Desdevises du Dezert, L'Espagne de l'Ancien Régime. Les institutions. 134.

8 Danmarks Riges Historie IV, 628 (Fridericia).

9 Hildebrand, Svenska Statsförfattningens historiska utveckling, 412f.

10 Vgl. Jähns, Geschichte der Kriegswissenschaft II, 1061: »Für die Verhältnisse der Verwaltung und Verpflegung wurden vornehmlich die Erlasse der französischen Krone vorbildlich, welche unter den europäischen Großstaaten zuerst eine systematische Administration durchzuführen vermochte.«

11 Der Malteserritter Ludovico Melzo, aus Mailand gebürtig, sagt in seinen (auch ins Deutsche übersetzten) Regoli militari sopra il governo e servicio particolare della cavalleria: Das Amt des General-Commißherrn sei von Ferdinand Gonzaga unter Karl V. geschaffen und von Alba und Parma beibehalten worden: es sei eine Vereinigung des Dienstes eines General-Wachtmeisters (Quartiermeisters) und eines General-Auditors gewesen, und sein Inhaber sei zugleich Stellvertreter des Generalleutnants gewesen. Jähns ebenda S. 1050.

12 Bei Walther: Die burgundischen Zentralbehörden unter Maximilian I. und Karl V. – finde ich (S. 81) ein urkundliches Zitat, wonach ein burgundischer Finanzbeamter, Guillaume Normand, im Jahre 1507 als »Commissaire des monstres et revues de la gendarmerie de par deça« verwandt werden soll. Die burgundischen Ordonnanzkompanien waren eine Nachahmung der französischen; sollte diese Einrichtung von Musterkommissarien nicht auch dort vorauszusetzen sein? Genaueres darüber habe ich nicht in Erfahrung bringen können. In den späteren »Almanacs royaux« des 18. Jahrhunderts erscheinen »Commissaires de guerre« von offenbar untergeordneter Stellung in großer Zahl.

13 Acta Borussica II, 383ff.

14 Les six livres de la république de J. Bodin, Angevin. Paris 1577 (fol.). S. 206ff.

15 Daß dies noch im 17. Jahrhundert üblich war, zeigen die bei Hanotaux abgedruckten Pièces justificatives. Bei den beiden einzigen der zahlreich mitgeteilten Stücke, denen ein Vermerk über die Siegelung beigefügt ist, heißt es, daß sie mit gelbem Wachs gesiegelt sind. Es ist Nr. XVII (p. 256): »Pouvoir donné à M. Le Cogneux sur la justice et sur les finances en l'armée commandée par Monsieur (29 août 1627)« (»scellé sur simple queue de cire jaune«) und Nr.

XXIV (p. 279ff.): »Commission aux sieurs de Chasteauneuf, Conseiller d'Estat, de la Thuillerie et d'Estampes, Maistres des requestes, pour avoir l'administration et l'intendance de la justice et police, direction des hospitaux en l'armée de debvant la Rochelle de laquelle M. le Cardinal de Richelieu est lieutenant-général« (9 Février 1628) (»scellé du grand sceau sur simple queue de cire jaune»). Übrigens sind diese Stücke nicht in Form von lettres patentes gehalten, sondern wenden sich nur an die Beauftragten selbst; doch kommt namentlich bei früheren Kommissionen von Intendanten, allerdings nur selten, die Form von lettres patentes vor: vgl. Nr. I, p. 179ff.

16 Gegen Schluß des Kapitels kommt Bodin bei der Frage der Aufhebung von Ämtern noch einmal darauf zurück und führt aus seinem Studium der Parlamentsregistra Beispiele dafür an, daß öfter auch eine große Anzahl von Amtsstellen auf einmal durch ein Edikt errichtet worden sei: so 60 Sergents durch ein im Parlament im April 1544 publiziertes Edikt, die neuen Kriminalrichter im ganzen Reiche durch Edikt vom Jahre 1527. Selbst das Amt eines langayeur de pourceaux (Beschauer der Zungen bei Schweinen) ist érigé en tiltre d'office durch ein besonderes Edikt, das beim Parlament geprüft und eingregistriert wurde im Monat Juli 1544. (Aus den Registra des Parlaments von 1544 zitiert Bodin besonders häufig: diesen Jahrgang hat er offenbar systematisch studiert.) Aber nur das Amt an sich bedarf bei der Errichtung dieser Formalität des mit grünem Wachs gesiegelten Edikts. Die Bestallungen der Nachfolger in einem einmal errichteten Amt erfordern diese Form nicht.

17 Das war 1356/57. Vgl. Viollet, Histoire des institutions politiques et administratives de la France III, 211f. und die dort zitierten Quellen.

18 Es sind offenbar die Commissaires du Châtelet de Paris gemeint, die später als die Commissaires des quartiers erscheinen, die bekannten Pariser Polizeikommissarien des Ancien Régime, die Friedrich der Große in Berlin nachahmte. Ausführlich handelt über sie Delamare, Traité de la police (2e éd. 1729) I, 170ff. Er nennt sich auf dem Titelblatt selbst »Conseiller-Commissaire du Roy au Châtelet de Paris« und ist offenbar bestrebt, die Würde und Geltung dieses Amtes dadurch zu steigern, daß er ihm ein unvordenkliches Alter zuschreibt. Der frühere Titel dieser Beamten war »Commissaires enquêteurs et examinateurs«; ihre Zahl 16, entsprechend den 16 Pariser Stadtvierteln. Franz I. verdoppelte diese Zahl und gab ihnen den einfachen Titel »Commissaires«, 1521; Heinrich III. hat sie 1586 auf 40 vermehrt und diesen Titel beibehalten. Sie sind ursprünglich wohl Gehilfen des Prévôt de Paris, der durch »committitur« ihnen auch Sachen zur richterlichen Entscheidung zuweisen konnte. Delamare scheint gegen Bodin zu polemisieren, ohne ihn zu nennen, indem er diesen Beamten von jeher die Stellung von »officiers« zuweist, offenbar um ihre Bedeutung zu erhöhen, aber ohne Beweise anzuführen.

19 Ord. du 21 octobre 1467, Isambert XVII, 25f. Vgl. Viollet, Histoire des institutions politiques et administratives III, 324ff.

20 Bodin beruft sich dafür p. 315 gegen Innocenz III. auf Celsus, der sagt (I. 17 de officio praesidis D. I, 18): Si forte praeses provinciae manumiserit vel tutorem dederit priusquam cognoverit successorem advenisse, erunt haec rata. Die auf die Aussprüche Innocenz' III. bezüglichen Zitate scheinen nicht in Ordnung zu sein. In dem cap. qualiter de accus. ext. (Dekretalen Gregors IX. I.

V, tit. I, de accusationibus cap. 24 qualiter et quando) finde ich nichts, was auf die Frage Bezug hätte; ebensowenig 2 X de restitut. spoliat. XIII, 10 und 2 X de probat. XIX, 3, wo übrigens beide Male nicht Innocenz III., sondern Lucius III. zitiert wird. Es ist aber jedenfalls wichtig, daß das »strenge Recht« auf die kanonistischen Quellen, die vernünftige Erwägung der Billigkeit auf römische Analogie gegründet erscheint.

21 Die königliche Gewalt nach dem von ihm freilich nicht angeführten Spruche: le Roi ne meurt pas; er beruft sich dafür auf die Feststellung des Pariser Parlaments vom 19. April 1498: daß der König seine Hoheitsrechte unmittelbar nach dem Tode des Vorgängers, noch vor dem sacre (Salbung) ausübe.

22 Vgl. jedoch Mommsen, Röm. Staatsrecht II, 613ff. und Abriß des röm. Staatsrechts S. 186ff. (über die »außerordentlichen Magistraturen«).

23 Ich verweise dafür vor allem auf Schmollers Einleitung zu Bd. I der Acta Borussica, Behördenorganisation, namentlich S. 15–46; daneben auf Rehm, Die rechtliche Natur des Staatsdienstes, Hirths Annalen des Deutschen Reiches 17, 572.

24 Geschichte und Quellen des kanonischen Rechts in Holtzendorffs Enzyklopädie der Rechtswissenschaft (5. Aufl. 1890) S. 205, 321. Vgl. Kirchenrecht II, 364ff.

25 Walther, Die burgundischen Zentralbehörden unter Maximilian I. und Karl V. 1909, an verschiedenen Stellen.

26 I. 5 und 6 de iurisdictione D. II, I. (5: More maiorum ita comparatum est, ut is demum iurisdictionem mandare possit, qui eam suo iure, non alieno beneficio habet. – 6: Erlöschen des Jurisdiktionsmandats mit dem Tode des Mandanten, wenn res integra vorliegt.) I. 5 C. III, I de iudiciis (A iudice delegatus iudicis dandi non habet potestatem, cum ipse iudiciario munere fungatur, nisi a principe iudex datus fuerit).

27 Kirchenrecht I, 171ff.

28 I. 32 § 3 Cod. Iust. VII, 62 de appellationibus; I. 16 Theod. XI, 30 de appellationibus. Es ist bemerkenswert, daß an beiden Stellen »delegare« als terminus technicus erscheint, während in den Digesten das Wort »mandare« gebraucht wird. Delegare ist auch der kanonistische Terminus.

29 Vgl. auch v. Bethmann-Hollweg, Der Zivilprozeß des gemeinen Rechts in geschichtlicher Entwicklung VI, I S. 86f.: »Für die höchste und allgemeine Gerichtsbarkeit des Papstes bot abermals (unter Alexander III. und seinen Nachfolgern) das römische Recht der Kaiserzeit die erwünschten Formen in der Appellation, der willkürlichen Annahme von Rechtssachen in erster Instanz, den Reskripten auf Anfragen von Beamten und der Ernennung außerordentlicher Kommissarien (iudices delegati), durch welche er in die ordentliche Diözesangewalt der fernsten europäischen Länder entscheidend eingreifen konnte.« Vgl. ebenda II, 112. III, 181.

30 Ficker, Forschungen zur Reichs- und Rechtsgeschichte Italiens I, 300ff., 307, 343, 345f.

31 Franklin, Das Reichshofgericht im Mittelalter II, 49–61.

32 Ducange versagt hier. Er hat nur die Notiz: Commissarius generatim is est, cui negotium quoddam curandum creditur v. g. causa disceptanda, lis dirimenda, tuenda in provinciis Regis auctoritas etc. Er verweist auf das französi-

sche Commissaire. Die altfranzösischen Wörterbücher führen nicht weiter; Godefroy notiert als ältere Form Commissier. Die Behauptung von Delamare (Traité de la police I, 177), daß Commissarius zuerst in einer Ordonnance Ludwigs IX. von 1254 vorkomme, habe ich nicht nachzuprüfen vermocht, da sie von keiner näheren Angabe begleitet ist. Seine eigene Hypothese, daß Commissarius, anknüpfend an das Missus-Institut, den »Mit-Gesandten« bedeute (committere = simul mittere s. simul iungere), da man immer zwei oder mehrere Bevollmächtigte schickte, wird abzuweisen sein. Zugrunde liegt natürlich committere in der Bedeutung von mandare, delegare (vgl. auch Vocabularium iurisprudentiae romanae s. h. v.) und das davon abgeleitete Substantivum commissio, das den Auftrag und die Vollmacht für den Commissarius bedeutet. In England hat das Wort die Form Commissionarius, Commissioner, angenommen; als technischer Begriff z.B. in dem von Ducange zitierten Beispiel aus der Zeit der Königin Elisabeth (bei Rymer foedera XV, 505 col. 1: Assignavimus vos commissionarios nostros ad tractandum, communicandum et componendum cum omnibus et singulis subditis nostris etc.). Die lehnrechtliche Bezeichnung commissio, commissum für Strafe der Konfiskation des Lehens (franz. commise) führt auf andere Bahnen.

33 Stölzel, Die Entwicklung des gelehrten Richtertums in den deutschen Territorien, 2 Bde. 1872; vgl. auch Brandenburg-Preußens Rechtsverwaltung und Rechtsverfass. I, 30f.

34 Gothein, Der gemeine Pfennig auf dem Reichstage zu Worms S. 32. 35.

35 Fellner u. Kretschmayr, Die Organisation der österr. Zentralverwaltung II S. 22 Nr. 1.

36 Viollet a. a. O. III, 254ff.

37 Ebenda III, 261f.

38 Brunner, Deutsche Rechtsgeschichte II, 189ff. V. Krause, Geschichte des Instituts der Missi dominici (Mitteil. d. österr. Instit. 9).

39 Vgl. Gneist, Englische Verfassungsgeschichte 224f. Stubbs, Select Charters 22f. Maitland, Const. Hist. 69.

40 Brunner, Entstehung der Schwurgerichte S. 70ff.

41 Viollet a. a. O. III, 262 Text und Note 2.

42 Petit-Dutaillis in Lavisse, Hist. de France IV, II p. 236.

43 Über sie vgl. Hanotaux a. a. O. S. 4ff. und de Boislisle, Les chevauchées d'un maître des requêtes en Provence 1556, Revue des sociétés savantes 1881.

44 Viollet a. a. O. II, 223ff., III, 311. 349. Esmein, Cours élementaire de l'histoire du droit francais 441.

45 Siehe oben Anm. 4; Delamare I a. a. O.

46 Viele Beispiele bei G. Jacqueton, Documents relatifs à l'administration financière en France de Charles VII à Francois I, Paris 1891.

47 Jacqueton S. 246 Note.

48 Ebenda p. 25f.

49 Ebenda p. 27.

50 Ebenda p. 87.

51 Ebenda p. 107.

52 Ebenda p. 61ff.

53 Ebenda 61, 62.

54 Ebenda p. 204, 272.

55 Jacqueton p. 180. Vgl. oben Anm. 1.

56 Federigo Sclopis: Degli stati generali e d'altre istituzioni politiche del Piemonte e della Savoia saggio storico corredato di documenti, 1831, p. 79, 125, 131, 137, 164, 168, 173, 181, 214, 223, 233, 250, 261, 299, 317, 328.

57 E. v. Meier, Hannöversche Verfassungs- und Verwaltungsgeschichte II, 390ff.

58 Danmarks Riges Historie IV, 229. Schäfer, Geschichte Dänemarks V, 663f.

59 Viollet a. a. O. III, 504.

Die Entstehung der modernen Staatsministerien

Eine vergleichende Studie[1]

Ich möchte versuchen, in einem vergleichenden Überblick die Entstehung und Ausbildung unserer modernen Staatsministerien durch die Vergangenheit einiger der wichtigsten unter den neueren Staaten zu verfolgen. Es kommt mir dabei nicht darauf an, im einzelnen neue Forschungsresultate mitzuteilen, sondern nur die großen Linien zu ziehen, deren Zusammenhang es ermöglicht, das Gegenwärtige aus dem Vergangenen zu erklären und zu verstehen. Ich bin mir dabei wohl bewußt, daß diese Ordnungen nur die Formen des geschichtlich-politischen Lebens sind, die Werkzeuge gleichsam, die der Geist und Wille der Herrschenden sich geschaffen hat. Aber wie die wirklichen Werkzeuge, so haben auch diese Instrumente der politischen Tätigkeit ihre besondere Geschichte: sie überdauern das Leben derer, die sie geschaffen haben; und wenn sie auch im Wechsel der Zeiten sehr verschiedenartigen Zwecken dienen, von sehr verschiedenartigen Antrieben bewegt werden, so bleiben sie doch immer starke Gefäße der politischen Tradition; sie halten für Generationen die Geschäfte in gewohnten Geleisen, und es bedarf meist eines starken Impulses, um eine Änderung in ihrem Bestande herbeizuführen. In ihrer Entwicklungsgeschichte spiegelt sich zugleich der große Gang der politischen Entwicklung überhaupt, von der sie ja selbst ein Teil sind. Das Altertum kannte – abgesehen von einigen Ansätzen – keine Staatsministerien, wie wir sie haben, und der Welt des Orients sind sie – bis auf moderne Nachahmungen – gleichfalls fremd. Sie sind ein Erzeugnis unserer abendländischen, germanisch-romanischen Kultur, eine Schöpfung vor allem des monarchischen Einheitsstaates, mit ihren Wurzeln tief hinabreichend in die feudale und hierarchische Vergangenheit, in ihrem Wachstum gefördert und beeinflußt namentlich durch die moderne Staatsräson des 16., 17., 18. Jahrhunderts und durch die Verfassungskämpfe vom 17. bis zum 19. Jahrhundert. Es ist das politische Leben selbst, im Völkerverkehr wie in der heimischen Verwaltung, das dieses Instrument moderner Staatsregierung sich zubereitet hat.

Die gegenseitige Beeinflussung der Staaten spielt dabei ebenso eine Rolle wie der Parallelismus einer Entwicklung aus gleichem Keim.

Eine vergleichende historische Betrachtung zeigt deutlich, daß die modernen Staatsministerien der verschiedenen Reiche trotz der starken Abweichungen, die sich im einzelnen wie in der Gesamtverfassung, namentlich diesseits und jenseits des Kanals, zeigen, im Grunde doch Bildungen von übereinstimmender Art sind. Sie stellen sich insgesamt dar als ein Kollegium von Ressortchefs, die die Verwaltung in den einzelnen Zweigen und die Regierung des Staates im ganzen im Auftrage des Staatsoberhaupts und mit Verantwortlichkeit vor der Volksvertretung führen. König und Parlament – das sind die beiden historisch-politischen Brennpunkte, von denen die Kurve, die die Entwicklung der Ministerialverfassung beschreibt, abhängig ist. Die monarchische Regierungsgewalt hat diese Institutionen geschaffen, die parlamentarische Verantwortlichkeit hat sie ausgebildet und umgeformt. Aus einem Beamtenkörper, der lediglich vom Monarchen abhängt, sind die Ministerien in den fortgeschrittensten Staaten zu parlamentarischen Ausschüssen geworden, die nur noch formell vom Staatsoberhaupt zur Regierung bestellt werden. Damit hängt auch das größere oder geringere Maß von kollegialer Einheit und Solidarität in den Ministerien zusammen. Je stärker der persönliche Wille und die Regierungskraft des Monarchen, von dem die Minister abhängen, desto lockerer die Struktur des Ministeriums als einer Gesamtheit: andererseits je schärfer die parlamentarische Kontrolle, desto straffer die Zusammenfassung der Einzelministerien zu solidarischer Einheit. Der selbstregierende Monarch braucht Ratgeber, die nur in der Vertretung der Regierung vor dem Parlament als Einheit erscheinen müssen. Die parlamentarische Parteiregierung bedarf eines einheitlich geschlossenen Ministeriums als Regierungsorgans. Dort sind die Ressorts oft wichtiger als das Ganze, hier treten sie vor der Gesamtpolitik des Kabinetts meist in den Hintergrund. Diese Ressorts selbst, wie sie heute bestehen, die Fachministerien für das Auswärtige, für Krieg und Marine, für die Justiz, die Finanzen, das Innere, und für all die Spezialverwaltungen, die im Laufe des letzten Jahrhunderts aus der Verwaltung des Innern sich abgezweigt haben, – dieses ganze vielgestaltige Fachsystem weist überall im großen und ganzen übereinstimmende Grundzüge auf, wenn auch das Maß der Geschlossenheit und die Schärfe der Abgrenzung der einzelnen Fächer, z. B. in England, nicht dieselbe ist wie in den kontinentalen Staaten und wenn auch, infolge besonderer Formen der Staatsbildung, das alte territoriale Gliederungsprinzip neben dem fachmäßigen hier und da noch eine Rolle spielt. In den Einzelministerien hat sich heute allgemein die früher vielfach kollegialische Organisationsform bürokratisch zugespitzt zu der verantwortlichen Leitung durch einen einzelnen Minister, wenn auch, wiederum in England, diese büromäßige Umformung der Ämter nicht die gleiche Schärfe aufweist wie auf dem Kontinent. Manche von den englischen Besonderheiten sind übrigens für eine vergleichende historische Betrachtung besonders wertvoll, indem sie sich nämlich als historische Reliquien darstellen, zu denen wir manches Seitenstück in den früheren Entwicklungsstadien der kontinentalen Zentralbehörden aufweisen können. Das englische Kabinett zeigt uns, wie eine geologische Karte, auf der die Schichtenköpfe zutagetreten, alle die historischen Elemente, aus denen sich die modernen Ministerien gebildet haben, noch vollständig beisammen: die großen Hofbeamten, die Staatssekretäre, den kollegialischen Staatsrat als Rahmen der ganzen Ministerialverwaltung. Das sind die drei gesonderten Wurzeln, aus denen in verschiedenartiger Verästelung und Verflechtung in den einzelnen Ländern die modernen Ministerialbehörden erwachsen sind. Um diesen Bildungsprozeß zu verstehen, wird es nötig sein, den Blick bis in das 12. Jahrhundert zurückzulenken, wenn auch nur zu flüchtiger Betrachtung der älteren Einrichtungen. Eines so weitgespannten Horizontes bedarf es zugleich auch, um die Gemeinsamkeit in der Entwicklung der Institutionen diesseits und jenseits des Kanals ganz deutlich zu erkennen.

Überall erscheint der Hof des Königs oder Fürsten als die Keimzelle, aus der mit den Zentralbehörden überhaupt auch die Ministerien hervorgegangen sind. Es ist eine Anzahl von Rittern und Klerikern, die die dauernde Umgebung des Fürsten bildet und ihm in der Besorgung seiner Regierungsgeschäfte zur Hand geht. Von Zeit zu Zeit erweitert sich dieser beständige Hof zu einer curia solemnis oder curia de more, etwa an den hohen Kirchenfesten oder wann sonst der Fürst seine Vasallen und Getreuen zu sich entboten hat, um ihm mit Rat und Tat zu dienen oder auch nur durch ihre Anwesenheit die Anerkennung ihrer Lehnspflicht zu bekunden. An solchen Tagen werden häufig besonders wichtige Regierungshandlungen vorgenommen, gerichtliche und außergerichtliche: das ist die Grundlage der ständisch-parlamentarischen Versammlungen geworden. Der engere Hof aber, der die ständigen Räte und Diener des Fürsten, zunächst noch ohne feste

Gliederung und Geschäftsordnung, umfaßt, hat erst einen langen Differenzierungsprozeß durchzumachen gehabt, ehe aus ihm der Staatsrat sich herausbildete, der dann gleichsam der Fruchtboden für die modernen Ministerien geworden ist. Dieser Differenzierungsprozeß zeigt eine überraschende Gleichmäßigkeit in den verschiedenen Staaten. Überall finden wir eine typische Dreiheit von Zentralbehörden: Hofgericht, Rechenkammer, Rat. Sie haben sich in Frankreich und England seit der Mitte des 13. Jahrhunderts aus dem noch unorganisierten Hofpersonal in der Weise herausgebildet, daß die regelmäßigen gerichtlichen und finanziellen Geschäfte von Kommissionen besonders sachverständiger Räte und Diener besorgt wurden, bis Hofgericht und Rechenkammer zu Beginn des 14. Jahrhunderts als feste abgesonderte Behörden, wenn auch zum Teil noch mit demselben Personal, neben dem königlichen Rat erscheinen. In England tritt bezeichnenderweise die fiskalische Rechnungsbehörde, der Exchequer, die curia ad scaccarium, am frühesten und bedeutendsten hervor, schon im 12. Jahrhundert; in Frankreich das Hofgericht, das Parlament von Paris, seit der Mitte des 13. Jahrhunderts; aber dem Exchequer tritt das Hofgericht der Kingsbench zur Seite wie dem Pariser Parlament die Chambre des comptes; und über beiden erhebt sich als oberste Regierungsbehörde ein Ratskollegium, das erst zu Anfang des 14. Jahrhunderts feste Formen gewinnt. In diesem Ratskollegium haben wir die eigentliche Werkstatt der monarchischen Regierung zu sehen; es beschränkt sich nicht etwa auf die politischen Angelegenheiten, sondern zieht auch Rechtshändel und Finanzfragen vor sein Forum; nur die gewöhnlichen, laufenden Geschäfte der Rechtsprechung und Rechnungsprüfung sind an jene andern Behörden überlassen worden; alles was von außerordentlicher Bedeutung ist oder aus irgendeinem Grunde dem König von Interesse scheint, wird nicht bei ihnen, sondern im Rat besorgt, in dem die ganze Fülle der monarchischen Regierungsgewalt nach allen Richtungen hin sich betätigt[2].

Im Deutschen Reiche sind Ansätze zu einer ähnlichen Entwicklung zu bemerken, aber sie sind hier verkümmert, weil das Reich aus einem monarchischen Einheitsstaat sich früh in eine föderative Fürstenrepublik verwandelt hat, deren kaiserliches Haupt nicht mehr im Besitze einer normalen Regierungsgewalt war. Das Reichshofgericht verschwindet um die Mitte des 15. Jahrhunderts; von einer kaiserlichen Finanzkammer wissen wir, außer einigen Spuren des 13. Jahrhunderts, nichts; und der kaiserliche Rat, der eine Zeitlang auch als kaiserliches

Kammergericht funktionierte, hat keine kaiserlichen Reichsminister aus sich herauswachsen lassen. Maximilian I. hat dann ja bekanntlich nach dem burgundisch-französischen Muster die Zentralverwaltung seiner Erblande zu reformieren versucht, mit dem Plane, vermittelst dieser Behörden zugleich auch das Reich zu regieren, wie die Capetinger von ihrer Hausmacht aus Frankreich unter ihr Regiment gebracht hatten. Aber dieser Plan ist gescheitert, und erst unter Ferdinand I. haben der Hofrat und die Hofkammer dauernden Bestand gewonnen. Eine besondere oberste Gerichtsbehörde fehlt in den österreichischen Erblanden, weil für ein Hofgericht mit ständischen Beisitzern der Länderkomplex zu bunt, zu wenig einheitlich zusammengefaßt war. Aber der Hofrat entwickelte sich mehr und mehr zum kaiserlichen Gerichtshof – auch für das Reich – und die oberste politische Leitung fiel dem seit 1527 als »Ausbruch aus dem Hofrat« eingerichteten Geheimen Rat zu. Die österreichische Organisation hat dann auf Süd- und Mitteldeutschland eingewirkt, und damit indirekt auch wohl auf Brandenburg. Der brandenburgische Geheime Rat, der im Jahre 1604 begründet wurde, war »nach dem Muster anderer wohlbestellter Politien und Regimenter« eingerichtet; aber seine Schöpfung war doch nur der letzte Schritt auf der Bahn einer Entwicklung, die sich in überraschender Ähnlichkeit namentlich mit Frankreich im Laufe des 16. Jahrhunderts vollzogen hatte[3]. Kammergericht, Amtskammer und Geheimer Rat, wie sie im Beginne des 17. Jahrhunderts in Brandenburg deutlich auseinandertreten, entsprechen genau der französischen Behördentrias: Parlement, Chambre des comptes, Conseil royal, wie sie zu Anfang des 14. Jahrhunderts sich voneinander abgesondert haben. Überall ist es der königliche Rat oder der beständige, der Geheime Rat des Fürsten, in dem die Keime der späteren Ministerialbehörden ruhen. Aber diese Organisation ist kollegialisch; wir müssen nach den einzelnen Amtsträgern forschen, bei denen die spätere Departementsteilung ansetzen konnte.

In der Frühzeit des Hoflebens, vor dem eben angedeuteten Differenzprozeß, treten als besonders wichtige Personen in der Umgebung des Fürsten die großen Hofbeamten hervor, die überall nach dem Muster des karolingischen Hofes zur Besorgung der täglichen Hauptgeschäfte eines solchen großen fürstlich-patriarchalischen Naturalhaushalts bestellt sind: der Marschall, der Truchseß, der Schenk, der Kämmerer und der Kanzler. Diese Hofämter und ihre Benennungen variieren mannigfach. In Frankreich finden wir am capetingischen

Hofe statt des Truchseß den Seneschall an der Spitze, in England den charakteristischen normännischen Hofbeamten, den capitalis justicia, in Deutschland später den Hofmeister; das Marschallamt hat sich in England und Frankreich gespalten in das vornehme des Connetable und das geringere des Marschalls; neben dem Chambrier erscheint der minder vornehme aber praktisch wichtigere Chambellan (Chamberlain), der namentlich mit dem Geldhaushalte zu tun hat, wie der deutsche Kammermeister. Überhaupt ist das Kämmereramt die Wurzel der vielgestaltigen fürstlichen Kammerverwaltung geworden.

Es sind die alten Hausämter der germanischen Großen, die nun der fürstlichen Regierung wie dem fürstlichen Hofhaushalt dienen; wie denn ja überhaupt die Eigentümlichkeit der feudalen Verwaltung darin besteht, daß sie bewährte hausherrschaftliche Einrichtungen zur Besorgung öffentlicher Geschäfte benutzt. Hofhalt und Regierung hängen noch ungeschieden zusammen im Rahmen dieser feudalen Fürstenhöfe. Französische, englische, deutsche Hofordnungen aus dem 13. bis 16. Jahrhundert bieten ein in den wesentlichen Zügen übereinstimmendes Bild von einem solchen großen Naturalhaushalt, in dem zugleich die Keime der späteren Staatsbehörden stecken. Man könnte die großen Hofbeamten als die Minister der Feudalzeit bezeichnen; es bedarf freilich kaum des Hinweises darauf, daß ihre Ämter keineswegs die Grundlage der späteren ministeriellen Ressortteilung gewesen sind, aber in einigen Punkten läßt sich doch ein Zusammenhang jener alten Hofminister mit den neueren Staatsministern nachweisen.

Das Schicksal der Hofämter ist in den einzelnen Ländern sehr verschieden gewesen. Je vornehmer und selbständiger ihre Träger wurden, desto weniger waren sie noch als Diener des Fürsten zu gebrauchen. Im Deutschen Reiche verbanden sich die Erzämter mit den Kurfürstentümern; die erblichen Hofämter der Reichsministerialen, die an ihre Stelle traten, wurden mit der Zeit zu bloßen Adelstiteln, und ähnlich ist es meist auch mit den Erbämtern an den Höfen der Landesfürsten gegangen; eine ganz eigenartige Bildung finden wir in Ostpreußen, wo nach der Säkularisation und namentlich seit der ständischen Bewegung von 1555 die Inhaber der großen Hofämter, die hier freilich nicht erblich waren, als ein Regimentsrat in den Besitz der Regierungsgewalt gelangen, gleichsam wie ein kollegialisches Ministerium, das vom Fürsten bestellt ist, das aber im Einverständnis mit einer oligarchischen Adelsclique das Land regiert[4]. Im allgemeinen haben die Inhaber der großen Hofämter als solche keine kollegialische Körperschaft gebildet. In Frankreich sind sie von dem erstarkenden Königtum geflissentlich zurückgedrängt worden, gerade wegen des Anspruches auf Erblichkeit, den sie erhoben. Das Amt des Seneschall, das sich zu einem neuen Majordomat zu entwickeln drohte, ist von Philipp August abgeschafft worden (1191), und wenn wir später, seit Ludwig VIII., wieder Inhaber von Hofämtern in bedeutenden Vertrauensstellungen am Hofe der Capetinger finden, so sind das nicht mehr die vornehmen alten Großoffiziere von fürstenmäßiger Haltung, sondern titulierte Diener von kleinerer Herkunft, die dem Ansehen der Krone nicht mehr gefährlich werden konnten. Am dauerhaftesten sind die großen Hofämter in England gewesen, wo der hohe Adel am frühesten und vollständigsten gelernt hat, sich in den monarchischen Staatsverband einzufügen und dafür auch einen starken und nachhaltigen Einfluß auf die Staatsgeschäfte gewonnen hat. Die Inhaber dieser Ämter, die teilweise sogar bis ins 16. Jahrhundert hinein erblich geblieben sind, erscheinen hier als solche mit großer Regelmäßigkeit im königlichen Rat, der ja andererseits auch mit dem magnum concilium der Prälaten und Barone in einer organischen Verbindung steht. Sie treten noch im 16., 17. Jahrhundert geradezu als die Hauptpersonen im Privy Council hervor, und auch nach der schärferen Trennung von Hof- und Staatsverwaltung sind ihre Spuren in dem modernen Ministerkabinett noch deutlich erkennbar. Drei Ministerämter vor allem gehen auf die alten Hofämter zurück: der erste Lord des Schatzes, der Kanzler des Schatzamtes und der Lord Kanzler; daneben ist auch das Admiralsamt und das nach dem Krimkriege aufgehobene Feldzeugmeisteramt (ordnance) zu nennen, deren ursprüngliche Inhaber, der Lord High Admiral und der Master General of the Ordnance ähnlich wie der französische Grand Amiral und Grand Maître de l'artillerie nach dem Muster der alten Hofämter im 14. und 17. Jahrhundert geschaffen worden sind. Die beiden Schatzminister weisen auf den Lord Treasurer zurück, der noch unter den Stuarts erscheint, und dessen Vorfahren erkennen wir in dem Thesaurarius, den uns der Dialogus de scaccario im Rechnungshofe als eine der wichtigsten Persönlichkeiten neben Constable, Marschall, Kämmerern, Kanzler unter dem Vorsitz des capitalis justicia zeigt. Über die Entstehung dieses Amtes, das damals in den Händen des Bischofs Richard von London lag, des Verfassers des Dialogus, wissen wir nichts näheres; es darf aber vermutet werden, daß er mit den Kämmerern, die in der Mehrzahl auftreten, eine Abzweigung aus dem alten einheitlichen Kämmereramt darstellt, zu dessen mannigfaltigen Befugnissen ja auch die Bewahrung des Geldschatzes und die Führung des Geldhaushalts gehörte. Dieser Thesaurarius oder Lord High Treasurer, wie er später hieß, als das Amt von einem vornehmen Laien bekleidet wurde, hat sich in der Mitte des 17. Jahrhunderts in das kollegialische Schatzamt, die Treasury, verwandelt, dessen beide hervorragendste Mitglieder, der First Lord of the Treasury und der Chancellor of the Exchequer, heute zum Ministerkabinett gehören.

Ich möchte hier gleich einen vergleichenden Seitenblick werfen auf das entsprechende Amt der französischen Verwaltung. Dem englischen Thesaurarius entsprechen schon im 14. Jahrhundert mehrere, gewöhnlich vier thesaurarii, trésoriers de France. Über ihren Ursprung ist ebenfalls nichts Näheres bekannt, doch stehen auch sie offenbar in Verbindung mit der königlichen Kammer, aus der ja im 14. Jahrhundert, nachdem die Schatzverwaltung durch die Templer aufgehört hatte, das eigentliche Finanzverwaltungspersonal hervorgegangen ist; nur haben sie eine mehr untergeordnete Stellung. Sie hatten die Einkünfte aus Domänen und Regalien zu verrechnen und zu bewahren; neben ihnen finden wir als oberste Steuerbeamte seit der zweiten Hälfte des 14. Jahrhunderts die Généraux. Beide Gruppen erhielten unter Franz I., mit der Begründung der Generalkasse, der Epargne, ein gemeinschaftliches Haupt in dem Surintendant général; nach dem Sturze Fouquets, 1661, wo dieses Amt aufgehoben wurde, übernahm der König selbst mit Hilfe des Contrôleur général die oberste Leitung der Finanzverwaltung, bis an der Schwelle der Revolution wieder ein »premier ministre des Finances« über dem Contrôleur général die Leitung der Finanzen erhielt. Das ist bereits der Posten des modernen Finanzministers in Frankreich; auch dessen Spuren führen also, freilich nur indirekt, auf die Funktion des alten Kämmereramtes zurück.

Vor allem aber in dem Kanzleramt ragt das alte Hofämterwesen noch in die moderne Zeit der Staatsministerien hinein. Die Kanzlei war ja die einzige feste behördenmäßige Organisation der alten Fürstenhöfe; in ihr konzentrierten sich die Regierungs- und Verwaltungsgeschäfte am Hofe. Die Notwendigkeit der Anwendung des großen Siegels bei fürstlichen Schenkungen, Lehnsverleihungen, Privilegien und sonstigen Gnadenakten gab dem Hofbeamten, der dieses Siegel in Verwahrung hatte, eben dem Kanzler, eine Art von verfassungsmäßiger Rechtskontrolle über die wichtigsten Akte der fürstlichen Regierungstätigkeit. In England, wo diese verfassungsmäßige Kontrolle besonders scharf ausgebildet und besonders zäh festgehalten wurde, hat sich der Lord Kanzler als einer der vornehmsten Minister erhalten bis auf den heutigen Tag; unter Heinrich VIII. ist das Amt aus der geistlichen in die weltliche Hand übergegangen; es verband sich damit die Anstellung der Richter, eine besondere Billigkeitsjustiz, der Vorsitz im Oberhause, das ja als der höchste Gerichtshof des Landes galt. So stellt das Kanzleramt, wenn auch nicht in der auf dem Kontinent üblichen strengen Abgrenzung, das Justizdepartement dar.

Auch in diesem Punkte ist die Entwicklung in Frankreich ähnlich verlaufen. Allerdings ist auch das eigentliche Kanzleramt ebenso wie das Amt des Seneschall von Philipp August (1185) unterdrückt worden, weil es als eine Beschränkung des Königtums erschien in der Hand eines hohen Geistlichen, der doch nur halb in des Königs Botmäßigkeit stand, und weil der Inhaber herkömmlicherweise als unabsetzbar galt. Aber später erscheint die Bezeichnung Kanzler von neuem; seit dem Ende des 13. Jahrhunderts sind auch schon Laien, Juristen wie Pierre Flote und Guillaume de Nogaret unter Philipp IV., im Besitz des Kanzleramtes gewesen. Auch hier wurde der Kanzler im Laufe der Zeit das Haupt der Justizverwaltung und hatte zugleich die Staatssiegel in Verwahrung. Bis zur Revolution erhielt sich die Tradition, daß der Kanzler nicht absetzbar sei. Trat der Fall ein, daß er das Vertrauen des Königs verlor, so half man sich damit, daß ihm die Siegel abgefordert und einem besonderen garde des sceaux übergeben wurden, der dann an Stelle des Kanzlers amtierte. Schließlich ist aus diesem Amte (1791) das moderne Ressort eines Justizministers gebildet worden.

Im Deutschen Reiche hat der Kurfürst-Erzkanzler, der Erzbischof von Mainz, nach langem Streit die Oberhand über den Hofkanzler des Kaisers behalten. In der Reichshofkanzlei unter dem vom Erzkanzler ernannten Vizekanzler konzentriert sich in den letzten Jahrhunderten im wesentlichen die Reichsverwaltung. Der Hofkanzler des Kaisers erscheint seit 1620 als österreichische Landesbehörde, wie andererseits der kaiserliche Hofrat vornehmlich Reichsbehörde geworden ist. Von welcher Bedeutung diese Kanzleiverwaltung in Österreich geworden ist, werden wir noch sehen. In Brandenburg ist das alte Kanzleramt unterdrückt worden in eben dem Moment, wo der Große Kurfürst sich anschickte, die verschiedenen Provinzen zu einem Gesamtstaat zusammenzufassen (1650); der Titel »Großkanzler«, den seit Cocceji (1748) der erste Justizminister führte, war eine Nachahmung der französischen Titulatur ohne irgendwelchen Zusammenhang mit dem alten historischen brandenburgischen oder preußischen Kanzleramt; und ebenso ist das Amt des heutigen Reichskanzlers eine moderne Nachbildung, die auf historischen Erinnerungen, aber nicht auf historischem Zusammenhang mit dem alten Kanzleramt beruht.

Soweit also ein Zusammenhang der neueren Ministerien mit den alten Hofämtern besteht, beschränkt er sich auf das Justiz- und das Finanzdepartement; die Beamten aber, um die es sich dabei handelt, sind zugleich Mitglieder des königlichen Rates, der im Mittelpunkt der monarchischen Regierung steht. An dieses Ratskollegium knüpft die weitere Entwicklung der Ministerien hauptsächlich an. Auch hier zeigt England die konservativste Entwicklung. Das englische Kabinett gilt noch heute staatsrechtlich nur als ein Ausschuß des Staatsrats, des Privy Council, während in Frankreich, in Preußen und Österreich eine vollständige und grundsätzliche Scheidung von Staatsrat und Staatsministerium eingetreten ist. Vor den Reformen des 17. Jahrhunderts aber hing überall die Organisation der Ministerien mit der des Staatsrats in einer oft sehr komplizierten Weise zusammen. Diese Zusammenhänge wollen wir nun ins Auge fassen, soweit es bei einer raschen Musterung möglich ist.

Der Staatsrat zeigt in den beiden maßgebenden Ländern, Frankreich und England, seit dem 16. Jahrhundert ein wesentlich anderes Gesicht als im Mittelalter. Er hat einen strengeren Beamtencharakter bekommen. Beamte des Königs waren ja freilich die Mitglieder dieses Rates immer gewesen, in England wie in Frankreich; die gelegentlichen Versuche der Aristokratie oder der ständischen Versammlungen, der Krone einen Staatsrat aufzudrängen, der sie im ständischen Sinne beschränken sollte, sind nirgends gelungen; und während in England statt dessen im 14. und 15. Jahrhundert eine Art von parlamentarischer Verantwortlichkeit des königlichen Rates in festen Formen sich ausbildete, ist in Frankreich auch davon nicht die Rede gewesen. Aber in Frankreich wie in England war der König, wenn auch prinzipiell, so doch nicht praktisch völlig frei gewesen in der Wahl seiner Räte. Es waren manche Rücksichten zu nehmen auf Leute von hervorragender Herkunft oder Stellung, die als notwendige Mitglieder des Rates erschienen; die hohen Geistlichen waren oft sehr unbequem im Rat: in England gab es auch noch einige Inhaber von Erbämtern, die als solche Zutritt hatten. Die Zahl war oft übermäßig groß geworden, man hatte sich mehrmals zu Beschränkungen, zur Aussonderung engerer Kreise veranlaßt gesehen. Ganz haben diese Unzuträglichkeiten auch seit dem 16. Jahrhundert nicht aufgehört; es kam viel auf die Energie und die Regierungskunst des Monarchen und auf die Zeitumstände an; manche Rückschritte und Ausartungen sind auch später noch vorgekommen; aber im großen und ganzen war im 16. Jahrhundert der königliche Rat bereits ein zuverlässiges Instrument des aufstrebenden monarchischen Absolutismus, zusammengesetzt aus Personen, die sich, mochten sie vornehmer oder geringerer Herkunft sein, in erster Linie doch als Diener des Königs fühlten. Auch in England war unter Heinrich VIII., dessen Regierungszeit uns durch die Publikation der Ratsprotokolle[5] besonders gut bekannt ist, keine Rede mehr – wenigstens praktisch – von einer parlamentarischen Verantwortlichkeit des Privy Council, wie sie noch im 15. Jahrhundert bestanden hatte. Nicht das Parlament, sondern der königliche Rat ist damals die Stelle, von der die entscheidenden Impulse für die Regierung des Landes ausgehen. Der Rat aber ist überall nur ein Werkzeug des Monarchen; gewisse laufende Geschäfte, zum Teil von sehr geringer Wichtigkeit, sind ihm zur selbständigen Erledigung überlassen; aber in allen wichtigeren Angelegenheiten besitzt er dem Monarchen gegenüber nur konsultative Befugnisse; die Entscheidung liegt immer beim König.

Im 16. Jahrhundert herrschte an den Fürstenhöfen eine primitive Art von persönlicher Selbstregierung des Monarchen aus dem Kabinett. Es war im allgemeinen nicht üblich, daß der König den Sitzungen seines Staatsrates regelmäßig beiwohnte; auch Heinrich VIII., der sich bei seinem häufigen Residenzwechsel immer eine Anzahl von Räten mitnahm, hat an den Beratungen, wie die Protokolle zeigen, nur selten teilgenommen. Gewöhnlich wurden damals schon tägliche Sitzungen gehalten, zu bestimmten Stunden, oft vor- und nachmittags. Die Mehrzahl der Geschäfte, die dabei erledigt wurden, waren innere Angelegenheiten; daneben aber gewannen damals die auswärtigen Verhandlungen und Korrespondenzen eine steigende Wichtigkeit und Ausdehnung. Die langwierigen Macht- und Rivalitätskämpfe, in denen die großen Mächte Europas sich ausgebildet und gegenseitig abgegrenzt haben, hatten begonnen; die neue Staatsräson beherrschte die Kabinette der Monarchen und ihre Ratsstuben. Als die persönlichen Werkzeuge dieser monarchischen Politik sind nun in den neuen

Verhältnissen die Staatssekretäre zu der hohen Bedeutung gelangt, die sie seit dem 16. Jahrhundert besitzen. Sie sind die eigentlichen Minister des alten Europa geworden. Wir finden sie in England, in Frankreich, in Spanien, auch in den italienischen Republiken wie Venedig und Florenz. Ihr Ursprung scheint überall auf die päpstliche Kurie zurückzuführen, auf die der Kanzlei angegliederten päpstlichen Sekretarien des 14. Jahrhunderts[6]. Sie sind ursprünglich die Geheimschreiber des Königs; im 14. Jahrhundert erscheinen sie in England als the King's clercs, in Frankreich als les clercs du secret, später heißen sie in England the King's secretaries, in Frankreich secrétaires des commandements du Roi et des finances. Sie sind Kabinettssekretäre des Königs und zugleich das Bindeglied zwischen ihm und dem Rat. In England[7] sind sie schon seit der Mitte des 15. Jahrhunderts regelmäßig Mitglieder des Privy Council, in Frankreich treten sie erst im 16. Jahrhundert in das Conseil ein, anfangs noch ohne Stimmrecht und in einer nicht ganz ebenbürtigen Stellung gegenüber den vornehmeren Räten. Ihr Rang ist von vornherein kein hoher, aber er hebt sich im 15. und namentlich im 16. Jahrhundert. In den englischen Hofordnungen, die uns aus dieser Zeit vorliegen, läßt sich das deutlich erkennen[8]. Was dem Amte die steigende Bedeutung gegeben hat, ist die Nähe zur königlichen Person in einer Zeit, wo diese selbst in den inneren und äußeren Geschäften mächtig zu wachsen beginnt. Die Sekretäre werden nicht nur das Organ des absolutistischen Herrschers im Rat, sondern sie führen auch oft wichtige diplomatische Verhandlungen mit den Vertretern des Auslandes. Sie sind eben die besten Kenner der Geschäfte und der Intentionen des Monarchen, die zuverlässigsten und gefügigsten Werkzeuge seines Willens, die geschicktesten, arbeitsamsten Fachmänner, am frühesten und meisten Berufsbeamte neben den häufiger wechselnden und lange noch mehr dilettantischen vornehmen Räten. Es ist sehr charakteristisch, daß der Titel »Staatssekretär« in Frankreich zuerst dem Unterhändler des Friedens von Cateau-Cambrésis (1559), Claude de l'Aubespine, verliehen worden ist, und zwar, weil der spanische Unterhändler den gleichen Titel damals bereits führte. In amtlichen Schriftstücken der inneren Verwaltung werden aber die Sekretäre noch lange nach alter Weise als »secrétaires des commandements du Roi et des finances« bezeichnet, und das hat noch bis 1660 gewährt, wo erst der Titel Staatssekretär allgemein üblich wird[9]. In England sind Staatsmänner von der Bedeutung eines Th. Cromwell, eines Will. Cecil (Burleigh), eines Walsingham im 16. Jahrhundert durch diesen Posten hindurchgegangen. Der erste, der den Titel Staatssekretär führt, ist Sir Robert Cecil (1601); auch hier ist die Titulatur erst allmählich zur Regel geworden.

In England gab es anfangs nur einen Chief Secretary; seit 1540 (vielleicht infolge des Sturzes von Cromwell) wurden regelmäßig zwei ernannt, unter Elisabeth ist Sir William Cecil lange der einzige Sekretär gewesen, später gab es wieder zwei. In Frankreich scheint früher eine größere Zahl von königlichen Sekretären tätig gewesen zu sein. In dem Reglement von 1547 wird ihre Zahl auf vier beschränkt, was eine Vermehrung der Arbeit, aber auch der Besoldung mit sich brachte; sie erhielten damals ein Jahresgehalt von 3000 liv. Tourn. jeder (fast doppelt soviel wie früher), 1588 3000 écus; die Vierzahl hat sich das ganze Ancien Régime hindurch gehalten. In Frankreich gilt Florimond Robertet, der unter drei Königen diente und den Höhepunkt seiner Wirksamkeit unter Ludwig XII. hatte, als der »père des secrétaires d'Etat«, der das Amt zu höherem Einfluß und höherer sozialer Geltung gebracht hat; Geistliche nahm man damals schon nicht mehr zu dem Posten, sondern federgewandte Gelehrte und Juristen. Florimond Robertet ist der erste, der königliche Verordnungen gegengezeichnet hat; Nicolas de Villeroy hat unter Karl IX. sogar öfters an Stelle des arbeitsunlustigen Königs allein seine Unterschrift geben müssen. Von diesem Manne, der 1588 von Heinrich III. entlassen wurde, haben wir Memoiren[10], die auch auf den Charakter des Amtes ein helles Licht werfen; daneben ist eine ausführliche Instruktion von 1588 die Hauptquelle[11]. Wir sehen daraus ganz deutlich, daß der Kern des Amtes damals noch die Stellung als Kabinettssekretär des Königs ist. Der diensttuende Sekretär erscheint des Morgens früh im Arbeitszimmer des Königs mit seiner Aktentasche aus violettem Samt, in der die Eingänge gesammelt sind, die nur in Gegenwart des Königs geöffnet werden dürfen. Nach den Anweisungen des Königs hat er dann die Antworten darauf zu entwerfen und dem König zur Unterschrift vorzulegen, wobei er zur Beglaubigung und Kontrolle kontrasignieren muß. Die Instruktion von 1588 schärft den Sekretären besonders ein, daß sie nichts schreiben sollen, als was ihnen vom König befohlen worden ist; und wir sehen aus den Memoiren von Villeroy, daß die nebenhergehende Korrespondenz, die die Sekretäre zu ihrer persönlichen Information im Interesse des Dienstes nötig zu haben glaubten, in jenen Tagen der politischen Spannung und Parteiintrigen das Mißfallen des argwöhnischen Monarchen erregt hatte. Villeroy vertritt dabei die

Ansicht, daß solche Nebenkorrespondenz unvermeidlich sei für einen Sekretär, der sein Amt pflichtgetreu verwalten wolle, und es scheint, daß die weitere Entwicklung der Verhältnisse unter Heinrich IV. ihm recht gegeben hat.

Einen ganz ähnlichen Eindruck von der Art des Amtes macht die Korrespondenz zwischen dem Sekretär Heinrichs VIII., Dr. Pace, und dem Kardinal Wolsey, die im ersten Bande der State Papers veröffentlicht ist[12]. Wolsey hatte sich bei dem Sekretär beklagt, er unterrichte den König nicht zutreffend, trage ihm seine Briefe nicht im vollen Wortlaute, sondern nur auszugsweise vor, mische seine eigenen Ideen in die Antworten ein. Dr. Pace verwahrt sich gegen diese Vorwürfe und stellt sich bloß als den gehorsamen und gewissenhaften Schreiber des Königs hin. Der König lese alle Briefe Wolseys selbst sehr eingehend und gebe genau an, was darauf geantwortet weden solle. Er beschreibt sehr anschaulich, wie es dabei zuging. Er hat das Antwortschreiben an Wolsey entworfen und bringt es dem König; aber es gefällt dem König nicht. Er läßt den Sekretär mit Feder und Tinte in sein Privatgemach kommen, liest den Brief Wolseys noch dreimal hintereinander aufmerksam durch, notiert am Rande, was geantwortet werden soll und weist den Sekretär an, genau danach sein Antwortschreiben einzurichten.

Das ist nun das Entscheidende, daß diese Kabinettssekretäre seit dem 16. Jahrhundert ganz regelmäßig zugleich Mitglieder des königlichen Rates sind. Sie sind nicht etwa Sekretäre des Rates, Protokollführer; dafür gibt es in Frankreich wie in England besondere clercs; solange solche nicht bestellt sind, wird überhaupt kein Protokoll geführt. Die Stellung der Staatssekretäre beruht vielmehr darauf, daß sie zwischen König und Rat die regelmäßige Verbindung herstellen, daß sie dort den Willen und die Absichten des Königs zur Geltung bringen und andererseits den König über die Meinungen der Räte informieren: so sind sie die eigentlichen Agenten dieser vielköpfigen Versammlungen geworden und schließlich die leitenden Minister für bestimmte Geschäftszweige. Sie hören im 17. Jahrhundert auf, die Kabinettssekretäre des Königs zu sein; dafür treten andere Personen ein[13]; aber sie behalten den persönlichen Vortrag beim König und bleiben so in beständiger enger Berührung mit der Quelle der Macht.

Die Departementsverteilung unter den Staatssekretären verleugnet den Ursprung aus der Schreibstube nicht. Sie beruht auf einer örtlichen Verteilung der Korrespondenz nach den Korrespondenten. Jeder der Sekretäre hat dabei einige Provinzen des Inlandes und einige auswärtige Höfe zu seinem Departement. Bei dieser geographischen Teilung ist es in England auch geblieben, als die Staatssekretäre längst nicht mehr bloße Korrespondenten, sondern leitende Minister geworden waren; noch im 18. Jahrhundert unterschied man den Staatssekretär des Südens und des Nordens: der eine hatte die Angelegenheiten der südlichen Grafschaften und der südlichen Staatengruppe Europas zu bearbeiten, der andere die der nördlichen; erst 1781, durch den Einfluß Burkes, ist an die Stelle dieser geographischen Departementseinteilung eine sachliche getreten, indem man nun den home secretary und den foreign secretary unterschied, also auswärtiges und inneres Departement. Seit der Union mit Schottland gab es noch einen dritten Staatssekretär für die Angelegenheiten dieses Landes, bis die Schlacht von Culloden (1746) den Umtrieben der Stuartschen Prätendenten ein Ende machte; seit 1768 war ein besonderer Staatssekretär für die Kolonien bestellt, der nach dem Abfall Nordamerikas 1783 überflüssig wurde; 1794, nach dem Ausbruch des großen Krieges mit Frankreich, tritt ein dritter Staatssekretär für den Krieg auf, dem auch die Kolonien übergeben wurden, bis im 19. Jahrhundert wieder ein besonderer Staatssekretär für die Kolonien bestellt und das Amt des Staatssekretärs für den Krieg, infolge der üblen Erfahrungen von Sewastopol, mit dem Departement des Feldzeugamtes vereinigt wurde zu einem modernen Kriegsministerium. Seit der Einverleibung Indiens trat noch ein besonderer Staatssekretär für dieses Reich hinzu. So haben sich aus dem Amt des Staatssekretärs in England alle die Ministerposten entwickelt, die nicht aus den alten Hofämtern stammen, bis auf die neuesten Bildungen, die Boards.

In Frankreich ist die Entwicklung nicht ganz so einfach, aber ähnlich verlaufen. Die Verteilung der Departements hat sehr häufig gewechselt und bewegt sich nicht immer in festen Gruppen und Abgrenzungen. Aber im allgemeinen ist es die Regel geblieben, daß jeder von den vier Staatssekretären die inneren Angelegenheiten einer Anzahl von Provinzen oder Generalitäten zu verwalten hat, soweit sie nicht einem anderen Departement zugeteilt sind (wie z. B. die wirtschaftliche Verwaltung, die in die Hände des Contrôleur général kommt, oder die öffentlichen Bauten, die als besonderes Departement vergeben werden). Neben diesem Provinzial-Departement des Inneren aber hat jeder Staatssekretär noch ein besonderes Fachdepartement für den ganzen Staat erhalten; gegen Ende des Ancien Régime hatte der eine die auswärtigen Angelegenheiten, der zweite den Krieg, der dritte die Marine, der vierte das königliche Haus samt dem Klerus und den Angelegenheiten der Reformierten. Diese Fachdepartements wurden allmählich die Hauptsache; man sprach schon im 18. Jahrhundert wohl von einem auswärtigen, einem Kriegs- oder Marineminister. Einen besonderen Minister des Innern gab es nicht: dessen Funktionen verteilten sich nach dem Territorialprinzip auf die vier Staatssekretäre. Jeder Staatssekretär hatte sein »Bureau«, wo Gehilfen (vortragende Räte) ohne besonderen Charakter und Subalterne die verschiedenen Angelegenheiten des Departements in festen Dezernaten bearbeiteten. Ähnlich der Contrôleur général und die ihm zur Seite stehenden Finanzintendanten.

Man würde nun aber irren, wenn man diese Minister des Ancien Régime schon als moderne Fachminister betrachten wollte. Sie waren noch nicht die ausschließlich leitenden und verantwortlichen Vertreter ihrer Ressorts. Das ist das Eigentümliche der alten Ordnung, daß sie in einem engen Verhältnis zum königlichen Rat bleiben, der zwar nach wie vor dem König gegenüber nur konsultative Befugnisse besitzt, dem Lande gegenüber aber die eigentlich regierende Exekutivbehörde darstellt, die die Befehle des Königs zu verkünden und ihre Ausführung zu überwachen hat. Dabei hat sich aber die Gliederung der Ratsbehörde keineswegs an die Departements der Staatssekretäre angeschlossen, sondern ist anderen, eigenen Prinzipien gefolgt. Auf diese Seite der Sache, die das Bild der Ministerialverwaltung im alten Europa so schwer übersichtlich gemacht hat, muß ich hier noch in Kürze eingehen.

In England wie in Frankreich können wir vor allem eine Zweiteilung des Rates unterscheiden, die auf der Absonderung der Rechtsprechung beruht; sie hat sich schon im 15. Jahrhundert vorbereitet und tritt im 16. Jahrhundert deutlich hervor. In Frankreich führt diese Abteilung des Rates die Bezeichnung »Conseil privé ou des parties«. Es ist ein außerordentlicher oberster Gerichtshof des Landes, der etwa die Funktionen eines Kassationshofes und eines Oberverwaltungsgerichts verbindet; im 16. Jahrhundert gehören noch alle Mitglieder des Staatsrats dazu; auch später umfaßt er den größeren Teil des gesamten Ratspersonals samt den zahlreichen Maîtres des requêtes, die hier wie im Parlament und im königlichen Palast die Bittschriften zu prüfen und vorzutragen haben. Diesem französischen Conseil privé entspricht in England das ordinary council mit den masters of requests; es hat aber hier keine so große Bedeutung erlangt wie die entsprechende französische Behörde, weil die außerordentliche königliche Gerichtsbarkeit sich in England nicht so stark entwickelt und nicht so lange gehalten hat, wenigstens nicht auf dem Gebiete des Zivilprozesses; unter Elisabeth ist diese Ratsabteilung ganz wieder eingegangen. Für die Entstehung der Ministerien hat sie weder hier noch in Frankreich Bedeutung gehabt. Um so größer ist die Bedeutung der übrigbleibenden Stammbehörde. Diese hat sich in England nicht weiter gespalten; sie erscheit seit dem 16. Jahrhundert als das eigentliche Privy Council des Königs. Allerdings hat dieser Geheime Rat eine besondere feste Form angenommen als Sternkammer, wenn er sich als Gerichtshof für eine außerordentliche königliche Straf- und Administrativjustiz konstituiert. Aber die Sternkammer ist ja bekanntlich samt aller außerordentlichen Jurisdiktion des königlichen Rates durch die puritanische Revolution beseitigt und später nicht wiederhergestellt worden; also auch diese Bildung kann außer Betracht bleiben. Sonst aber sehen wir in dem Privy Council wohl mannigfache Kommissionen sich bilden und wieder auflösen, aber zu einer dauernden Departementsabsonderung ist es nicht gekommen. Nur die Ausbildung eines engeren Kreises von Räten, die der Person des Monarchen besonders nahestehen, läßt sich beobachten. Heinrich VIII. traf 1526 die Bestimmung, daß ihm bei seinem häufigen Aufenthaltswechsel immer eine bestimmte Anzahl von Räten (es sind neun von den zwanzig, die damals das Privy Council bildeten) folgen sollte. Es gibt also unter seiner Regierung einen Rat bei der Person des Königs und einen Rat in London; zwischen beiden wird eine regelmäßige Korrespondenz geführt; der Sekretär (solange es nur einen gibt) ist natürlich immer beim König; aber von den großen Hofbeamten werden gerade die wichtigsten, der Lord Treasurer, der Lord Kanzler, auch der Lord Privy Seal, durch ihre Amtsgeschäfte in London festgehalten. Das unterscheidet diesen engeren Rat von dem späteren Kabinettsrat, der im 18. Jahrhundert hervortritt, da in diesem gerade die großen Ämter repräsentiert sind. Immerhin aber könnte hier der Ausgangspunkt für diese Bildung zu finden sein. Eduard VI. hat eine Verteilung der Ratsgeschäfte gemacht, wonach sie in fünf Kommissionen erledigt werden sollten; eine dieser Kommissionen sollte für die sogenannten Staatsgeschäfte bestimmt sein, und dieser wollte der König alle Woche einmal beiwohnen[14]. Das Reglement stammt aus den letzten Jahren des jugendlichen Monarchen; wir wissen nicht, ob diese Ordnung sich eingelebt hat. Unter den Stuarts kommt für das engere Staatsratskomitee, mit dem der König vorzugsweise die Staatssachen berät, die Bezeichnung »Kabinett« auf. Eine Staatsratsordnung Karls II. von 1667[15] unterscheidet sieben Kommissionen, an ihrer Spitze die für auswärtige Angelegenheiten. Diese Kommission von vertrauten Räten des Königs ist es vornehmlich, an die sich der Name »Kabinett« angeheftet hat. In eben diesem Jahre entschied man sich auch für die kollegialische Einrichtung des Schatzamts. Schon früher war während des 17. Jahrhunderts verschiedentlich die Stelle des Lord High Treasurer in eine Kommission mehrerer Beamten aufgelöst worden, ebenso auch die des Lord High Admiral. Das Lange Parlament mit seiner Vorliebe für das presbyterianische Kollegialprinzip, mit seiner Einmischung in die Verwaltung durch parlamentarische Kommissionen, hat die vorhandene Neigung zur Ausbildung von Kollegialbehörden sehr befördert; unter der Republik ist nicht bloß das Schatzamt, sondern auch die Admiralität in eine Kommission verwandelt worden: es war ja die Zeit der eigentlichen Schöpfung der englischen Kriegsmarine, und an das Admiralitätsamt knüpfte sich damals eine ungewöhnlich schwere finanzielle Verantwortlichkeit. Allerdings ist seit 1660 der Herzog von York wieder in alter Weise als Großadmiral an die Spitze dieser Verwaltung getreten, und er hat sich dieses Amt auch als König selbst vorbehalten; aber 1690 ist das Admiralitätsamt wieder an eine Kommission vergeben worden, und dabei ist es weiterhin geblieben. Auch im Schatzamt hat die kollegialische Organisation noch mehrmals der Wiederherstellung des Lord High Treasurer Platz gemacht, so 1685–1687, 1702–1710; endlich 1714, kurz vor dem Tode der Königin Anna, unter ganz besonderen Umständen, war Lord Shrewsbury noch einmal wenige Tage im Besitz dieses Amtes; seit Georg I. aber ist von der kommissarischen Besetzung nicht wieder abgegangen worden. Damit waren kollegialische Ressortministerien neben den Einzelämtern entstanden – alle noch umfaßt von dem Rahmen des Geheimen Rats, der freilich in seiner Gesamtheit mehr und mehr zurücktrat. Das ist das Bezeichnende der englischen Einrichtung: daß die Minister als die eigentlichen Agenten des Geheimen Rates aus ihm herauszutreten, sich zu einem engeren Kreise von Räten zusammenzuschließen streben.

Verwickelter liegen die Verhältnisse in Frankreich. Der eigentliche Staatsrat hatte sich dort weiter gespalten in besondere Kommissionen für das Finanzwesen, für die innere Verwaltung und für die großen und geheimen, hochpolitischen Sachen, unter denen die auswärtigen Angelegenheiten den ersten Rang einnahmen. Man nannte sie Conseil des finances, Conseil des dépêches, Conseil d'en haut oder secret oder Conseil d'Etat. Alle diese Ratskommissionen, die sich mit der Zeit zu festen Departements ausgestaltet hatten, waren in enger persönlicher Berührung mit dem Monarchen geblieben, während das Conseil privé von seiner Person sich mehr und mehr abgelöst hatte. Das Regiment der großen Premierminister, die im 17. Jahrhundert an Stelle des Königs standen, hatte die umfassende Selbstregierung des Monarchen vorbereitet, wie sie Ludwig XIV. zuerst in großem Stil ausgeübt hat. Diese Regierung ist im wesentlichen eine Regierung im Rat; aber sie ist daneben zugleich auch eine Kabinettsregierung mit den einzelnen Staatssekretären und dem Contrôleur général[16]. Die königlichen Ratssitzungen wurden immer in den Gemächern des Königs gehalten, während im Conseil privé, das auch im Schlosse, aber in besonderen Räumen tagte, der Präsidentenstuhl des Monarchen in der Regel leer blieb. In seinem Fauteuil präsidierte Ludwig XIV. persönlich den Sitzungen, wobei die Räte auf Tabourets um ihn herum saßen; er hörte aufmerksam ihre Meinungen an und entschied dann selbst, meist im Sinne der Mehrheit. Tag für Tag, vor Tisch, wurde so Rat gehalten: Sonntags, Mittwochs, Donnerstags und jede zweite Woche auch noch Montags Conseil d'Etat, Dienstags und Sonnabends Conseil des finances, Freitags Conseil de conscience in geistlichen Sachen mit Beichtvätern und hohen Klerikern und alle vierzehn Tage einmal am Montag Conseil des dépêches. Bei weitem der wichtigste dieser Räte war das Conseil d'Etat, zu dem in der Regel nur drei Personen geladen wurden, anfangs Le Tellier, Lionne und Colbert. Das war der intimste, geheimste, höchste Kreis der Regierung, in dem alle Angelegenheiten von besonderer Bedeutung besprochen wurden: Politik, Krieg, Finanzen, Wirtschaftssachen; ja auch rechtliche Urteile wurden hier gefällt; der König erschien hier persönlich als Richter, umgeben von seinen vertrautesten Räten. Wer zu diesem Conseil d'Etat geladen war, erhielt den Titel Ministre d'Etat, Staatsminister. Es war ein Titel, der ihm lebenslang blieb, wenn auch der König ihn später nicht mehr laden ließ; denn nur die jedesmalige Ladung, nicht etwa eine allgemeine Bestallung berechtigte zum Eintritt in diesen geheimsten Rat. Im Conseil royal des finances präsidierte der König gleichfalls; dort waren außer einem Marschall, der mehr Figurant war, und dem Kanzler noch drei Räte anwesend, unter ihnen Colbert, der Contrôleur général, in diesem Kreise die Hauptperson. Da wurden die Etats reguliert, der

Betrag der Taille festgesetzt und auf die Generalitäten repartiert, die Verträge mit den Fermiers beraten und finanzielle Streitsachen in höchster Instanz entschieden.

Für die Vorbereitung der Vorträge und das gewöhnliche Detail der Verwaltung waren hier neben den Spezialbüros des Contrôleur général und der Finanzintendanten noch besondere kollegialische Ratskommissionen tätig, die übrigens auch als Bureaux bezeichnet wurden, und in denen, soweit es auf die Räte ankam, die eigentliche Arbeit geleistet wurde: das war vor allem die sog. Petite Direction für die eigentlichen Finanz-Verwaltungsgeschäfte und die Grande Direction für die finanziellen Streitsachen. Von diesen kollegialischen »Bureaux« oder »Directions« müssen die eigentlichen Büros der Minister wohl unterschieden werden.

Hinter diesen Beratungen im Conseil d'Etat und im Conseil des finances traten die des Conseil des dépêches an Bedeutung zurück; hier waren, wieder unter dem Vorsitz des Königs, der Kanzler, die drei Staatsminister und die vier Staatssekretäre versammelt; die letzteren hatten den Vortrag über ihre Departements. Es war gewissermaßen ein kollegialisches Ministerium des Innern, in dem die Berichte der Intendanten vorgetragen und beschieden wurden; es hatte vornehmlich mit der Aufsicht über Kommunalbehörden, Provinzialstände, Geistlichkeit und kirchliche Institute, auch mit Landwirtschaft, öffentlichen Arbeiten u. dgl. zu tun. Dazu kam auch hier eine schwer zu definierende Jurisdiktion. Natürlich konnte in den regelmäßigen Sitzungen, die alle vierzehn Tage einmal gehalten wurden, nicht alles geregelt werden; der Schwerpunkt der inneren Verwaltung – soweit er nicht in den Büros lag – lag vielmehr in den persönlichen Vorträgen, die die Staatssekretäre einzeln beim König hatten, meist in der Frühe des Tages zwischen Lever und Messe. Hier kamen natürlich auch die besonderen Fachgeschäfte zur Erörterung, mit denen die Staatssekretäre beauftragt waren: Auswärtiges, Krieg, Marine, geistliche Angelegenheiten, königliche Haussachen usw. Aber die wichtigsten Beschlüsse über solche Angelegenheiten wurden in dem Conseil d'Etat gefaßt, und da hatten die Staatssekretäre als solche keinen Zutritt: 1661 war Le Tellier, der Kriegsminister, der einzige Staatssekretär, der im Conseil d'Etat saß; die auswärtigen Angelegenheiten wurden dort nicht von dem Staatssekretär Brienne vorgetragen, sonder von Lionne, der gewissermaßen Minister ohne Portefeuille war. Die Staatssekretäre selbst bildeten untereinander kein engeres Kollegium; von einer solidarischen Verantwortlichkeit, von einer selbständigen Vereinbarung über die Grundsätze der Verwaltung unter den Ministern war keine Rede; der König sah es nicht ungern, wenn die hervorragendsten seiner Diener einander mit Mißgunst und Eifersucht gegenüberstanden. Er vermied den dominierenden Einfluß jedes einzelnen, indem er sie gruppenweise unter seinem Vorsitz zu kollegialischen Beratungen vereinigte; aber er vermied auch die solidarische Macht eines Gesamtministeriums, indem er die einzelnen Ratssitzungen getrennt hielt und vieles über die Köpfe dieser Versammlungen hinweg mit den einzelnen Ministern abmachte, was dann nur pro forma als Arrêt du conseil in das Land hinausging. »Divide et impera« war die Devise dieser autokratischen Regierung, bei der alle Fäden in der Person des Monarchen zusammenliefen, die aber allerdings an seine Arbeitsamkeit, Geduld und Geschäftskenntnis Anforderungen stellte, denen die schwächeren Nachfolger nicht gewachsen waren.

Ludwig XIV. hatte sich grundsätzlich mit Personen von geringer Herkunft umgeben, die den Glanz seiner Person nicht verdunkeln konnten, die alles ihm verdankten, die er sich zum Teil selbst, wie den Kriegsminister Louvois, den Sohn Le Telliers, systematisch zu seinem Dienst herangebildet hatte. Unter dem Regenten erfolgte ein Rückschlag, durch den die Aristokratie sich wieder mehr der Leitung der Geschäfte bemächtigte; und wenn seine organischen Veränderungen im Regierungssystem auch nicht von Dauer gewesen sind, so ist dem Zudrang der aristokratischen Elemente zu den hohen Staatsstellen später doch nicht mehr gewehrt worden, und der Adel gewann wieder eine herrschende Stellung im Staate. Eine wirkliche Selbstregierung des Monarchen aber, wie sie Ludwig XIV. geübt hatte, hat später nicht aufrechterhalten werden können. Nach dem Tode Fleurys, der der letzte eigentliche Premierminister gewesen ist (1743), versuchte Ludwig XV. zwar, die Zügel selbst zu führen und behielt die alten Formen bei; aber was dabei herauskam, war auf der einen Seite ein Mätressen- und Günstlingsregiment, auf der anderen Seite aber ein anarchischer Ministerialdespotismus, bei dem, wie Friedrich der Große spottete, nicht ein König regierte, sondern ihrer vier: der Contrôleur général, der Kriegsminister, der Marineminister und der Minister des Auswärtigen[17]. Plenarsitzungen des Rates gab es nach wie vor nicht; sie hätten bei der Menge der Räte und bei dem Mangel einer beherrschenden Autorität auch nichts nützen können. Der Vereinigungspunkt der Geschäfte, der ja nur in der Person des Monarchen lag, fehlte bei dieser

Organisation, wie sie war und blieb, oft genug gänzlich; die Ressortminister schalteten nach Belieben in ihren Ressorts, und die Büros, die die Geschäfte vorzubereiten hatten, maßten sich einen ungebührlichen Einfluß an. Das war der Zustand des Ancien Régime in Frankreich bis an die Schwelle der Revolution.

In Preußen ist die Entwicklung einfacher gewesen, wie sie ja auch viel jünger war. Hier fehlt das Element der Staatssekretäre ebenso wie das der großen Hofbeamten. Zwar ist ein Minister wie Ilgen aus der Stellung eines geheimen Kammersekretärs des Kurfürsten hervorgegangen, und Friedrich Wilhelm I. hat einige seiner Kabinettssekretäre wie Boden und Marschall zu Ministern gemacht, aber der Ursprung der Ministerien in Preußen ist das nicht gewesen. Der Ursprung der Ministerien liegt hier vielmehr lediglich im Geheimen Rat. Die festgewordenen Dezernate des Geheimen Ratskollegiums haben sich im Laufe des 18. Jahrhunderts zu besonderen Ministerien ausgestaltet. Im 17. Jahrhundert bildete dieser Staatsrat noch eine ungeschiedene Einheit, als das Hauptinstrument der fürstlichen Gesamtstaatsregierung. Der Große Kurfürst hat noch in und mit dem Rat regiert. Bei seinen häufigen Reisen und Kriegszügen nahm er immer eine Anzahl von Räten mit und ließ sich von den heimgelassenen regelmäßigen Bericht erstatten. War er in seiner Residenz zu Cölln a. d. Sp. anwesend, so hielt er selbst in Person Rat; die veröffentlichten Protokolle[18] zeigen, wie da, nachdem Vortrag und Umfrage geschehen, der Kurfürst selbst das Wort ergreift, das Resultat der Deliberation zusammenfaßt und seine Entscheidung gibt. Diese Regierungsweise hat er auch seinem Nachfolger empfohlen in dem politischen Testament von 1667[19]. »Im Rat höret fleißig zu, notieret alle der Räte Bedenken wohl und lasset daneben fleißig Protokoll halten.« »Wann Ihr die Räte votieren lasset, so werdet Ihr dahin sehen, daß Ihr von unten und nicht von oben ab den Anfang machet. Die Ursache ist diese, daß wegen der großen Autorität der alten Räte die jungen ihre Meinung und Gedanken nicht eröffnen oder frei sagen dürfen, weil sie öfters von den alten Räten durch die Hechel gezogen und übers Maul gefahren werden.« Die Keime zu einer Kabinettsregierung, wie sie in der Ratsordnung von 1651 lagen, sind nicht zur Entfaltung gelangt; aber ganz ging die Regierung doch nicht im Rat auf. Der Kurfürst rät seinem Nachfolger (was er wohl erst im Lauf der Zeit als das Beste erprobt hatte): »Concludiret in Gegenwart der Räte in wichtigen Dingen und da Verschwiegenheit vonnöten, nichts, sondern nehmet solches zu bedenken anheim, lasset nochmals einen oder den andern Geheimen Rat und einen Secretarium zu Euch kommen, überleget nochmals alle Vota, so da geführet worden sein und resolviret darauf; und seid gleich den Bienen, die den besten Saft aus den Blumen saugen.« Wahrscheinlich wird der Kurfürst diesen Rat, den er seinem Nachfolger erteilt, in seiner späteren Regierungszeit selbst schon befolgt haben; die Fortsetzung der Protokollpublikation wird ja darüber Licht verbreiten. Jedenfalls hat sich die Regierung im Rat, wie er sie in seinem ersten Jahrzehnt geführt hat, nicht auf die Dauer behauptet. Dazu wirkte die Entwicklung der Ratsbehörde selbst mit. Sie war ja dem Kurfürsten gegenüber nur ein deliberierendes und konsultatives Organ; aber nach außen trat sie als oberste exekutive Behörde in Tätigkeit. Eine wirksame Exekutive aber ließ sich nur herstellen, indem gewisse Zweige der Verwaltung, vor allem die Domänen- und die Steuerverwaltung, in enger Verbindung der Lokalbehörden mit der Zentralinstanz, zu besonderen spezialisierten Organsystemen ausgestaltet wurden; und diese Departements lösten sich dann allmählich als Sonderbehörden aus dem kollegialischen Rahmen des Geheimen Rates heraus. So entstanden die besonderen Zentralstellen für die Domänen-, die Steuer- und Polizeiverwaltung, die 1723 im Generaldirektorium konsolidiert wurden; zugleich waren auch die auswärtigen Angelegenheiten, bei denen die Wahrung des Geheimnisses besonders wichtig war, einer engeren Konferenz von zwei bis drei Geheimen Räten anvertraut worden: lange Zeit hatte sie der alte erfahrene Ilgen allein besorgt; nach dessen Tode, 1728, war es zur förmlichen Organisation eines auswärtigen Departements mit drei Ministern gekommen. Was dem alten Geheimen Ratskollegium übrigblieb, das waren vor allem die Justizverwaltung und die geistlichen Angelegenheiten. Und so zerfiel die Zentralinstanz unter Friedrich Wilhelm I. in drei große Ministerialdepartements, die sämtlich, als Abkömmlinge des alten Staatsrats, kollegialisch organisiert waren. Es gab in der Regel zwei bis drei auswärtige Minister, drei bis vier Justizminister, die zugleich die geistlichen Angelegenheiten bearbeiteten, und im Generaldirektorium anfangs vier dirigierende Minister, die sich in die Geschäfte der Finanz- und inneren Verwaltung nach Provinzialdepartements teilten; ihnen sind dann unter Friedrich dem Großen einige Fachminister, für Kommerzien und Manufakturen, für die Militärökonomie, für Akzise- und Zollwesen, für Berg- und Hüttenwesen, für das Forstwesen, zur Seite getreten. Alle Geschäfte sollten kollegialisch erledigt werden, was sich freilich in der Praxis nicht auf die Dauer hat durchführen lassen. Büros der Minister wie in Frankreich gab es nicht. Nur etwa die beiden Geheimen Räte im Auswärtigen Departement, die aber eigentlich nur expedierende Sekretäre waren, könnte man damit vergleichen. Im Generaldirektorium waren die vortragenden Räte des Departements zugleich Kollegen der dirigierenden Minister und hatten in den Plenarsitzungen eine Stimme wie sie; im Justizdepartement waren vortragende Räte überhaupt nicht vorhanden; alles was nicht reines Kanzleigeschäft war, mußten die Minister selbst besorgen. Die Gesamtheit der Minister bildete nach wie vor den Staatsrat; wer in dieses Kollegium introduziert und dort vereidigt worden war, führte den Titel Etatsminister. Aber dieser Staatsrat war nur noch ein ideeller Rahmen, der das Ganze zwar persönlich aber nicht sachlich zusammenhielt; mehr eine Rangklasse als eine aktive Behörde; regelmäßige Plenarsitzungen hielt er nicht mehr, einen Einigungspunkt für die Geschäfte stellte er nicht dar. Die Einheit der Verwaltung lag vielmehr seit Friedrich Wilhelm I. im Kabinett des Königs, der in der Hauptsache nur noch schriftlich mit den Ministern verkehrte. Der König war gewöhnlich in Potsdam oder sonst außerhalb Berlins. Die Minister sandten ihm von Berlin die Immediatberichte, er resolvierte darauf durch Marginalresolutionen oder Kabinettsordres. Diese Regierungsweise hat bekanntlich Friedrich der Große fortgesetzt und zu einer Schärfe der Selbstregierung gesteigert, die nicht mehr überboten werden konnte. Er führte die politische Korrespondenz mit den diplomatischen Vertretern an den fremden Höfen persönlich; das auswärtige Departement hieß zwar das »Kabinettsministerium«, aber es war von dem königlichen Kabinett durchaus geschieden, wenn auch die Kabinettsminister den König öfter sahen als ihre Kollegen von der Justiz oder Verwaltung. Die Minister des Generaldirektoriums empfing der König in der Regel nur einmal im Jahre, vor Beginn jedes Rechnungsjahres, wo an einem Vormittag in Potsdam die Etats reguliert und allgemeine Verwaltungsgrundsätze erörtert wurden; sonst war der Verkehr ein schriftlicher, wobei aber die Leitung durchaus vom Kabinett ausging. Auch die großen Reformen der Justizverwaltung, die Cocceji und später Carmer ausgeführt haben, gingen von der Initiative des Königs aus; im übrigen enthielt er sich prinzipiell der Einmischung in die Justiz, wenigstens in die Zivilrechtspflege, und proklamierte den Grundsatz, daß in den Gerichten die Gesetze sprechen und der Monarch schweigen müsse. Die Heeresverwaltung, soweit sie nicht rein ökonomischer Natur war, führte der König ganz persönlich aus seinem Kabinett mit Hilfe seiner Generaladjutanten; erst nach seinem Tode ist dafür eine besondere Zentralbehörde, das Oberkriegskollegium, begründet worden.

Diese Art der Regierung schien ihm besser als eine Regierung im Rate, wie sie etwa in Frankreich üblich war. Er hat sich in seinem politischen Testament (1752) darüber geäußert[20]. Weise Entschlüsse gehen seiner Meinung nach in der Politik überhaupt nicht aus kollegialen Beratungen hervor; ein politisches System entspringt nur aus einem Kopfe, geradeso wie ein philosophisches. Außerdem haben die Minister immer Intrigen untereinander und vermischen auf diese Weise ihre Privatneigungen und -abneigungen mit den Staatsinteressen; ihre oft sehr lebhaften Diskussionen im Rat dienen mehr zur Verdunkelung als zur Aufklärung der Geschäfte, und endlich wird bei so vielen Mitwissern niemals das Geheimnis recht bewahrt. Es ist das abschreckende Beispiel Frankreichs, das er vor Augen hat. Die Entartung des dortigen Regierungssystems war ihm eine beständige Mahnung, die er auch seinen Nachfolgern erteilt, sich vor einer Regierung durch Minister in acht zu nehmen.

Bei dieser Art von Selbstregierung waren die Minister natürlich nur unselbständige Werkzeuge des Monarchen; sie hatten ihn zu informieren, ohne daß er sich dabei auf sie allein verlassen hätte, und sie hatten die Ausführung seiner Befehle zu leiten und zu kontrollieren. Sie waren nicht Träger eigener Ideen und Programme, sondern nur Handlanger des Monarchen, die sich im Falle von Meinungsverschiedenheiten wohl mit der gloria obsequii begnügten. Sie waren weder eigentliche Ressortchefs, da ja die Hauptressorts kollegialisch organisiert waren, noch bildeten sie in ihrer Gesamtheit ein Kollegium von solidarischer Haltung.

Es hätte nahegelegen, daß unter den schwächeren Nachfolgern Friedrichs des Großen, die der Arbeitslast dieser Art von Selbstregierung nicht gewachsen waren, die Stellung der Minister sich zu größerer Selbständigkeit und Verantwortlichkeit gehoben hätte. Eine Tendenz dazu war auch vorhanden, aber sie wurde gehemmt durch eine Umbildung, die im Kabinett des Monarchen eintrat. Unter Friedrich dem Großen waren die Kabinettssekretäre, mit denen er gearbeitet hatte, wirklich nur die Schreiber des Königs gewesen; unter seinen Nachfolgern, namentlich unter Friedrich Wilhelm III., wurden sie zu den eigentlichen Beratern des Königs, zu Ministern hinter der Gardine, wie

Hardenberg wohl einmal gesagt hat. Die Zähigkeit, mit der die Nachfolger Friedrichs an den alten Formen der Selbstregierung festhielten, führte so zu einer Entartung der Kabinettsregierung. Die alte Regierung *aus* dem Kabinett war eine wirkliche Selbstregierung des Königs gewesen; die neue Regierung *durch* das Kabinett hielt nur den Schein einer solchen aufrecht und legte alle Macht in die Hände von Organen, die keine Verantwortlichkeit besaßen, da sie sich immer mit den Befehlen des Königs decken konnten, die mit den ausführenden Behörden nicht wie die Minister in geschäftlicher Fühlung standen, die auch von den Ministerien streng gesondert blieben, anders als selbst die alten Staatssekretäre. Es ist bekannt, daß diese verkehrte Regierungsweise großenteils die Schuld an der Katastrophe von 1806 trägt.

Preußen und Frankreich waren im 18. Jahrhundert, wenn nicht bereits durchgebildete Einheitsstaaten, so doch auf dem Wege dazu, es zu werden. Nicht dasselbe läßt sich von Österreich sagen, und darin liegt wohl der tiefste Grund dafür, daß dort die Ausbildung der Ministerialbehörden eine wesentlich andere Richtung genommen hat. Der Geheime Rat war in der österreichischen Monarchie wie in Frankreich und Preußen das oberste konsultative Organ des Herrschers; aber er ist nicht wie dort das Zentrum der Staatsregierung geworden[21]. Es fehlte zunächst an der organischen Verbindung mit den Lokalbehörden. Die administrative Selbständigkeit der einzelnen Ländergruppen behauptete sich in ziemlich weitem Umfange, gestützt durch die Überreste der ständischen Institutionen, und sie hat es bis zur Mitte des 18. Jahrhunderts nicht zur Einrichtung moderner Provinzialbehörden kommen lassen, die als Organe des Geheimen Rates für die Landesregierung hätten dienen können. Die Korrespondenz mit den Landesbehörden konzentrierte sich vielmehr, wie es hergebracht war, in der Hofkanzlei, die als selbständige Behörde neben dem Rat sich erhielt und unter der die örtliche Verwaltung in den einzelnen Ländergruppen mit ihren halbständischen Organen einen viel freieren Spielraum hatte als in Frankreich oder in Preußen seit der Ausbildung der Intendanten und der Provinzialkommissariate. Ein zweites Moment, das die Bedeutung des Geheimen Rates allmählich untergrub, lag in der hervorragenden Stellung des Hofkanzlers, der nicht bloß Vorsteher der Kanzlei, sondern auch Mitglied des Geheimen Rates war, und zwar das wichtigste Mitglied, der eigentliche Träger der politischen Tradition und der vertrauteste Diener des Monarchen. Er war eigentlich der einzige moderne Beamte unter den vornehmen mehr oder weniger dilettantischen Herren, die den Geheimen Rat des Kaisers bildeten. Unter seiner Leitung wurden in der Kanzlei die Gegenstände der Beratung vorbereitet, ja auch der Vortrag vor dem Geheimen Rat geschah durch Beamte der Hofkanzlei. So geriet der Geheime Rat allmählich in jeder Hinsicht in Abhängigkeit von der Hofkanzlei und namentlich von ihrem Haupt, dem Hofkanzler. Der Hofkanzler ist eine Figur, die große Ähnlichkeit mit den westeuropäischen Staatssekretären besitzt; als Kabinettssekretär des Kaisers und als Mitglied des Geheimen Rates ist er zu einer Art von dirigierendem Minister geworden; und so kam es, daß die Hofkanzlei, deren Vorsteher er war, der eigentliche Mittelpunkt der Geschäfte wurde. Die alte Form der Kanzleiverwaltung, bei der die Kanzlei als Ganzes selbständig neben der Ratsbehörde stand, hat sich hier also länger als anderswo erhalten, wobei aber aus der Kanzlei schließlich selbst (seit 1654) eine kollegialische beschließende und ausführende Verwaltungsbehörde geworden ist, die neben dem Geheimen Rat zu immer größerer praktischer Bedeutung gelangte als die eigentliche Exekutivbehörde des ganzen Reiches. Sie hatte ursprünglich besondere Abteilungen für Böhmen und Ungarn. Aber in dem Maße, wie die Verwaltung in der zweiten Hälfte des 17. Jahrhunderts an Intensität zunahm, setzte sich auch in der obersten Leitung die provinziale Selbständigkeit durch, so daß neben der österreichischen die böhmische und die ungarische Hofkanzlei als besondere Behörden konstituiert wurden, denen später auch eine siebenbürgische, eine italienische, eine niederländische Hofkanzlei zur Seite traten. Das Amt des österreichischen Hofkanzlers wurde seit Josef I. verdoppelt: der erste Hofkanzler hatte die kaiserlichen Haussachen und die auswärtige Politik zu seinem Departement, der zweite die Provincialia und Iudicialia. In diesen Stellen, nicht im Geheimen Rat oder der aus ihm ausgesonderten Geheimen Konferenz, lagen die eigentlichen Hebel der Staatsregierung. Darum hat auch Maria Theresia, als sie nach dem Erbfolgekriege daran ging, die Verwaltung im Sinne größerer Einheit zum Behuf stärkerer militärisch-finanzieller Machtleistungen umzugestalten, die Reste des alten Geheimen Rats ganz und gar beseitigt und die neuen Ministerialbehörden aus den Hofkanzleien heraus entwickelt. Sie schuf, unter Trennung der Justiz von der Verwaltung, eine »Vereinigte österreichisch-böhmische Hofkanzlei« und eine »oberste Justizstelle« für die cisleithanischen Lande; daneben wurde für die auswärtigen und Hausangelegenheiten die »Haus-, Hof- und Staatskanzlei« von der österreichischen Hofkanzlei abgezweigt.

Die ungarische Ländergruppe behielt ihre besondere Organisation; nur die alte Hofkammer und der alte Hofkriegsrat blieben als gemeinsame oberste Behörden bestehen. So war die Habsburgische Monarchie noch weiter als Preußen und Frankreich von dem modernen Typus der Ministerialverfassung entfernt; nur in einem Punkte war sie ihnen vorangeschritten: in der Beseitigung des alten Staatsrats als oberster Regierungsbehörde. Der neue Staatsrat, den Maria Theresia 1760 schuf, als beratendes Organ ohne Regierungstätigkeit[22], hätte sehr wohl den späteren Staatsratsbehörden in Frankreich wie in Preußen zum Vorbild dienen können; es ist freilich nichts davon bekannt, daß das der Fall gewesen wäre. Die übereilten zentralistischen Reformen Kaiser Josefs können wir hier beiseite lassen; die spätere Zeit ist ja im wesentlichen auf die Organisation Maria Theresias zurückgekommen, die dann bis zu den modernen Umwandlungen bestanden hat. Die Einheit lag auch hier nur in der Person des selbstregierenden Monarchen; aber es war keine Kabinettsregierung von der autokratischen Schärfe wie in dem friderizianischen Preußen. Ein häufiger persönlicher Verkehr mit den Ministern, teils in der Form von Einzelvorträgen, teils in der von Konferenzen mit mehreren Verwaltungschefs, charakterisiert das österreichische System, bei dem der ministerielle Faktor von weit größerer Bedeutung war als in Preußen. Namentlich der Staatskanzler hat von Kaunitz bis auf Metternich in den auswärtigen Angelegenheiten meist den maßgebenden Einfluß ausgeübt. Die ursprüngliche Absicht Maria Theresias, daneben den Staatsrat zum regelmäßigen konsultativen Organ der Krone in allen inneren Regierungsangelegenheiten zu machen, während die Exekution den Ministerien überlassen blieb, ist nur unvollkommen realisiert worden. Schließlich ist doch der Staatsrat nur für die Vorberatung der großen Reformgesetze und für die Kontrolle der Verwaltung von Bedeutung gewesen; eine eigentliche »Regierung im Rat«, wie etwa Ludwig XIV. oder der Große Kurfürst von Brandenburg, hat Maria Theresia doch nicht geführt, und der Einfluß der nicht im Staatsrat vertretenen Minister auf die Entschlüsse der Herrscherin hat keineswegs ganz aufgehört. Josef II. ließ im Laufe seiner Regierung die kollegialischen Sitzungen des Staatsrats ganz abkommen, er zog nur die einzelnen Staatsräte neben den Ministern zu Rate. Seine Regierungsweise nähert sich mehr der autokratischen Kabinettsregierung; mit Kaunitz hat er meist schriftlich verkehrt; er umgab sich mit Sekretären und schränkte den Verkehr mit den Ministern ein; aber ganz aufgehört hat dieser Verkehr und der persönliche Einfluß der Minister keineswegs, weder unter ihm noch unter seinen Nachfolgern, trotz der zunehmenden Bedeutung des Kabinetts.

Von einem solidarischen Ministerkollegium war auch hier keine Rede, es gab nur gelegentlich Ministerkonferenzen. Die Ressorts des Auswärtigen, des Innern, der Justiz, der Finanzen und des Krieges kamen in der Gliederung der obersten Behörden schon ziemlich klar zum Ausdruck, aber die Zuständigkeit erstreckte sich teils auf die ganze Monarchie, teils nur auf einen Teil derselben, und die Organisation schwankte noch zwischen dem Kollegial- und dem Büroprinzip oder, wie man in Österreich sagte, zwischen »gremialer« und »präsidialer« Geschäftsbehandlung; in der obersten Justizstelle waren Justizverwaltung und Rechtsprechung noch nicht prinzipiell geschieden, was übrigens auch in Preußen das ganze 18. Jahrhundert hindurch, wenigstens hinsichtlich der Strafrechtspflege noch nicht der Fall gewesen ist.

Betrachtet man die Leistungen des kontinentalen Absolutismus hinsichtlich der Organisation der Ministerien im ganzen, so sieht man einen bedeutenden Fortschritt vor allem in der schrittweise vordringenden Ausgestaltung der Departements zu Fachministerien für bestimmte Verwaltungszweige und in der Stärke der exekutiven Energie, die auf der organischen Verbindung mit den Bezirks- und Lokalbehörden beruht: die Ministerialinstanzen sind nicht bloß der Sitz der Ratgeber des Monarchen, sondern sie sind zugleich das Haupt eines administrativen Körpers. Aber es fehlt ihnen noch die moderne Einheit und relative Selbständigkeit ebenso wie die rationelle Klarheit und Übersichtlichkeit in der Abgrenzung ihrer Befugnisse. Das Prinzip der Fachministerien ist noch nirgends völlig durchgedrungen; es kreuzt sich noch überall mit dem alten Territorialprinzip. Das alte Kollegialprinzip, das aus dem Staatsrat stammt, zum Teil in den Institutionen des Staatsrats selbst noch konserviert ist, streitet mit dem neuen Prinzip der ausschließlichen Leitung und Verantwortlichkeit eines einzelnen Ministers in seinem Ressort; eine kollegialische Solidarität der Minister untereinander fehlt gänzlich; die Einheit der Regierung liegt lediglich in der Person des Monarchen, oder sie ist überhaupt nicht vorhanden. Der autokratische Absolutismus hatte kein Interesse daran, die Ministerialinstanz so weit zu konsolidieren und zu stärken, daß sie selbständig funktionieren konnte. Er hatte nur das Interesse, sich ein geeignetes Werkzeug zu schaffen, das jedem Impuls von oben folgte und daneben das Detail der Geschäfte nach der eingerichteten Ordnung besorgte. In den Kreisen der Minister selbst regten sich allerdings Tendenzen, die auf eine Vermehrung der Bedeutung und Selbständigkeit ihrer Ämter und zugleich auf eine klarere und rationellere Einrichtung des ganzen Apparates hinausliefen; der Geist der Zeit drängte um die Wende des 18. und 19. Jahrhunderts ebenso auf eine stärkere und freiere Entfaltung der Persönlichkeit wie auf eine vernünftige, planmäßige und durchsichtige Gestaltung der administrativen Ordnungen. In Frankreich experimentierte man seit dem Regierungsantritt Ludwigs XVI., in Preußen seit dem Friedrich Wilhelms III. mit allerhand Reformen in der Verfassung der Ministerialbehörden; aber dort hat doch erst die Revolution, hier die Reformepoche nach 1806 diesen Bestrebungen zum vollen Durchbruch verholfen. In allem, was die innere Struktur der Ministerialbehörden betraf, war man auf dem Kontinent den Engländern voraus, sowohl in der Abgrenzung der Ressorts wie in ihrer Konsolidierung und inneren Einrichtung. Aber der Einfluß des parlamentarischen Verfassungslebens hatte in England seit dem Ende des 17. Jahrhunderts neue epochemachende Veränderungen in der Stellung der Minister hervorgebracht, die später auch auf dem Kontinent als Vorbild gewirkt haben.

Mit dem Jahre 1679 etwa kann man in England eine neue Phase in der Entwicklungsgeschichte des Ministeriums beginnen. Das Wiedererwachen einer starken parlamentarischen Opposition, die schärfere Finanzkontrolle seit der Einführung der Appropriationsklausel, der wachsende Einfluß des Parlaments überhaupt zwang zu einer strafferen Zusammenfassung der ministeriellen Organe. Das »Kabinett«, jetzt eine Versammlung von Ressortchefs, sonderte sich als eine dauernde Kommission aus dem Privy Council ab und nahm eine festere kollegialische Solidarität an[23]. Wir begegnen hier zum erstenmal der typischen Erscheinung, daß verschärfte parlamentarische Verantwortlichkeit das Ministerium als ganzes zu strafferer Einheit zwingt. Die Interessen der Krone waren dabei im Einklang mit denen des Parlaments. Man schalt zwar über das »Cabal«-Ministerium, man vermied es, der neuen Einrichtung eine gesetzliche Grundlage zu geben, aber man akzeptierte sie schließlich doch als eine unvermeidliche Voraussetzung wirksamer parlamentarischer Verantwortlichkeit der Minister. Das Kabinett war damals und blieb zunächst auch noch nach der Umwälzung von 1688, trotz der Verstärkung des parlamentarischen Faktors, die damit verbunden war, ein Instrument der königlichen Prärogative. Wilhelm III. blieb den Ministern gegenüber immer der Herr; er führte die auswärtige Politik persönlich und brachte auch sonst im Ministerium seinen Willen zur Geltung. Das Parlament betrachtete die Minister des Königs immer noch mit einem gewissen Mißtrauen; es suchte ihre Verantwortlichkeit zu verschärfen, ihren Einfluß im Parlament aber womöglich ganz auszuschließen. Die Act of Settlement (1700) bestimmte, daß künftig, nach der Thronbesteigung des Hauses Hannover, die Regierungsfragen im Privy Council beraten werden sollten und daß die zustimmenden Mitglieder des Staatsrats gehalten sein sollten, die Regierungsakte des Monarchen gegenzuzeichnen, ferner daß Minister des Königs wie andere Beamte nur auf Verlangen des Unterhauses vor diesem erscheinen dürften. Diese Bestimmungen sind aber wieder aufgehoben worden, bevor sie praktisch werden konnten. Die Kontrolle des Parlaments hatte sich inzwischen in eine förmliche Mitregierung verwandelt, und die Minister selbst wurden allmählich die Vertrauensmänner und Führer der Parteien. Diese Wendung zum parlamentarischen Regiment hat sich in langsamer und keineswegs stetiger Entwicklung während des 18. Jahrhundert vollzogen, um erst im 19. Jahrhundert ihr Ziel zu erreichen. Der Anfang war, daß die ersten beiden Könige aus dem Hause Hannover aufhörten, ein persönliches Regiment zu führen. Georg I. sprach überhaupt nicht englisch und Georg II. nicht fertig genug, um mit den englischen Ministern, wie Wilhelm III., im Kabinettsrat verhandeln zu können. Sie waren außerdem beide durch die Umstände an die Whigpartei gebunden, und so kam es, daß die Häupter dieser Partei, die das Ministerium bildeten, eine neue Art der Regierung einführten, deren Wesen darin bestand, daß das Ministerium in geschlossener Einheit unter einem Premier als Führer sich so gut wie unabhängig vom König machte und in Übereinstimmung mit der Majorität des Unterhauses die Geschäfte leitete. Das schamlos-plutokratische Partei- und Klassenregiment, das sich auf diese Weise in der Epoche Walpoles etablierte, rief aber eine Reaktion hervor, die Pitt ans Ruder brachte. Pitt betrachtete sich auch als Whig, aber bekämpfte die egoistische Cliquenherrschaft des engen Kreises von Großgrundbesitzern und Kapitalmagnaten, die bisher im Namen der whiggistischen Partei regiert hatten; er knüpfte an die toryistischen Ideen Bolingbrokes von dem »patriotischen König« an, der über den Parteien stehend die salus publica im Auge habe; er wollte als Diener eines solchen Königs, nicht als Parteiminister, die Regierung führen. Dabei blieb aber auf der einen

Seite die persönliche Selbstregierung des Königs ausgeschlossen, und auf der anderen Seite blieb das Ministerium der Führer der Majorität im Parlament. Pitt hat es als wünschenswert bezeichnet, daß mindestens ein hervorragendes Mitglied des Kabinetts, der erste Lord des Schatzes oder der Schatzkanzler, dem Unterhause angehöre und die Leitung der Regierungspartei übernehme; war der erste Schatzlord, der gewöhnlich zugleich Premier war, ein Peer, so war dessen Platz im Oberhause, in dem ja zugleich der Lord Kanzler den Vorsitz führte. So bahnte sich eine organische Verbindung des Ministeriums mit dem Parlament, insonderheit mit der Regierungspartei des Unterhauses an, die die englische Ministerialverwaltung sehr auffällig von der kontinentalen unterscheidet und ihr bis auf den heutigen Tag eigen geblieben ist. Georg III., der erste König des hannoverschen Hauses, der in England geboren und erzogen war, der sich mit Stolz als Engländer fühlte, hat dann noch einmal versucht, ein persönliches Regiment, wie es Wilhelm III. geführt hatte, wiederherzustellen. Aber der Versuch scheiterte an der Ungeschicklichkeit und dem Mißerfolg der amerikanischen Politik und an dem gemeinschaftlichen Widerstande der beiden inzwischen wesentlich umgestalteten parlamentarischen Parteien. Tories wie Whigs verwarfen die persönliche Regierung des Königs, die Whigs verlangten eine reine parlamentarische Parteiregierung, bei der die in der Majorität befindliche Partei dem König die Minister zu stellen haben sollte; die Tories dagegen wollten die Freiheit der Krone in der Ernennung und Entlassung der Minister gewahrt wissen und vertraten die Auffassung, daß Krone, Oberhaus und Unterhaus gewissermaßen drei Gewalten im Staatsleben darstellten, die sich gegeneinander die Waage halten müßten; daß ein Ministerium, welches die Krone und das Haus der Lords für sich habe, auch wohl gegen die Majorität des Unterhauses, wenigstens eine Zeitlang, regieren könne. In dem dramatischen Kampf zwischen dem jüngeren Pitt und Fox (1783) hat Pitt mit diesem neuen Toryprinzip den Sieg behalten; er lenkte damit wieder in die Bahnen seines Vaters ein, nun auch dem Namen nach ein Tory; er wahrte die Prärogative der Krone gegen die whiggistische Doktrin des Parlamentarismus; aber das persönliche Regiment des Königs blieb dabei ausgeschaltet, und die wiederholten Geistesstörungen Georgs III., die schließlich in dauerndem Irrsinn endeten, haben dieses Regierungssystem ebenso begünstigt wie die geringen persönlichen Qualitäten seines Nachfolgers. Es war eigentlich das Ministerium, das damals die Regierung führte, gewissermaßen wie eine besondere dritte Macht zwischen Krone und Parlament stehend, wenn auch die Nachfolger Pitts die Unabhängigkeit von der Partei nicht in gleichem Maße zu bewahren vermocht haben. Von 1783 bis 1830 hat diese Toryregierung gedauert; erst mit dem Regierungswechsel von 1830 siegte die Whigdoktrin, und bei dem nächsten Kabinettswechsel, im Jahre 1835, hat auch der konservative Minister Peel die Tatsache anerkennen müssen, daß kein Ministerium in England gegen den Willen der Mehrheit des Unterhauses die Regierung führen könne; damit war das System der parlamentarischen Regierung durchgedrungen, nach dem das Ministerium eigentlich nur der regierende Ausschuß der Mehrheitspartei ist. Die Ernennung durch die Krone wurde vollends zu einer bloßen Form und damit auch die Mitgliedschaft im Privy Council, als dessen Ausschuß das Kabinett auch heute noch immer gilt. Kommt die Regierung in einer wichtigen Frage im Unterhaus in die Minderheit, so gibt sie ihr Mandat zurück, und die Krone beauftragt auf ihren Rat den Führer der Opposition mit der Bildung eines neuen Kabinetts, dessen Mitglieder, wenn sie es noch nicht sind, zu Geheimen Räten ernannt werden. In dieser Funktion des Premierministers liegt die Gewähr für die Einmütigkeit des Kabinetts, die eine charakteristische Erscheinung des englischen Staatslebens ist. Das ist die wesentliche Neuerung, die sich auf Grund der parlamentarischen Verantwortlichkeit schon während des 18. Jahrhunderts in der englischen Ministerialverfassung ausgebildet hatte. Die Verantwortlichkeit selbst erhielt zugleich einen andern Sinn, seitdem das Parlament selbst zum regierenden Faktor geworden war: die alte Ministeranklage in Form des Impeachment verschwand, da jedes Mißtrauensvotum von selbst den Rücktritt des Ministeriums zur Folge hatte oder das Ausscheiden eines dissentierenden Mitgliedes. Der Schwerpunkt der politischen Bedeutung lag hier schon längst nicht mehr in den einzelnen Ressorts wie auf dem Kontinent, sondern in dem Ganzen des Kabinetts als eines Kollegiums. Und diese Tatsache, die mit dem Zurücktreten der persönlichen Regierung des Monarchen zusammenhing, wurde für die liberalen Politiker des Kontinents ein Gegenstand der Nacheiferung. In der Gestaltung der einzelnen Ressorts war England weit zurückgeblieben hinter dem Kontinent. Burke, der im Jahre 1780 Reformen vorschlug, die eine straffere Zusammenfassung und schärfere gegenseitige Abgrenzung der Ministerialressorts, eine klarere und durchsichtigere Gestaltung des Kassen- und Rechnungswesens und des Budgets bezweckten, konnte dabei auf das Beispiel des friderizianischen Preußen verweisen. Pitt hat diese Reformtendenzen wieder aufgenommen, aber auch nur teilweise zur Durchführung gebracht. Erst seit der Mitte des 19. Jahrhunderts haben sich die englischen Ministerämter besser konsolidiert und voneinander abgegrenzt; dabei ist als eine weitere bemerkenswerte Wirkung des in der parlamentarischen Verantwortlichkeit begründeten Prinzips der Konzentration die Erscheinung hervorgetreten, daß die kollegialischen Ministerien, die »*Commissions*«, sich im büromäßigen Sinne verändert und gleichsam pyramidal zugespitzt haben, indem einzelnen Mitgliedern dieses Kollegiums, wie dem Schatzkanzler und dem ersten Lord der Admiralität, zugleich mit dem Sitz im Kabinett auch die prinzipale Verantwortlichkeit und damit die entscheidende Stimme in ihrem Ressort zugefallen ist. Zu eigentlich büromäßiger Organisation der Ministerialressorts ist man aber nicht übergegangen; auch die seit den 70er Jahren neu errichteten sogenannten Boards (Board of local government, board of trade, board of education etc.) sind ein solches Mittelding von kollegialischer und büromäßiger Organisation, eine Kommission mit einheitlicher Spitze, aber ohne die scharfe bürokratische Unterordnung der andern Mitglieder unter den in erster Linie verantwortlichen Leiter, wie sie in den kontinentalen Ministerien üblich ist. Es ist hier eben auch in den Einzelministerien alles mehr auf Vereinbarung als auf durchgreifenden Befehl gestellt. Immerhin zeigt sich in dieser Veränderung eine Annäherung an kontinentale Zustände.

Ist die kollegialische Solidarität des Ministerrates zuerst in England verwirklicht worden, so ist in der Struktur der modernen Fachministerien Frankreich vorangegangen. Ich muß es mir versagen, die verschiedenen Konsolidationsversuche hier zu verfolgen, die schon vor der Revolution gemacht worden sind[24]; die eigentlich durchschlagende Veränderung geschah erst nach der Umwandlung der Etats généraux in die Assemblée nationale, nach dem Bastillesturm und der Nacht des 4. August, wenige Tage nach dem Eintritt Neckers in sein zweites Ministerium. Es ist offenbar die Notwendigkeit parlamentarischer Verhandlungen gewesen, die jetzt mit einem Schlage die alte Mannigfaltigkeit der Conseils und der Ministerstellen in eine einfache Versammlung von Ressortchefs verwandelt hat. Ein königliches Reglement vom 9. August 1789[25] vollzog diese »Réunion des Conseils«: das Conseil des dépêches und das Conseil royal des finances (mit dem das Conseil du commerce – im 18. Jahrhundert auch eine königliche Ratskommission neben den drei anderen – bereits seit einigen Jahren verbunden war), werden vereinigt mit dem Conseil d'Etat und führen nun insgesamt diesen einfachen Titel. Das Conseil d'Etat hat die anderen Ratsbehörden also in sich verschlungen. Der Almanac royal von 1790[26] führt die Mitglieder namentlich auf: es sind – außer dem König selbst, der an der Spitze steht – vier Staatsminister, darunter der an Stelle des Kanzlers fungierende Garde des Sceaux und der premier Ministre des Finances Necker; ferner die vier Staatssekretäre. Die Departements der Staatssekretäre sind im wesentlichen bereits Fachministerien: der eine hat die auswärtigen Angelegenheiten, der zweite die Marine, der dritte das königliche Haus, die geistlichen Angelegenheiten, die Benefizien und Zivilanstellungen, dazu die innere Verwaltung fast aller Provinzen und Generalitäten; nur die neuerworbenen Provinzen und militärisch wichtigen Grenzstriche sind dem vierten Departement, dem des Kriegsministers zugewiesen. Die Bezeichnung Minister des Innern begegnet noch nicht; aber das dritte Departement, das des Grafen von St. Priest, der auch das Reglement vom 9. August gegengezeichnet hat, ist im wesentlichen eine Kombination von Hausministerium, Kultusministerium und Ministerium des Innern. Zugleich vollendet sich damals die büromäßige Organisation der Einzelministerien; die Büros der Minister mit ihren Spezialabteilungen unter der Leitung von Chefs et premiers commis bieten bereits ziemlich genau das Bild eines modernen Ministeriums. Die Konstituante hat an dieser Struktur nicht allzuviel geändert. Das Dekret vom 27. April/25. Mai 1791[27] hat nur die beiden Staatsminister ohne Portefeuille (es war ein Marschall und ein Erzbischof) beseitigt, an die Stelle des Kanzlers den Justizminister gesetzt und das Ministerium des Innern, das jetzt auch unter diesem Namen erscheint, völlig konsolidiert. Für die als Kollegium konstituierte Gesamtheit der Minister wird die Bezeichnung Conseil d'Etat beibehalten. Was dies Dekret hinzugetan hat, sind vor allem die Bestimmungen über die Verantwortlichkeit der Minister und ihre verfassungsmäßige Stellung überhaupt. Diese Bestimmungen stehen unter der Herrschaft der Prinzips der Trennung von Exekutive und Legislative. Die Minister sind Organe der exekutiven Gewalt, sie werden vom König ernannt und entlassen, aber sie sind der legislativen Versammlung verantwortlich. Diese Verantwortlichkeit ist in erster Linie eine persönliche der Einzelminister. In den einzelnen Ressorts liegt der Schwerpunkt der regelmäßigen Verwaltung; das Conseil tritt nur subsidiär ein zur Aufrechterhaltung der Einheit; seine Hauptfunktion ist die politische Gesamtleitung: die großen politischen Entscheidungen, Annahme oder Ablehnung der von der Legislative beschlossenen Gesetze, allgemeiner Plan der politischen Verhandlungen, Generaldisposition für Feldzüge u. dgl. gehören zur Kompetenz des Conseil. Die Verfassung von 1791 hat an diesen Bestimmungen nichts Wesentliches geändert. Von einem parlamentarischen Regiment konnte natürlich bei dem Prinzip der Trennung der Gewalten nicht die Rede sein.

Dies Prinzip und die ganze Verfassung sind nun ja nicht zu einer dauernden Ordnung geworden, aber die Struktur der sechs Fachministerien blieb die Grundlage für die weitere Entwicklung. Die Konventsregierung freilich schaffte ja überhaupt die Ministerien wieder ab; deren Funktionen wurden durch die exekutiven Comités, mit dem Comité du salut public an der Spitze, besorgt; aber das Direktorium kam dann doch wieder auf das System der Fachminister zurück, wenn auch deren Stellung jetzt mehr die untergeordneter Organe war, da die Verantwortlichkeit in erster Linie von dem Direktorium selbst getragen wurde. Diese Ministerialverfassung ist im wesentlichen auch auf die Konsulatsverfassung und auf das erste Kaiserreich übergegangen. Napoleon I. führte wieder eine Art von Kabinettsregierung. Die Fachminister, die er auf elf vermehrte, waren nur seine Handlanger; die Verbindung mit ihnen hielt er durch den Staatssekretär Maret aufrecht, der eine Art von Kabinettssekretär mit Ministerrang war, ähnlich wie einst die alten Staatssekretäre der absoluten Monarchie. Von kollegialischer Solidarität der Minister im ganzen war ebensowenig die Rede wie von ihrer Verantwortlichkeit vor der gesetzgebenden Gewalt. Eine sehr wesentliche Neuerung aber, die die napoleonische Ministerialverwaltung ergänzte, war die Einrichtung eines Staatsrats, der mit der Regierung gar nichts mehr zu tun hatte und vom Ministerium getrennt war. Dieser napoleonische Staatsrat, der offenbar auch dem preußischen von 1817 und den entsprechenden Einrichtungen anderer Staaten als Muster gedient hat, hat vor allem die Aufgabe der Vorberatung von Gesetzen; daneben dient er in einer besonderen Abteilung als Oberverwaltungsgericht. In dieser Umformung hat sich die Institution des Staatsrats erhalten bis auf die Gegenwart. Die Verfassung von 1814 führte dann wieder eine eigentliche konstitutionelle Verantwortlichkeit ein, und unter der Julimonarchie wurde sogar schon eine Art von parlamentarischem Regime angebahnt, bei dem freilich mehr das Ministerium die Bildung der Kammern beeinflußte als die Kammern die Bildung des Ministeriums. Napoleon III. aber kehrte zu den Prinzipien seines Oheims zurück und verbannte auch grundsätzlich das Prinzip der Solidarität aus seinem Ministerium, dessen Mitglieder nur seine konsultativen und exekutiven Organe waren. Diese Minister hatten mit der Volksvertretung wenig zu tun: sie durften dort nicht interpelliert werden, und die Vertretung neuer Gesetze übernahmen, wie unter Napoleon I., die Kommissarien des Staatsrats. Schließlich sah sich dann ja Napoleon gezwungen, seit 1860, in mehr konstitutionelle Bahnen einzulenken, und das beeinflußte natürlich auch die Stellung der Minister, die nun vor der gesetzgebenden Versammlung Rede stehen mußten und seit 1869 auch ein Conseil bildeten. Aber erst unter der Republik wurde die eigentliche parlamentarische Regierungsform angenommen, so daß jetzt, wie in England, ein Ministerpräsident das Kabinett bildet aus den geeigneten Elementen der Majoritätspartei. Es sind schnell wechselnde parlamentarische Ministerien, die man seitdem in Frankreich hat. Die laufenden Geschäfte liegen aber dabei ganz in der Hand der Berufsbeamten in den Büros. Jedes Ministerium zerfällt in Abteilungen (Divisions) nach den Hauptgegenständen, mit denen es zu tun hat, die Abteilungen wieder zerfallen in Spezialbüros. Es ist eine klare übersichtliche Einteilung, die seit der napoleonischen Zeit besteht und vielfach als Vorbild gewirkt hat.

In Preußen[28] hatte Stein schon vor der Katastrophe von 1806 die Beseitigung der Kabinettsregierung und die Einrichtung eines kollegialischen Conseils von fünf Fachministern gefordert. Offenbar stand ihm dabei das französische Ministerium von 1791 vor Augen, wenn auch die staatsrechtliche Stellung eines solchen preußischen Ministeriums eine wesentlich andere gewesen wäre als die des französischen, schon wegen des Mangels einer konstitutionellen Verfassung. Die große Veränderung, die für die preußische Staatsordnung vor allem in einer solchen Maßregel lag, war die Beschränkung der königlichen Selbstregierung; und so ist die Zähigkeit wohl verständlich, mit der Friedrich Wilhelm III. nach dem Zusammenbruch doch nur langsam, Schritt für Schritt, den Forderungen der Reformer gewichen ist. Das Kabinett verschwand nicht, aber es verlor seinen unheilvollen Einfluß. Der König trat in beständige unmittelbare Berührung mit den Ministern. Die tatsächliche Gestaltung der Ministerialinstanzen schloß sich dann doch möglichst eng an die alten Einrichtungen an, nur wurde das Fachprinzip jetzt völlig durchgeführt und die büromäßige Ordnung der einzelnen Ministerien an die Stelle der kollegialischen gesetzt. Der

Plan, den Stein schließlich nach den provisorischen Einrichtungen der ersten Jahre als die reife Frucht seiner organisatorischen Arbeiten hinterließ, wollte sogar zu der alten Kombination von Staatsrat und Ministerien zurückkehren, so daß in dem reaktivierten Staatsrat, anders als vor 1806, die Einheit der Regierung liegen sollte. Die Minister sollten nur die Agenten und Exekutivorgane dieses größeren Kollegiums sein, in dem alle Spitzen der Verwaltung mit gleichem Stimmrecht neben ihnen vertreten sein sollten, außerdem die königlichen Prinzen und besonders berufene Vertrauenspersonen. Dieser Staatsrat sollte die eigentliche oberste Regierungsbehörde sein; die Minister waren nur als die Fachleiter und ausführenden Organe gedacht. Offenbar war es Stein darum zu tun, durch diese Institution die Willkür oder auch die Unfähigkeit von Ministern zu korrigieren, die ja noch nicht durch parlamentarische Verantwortlichkeit zugleich in Schranken gehalten und angetrieben wurden, die eigentlich überhaupt keiner anderen Kontrolle unterlagen als der durch den Monarchen. Aber man wird zweifeln dürfen, ob dieser großangelegte Plan sich in der Ausführung bewährt haben würde, selbst wenn Stein persönlich als Minister ohne Portefeuille, wie es wohl seine ursprüngliche Absicht war, dabei beteiligt gewesen wäre. Ohne ihn aber hat er sich überhaupt nicht als ausführbar erwiesen, und was dabei praktisch am Ende herauskam, war das Ministerium Dohna-Altenstein, ein kollegialisches Ministerium von fünf Ressortchefs, das sich aber der schwierigen Lage durchaus nicht gewachsen zeigte, so daß man 1810 wieder zu der Leitung durch einen Premierminister zurückkehrte, wie es ja Stein und vor ihm Hardenberg 1807 und 1808 auch tatsächlich gewesen waren. Dabei fiel der Staatsrat als Regierungsbehörde fort; er sollte nur zur Vorberatung der Gesetze dienen und ist in dieser Form auch 1817 wirklich eingerichtet worden. Hardenberg hatte als Staatskanzler das Recht, von allen Ministern Auskunft und Rechenschaft über ihre Verwaltung zu fordern, Verfügungen der Minister, die ihm bedenklich schienen, zu suspendieren, bis die Entscheidung des Königs darüber eingeholt war, ja im Notfall auch über die Köpfe der Minister hinweg Anordnungen zu treffen, denen sie sich einfach zu fügen hatten. Es war etwas von dem Geiste der napoleonischen Ministerialverfassung in dieser Einrichtung, nur daß hier der Schwerpunkt nicht im Monarchen, sondern im Kanzler lag. Der Staatskanzler kontrollierte allen Verkehr der Minister mit dem König; alle Immediatberichte mußten ihm vorher eingereicht werden – er versah sie dann gewöhnlich mit seinen Marginalien für den König; alle Vorträge der Minister beim Monarchen fanden in seiner Gegenwart statt. Bei dieser Machtvollkommenheit des Staatskanzlers war die kollegialische Verfassung des Ministeriums, die sich ohne besondere Anordnung eingeführt hatte, ziemlich bedeutungslos. In den wöchentlichen Konferenzen des Staatsministeriums lag nicht der Schwerpunkt der Geschäfte, sondern in den Einzelministerien und vor allem in dem Kabinett, wie man damals die Konferenzen des Staatskanzlers mit dem Monarchen nannte, bei denen die Fachminister nur einzeln und gelegentlich zugezogen wurden. Allerdings ist Hardenberg darauf bedacht gewesen, für den Fall seines Todes, wo seiner Meinung nach das Staatskanzleramt aufhören sollte, das Kollegium des Staatsministeriums zu stärken; es geht aus seinen Papieren hervor, daß die Kabinettsorder von 1817 dieser Absicht entsprungen war. Aber für seine Lebenszeit hat der Staatskanzler, trotz dieser Erweiterung der Befugnisse des Staatsministeriums, seine überragende Stellung noch durchaus aufrechterhalten: der Versuch Humboldts, im Einverständnis mit Boyen und Beyme, den Staatskanzler zu stürzen, das Staatsministerium, mit einem Ministerpräsidenten an der Spitze, in unmittelbare Verbindung mit der Person des Königs zu bringen, ist 1819 gescheitert. Auch nach Hardenbergs Tode, wo das Staatskanzleramt bald einging, ist doch von der alten Einrichtung noch die Gewohnheit übriggeblieben, daß einer von den Ministern – man nannte ihn später den Kabinettsminister – den Verkehr des Ministeriums mit dem Monarchen vermittelte, was erst mit dem Zusammentritt des Vereinigten Landtags und vollends mit der Einführung der Verfassung sein Ende gefunden hat. Die Verfassung hat an der Organisation des Ministeriums gar nichts und an den Befugnissen nichts Wesentliches geändert; aber die parlamentarische Verantwortlichkeit zwang nun doch zu einer festeren Zusammenfassung des Staatsministeriums unter einen Ministerpräsidenten, und durch die Kabinettsorder vom 8. September 1852 wurde dem Minister v. Manteuffel als Präsidenten des Staatsministeriums eine allerdings sehr beschränkte allgemeine Leitungsbefugnis und vor allem die Kontrolle über den geschäftlichen Verkehr der einzelnen Fachminister mit dem Monarchen verliehen. Auch mit diesen Befugnissen entspricht die Stellung des preußischen Ministerpräsidenten aber keineswegs der eines englischen Premierministers oder der eines französischen oder sonstigen parlamentarischen Ministerpräsidenten.

Bismarck hat das einmal im Abgeordnetenhause sehr nachdrücklich hervorgehoben. Er hatte sich zwar seinen Ministerkollegen gegenüber eine Stellung geschaffen, die der eines Premierministers wenig nachgab – abgesehen etwa vom Kriegsminister, der immer mit dem Monarchen in engerer Fühlung blieb; – aber diese Stellung beruhte auf der persönlichen Wucht seines Wesens und auf der Autorität, die ihm das Vertrauen des Königs verlieh, nicht eigentlich auf den Bestimmungen jener Kabinettsorder, auf die er erst zurückgriff, als seine Stellung ins Wanken zu geraten begann. Und auch die Größe seines Einflusses vermag doch nicht darüber zu täuschen, daß der Mittelpunkt der Regierung grundsätzlich die Person des Monarchen blieb, der in Preußen niemals aufgehört hat, selbst zu regieren. Damit hängt zusammen, daß das Ministerium ein Beamtenkörper geblieben ist, ein königliches Ratskollegium alten Stils, das dem Monarchen in der Regierung zur Seite steht, aber ihn nicht in parlamentarischem Sinne beschränkt oder gar aus der Regierung verdrängt hat. Die überwiegende Bedeutung liegt in den einzelnen Fachministern, nicht in dem Ministerium als ganzem. Das Staatsministerium ist zwar kollegialisch organisiert, aber in seinen kollegialischen Sitzungen liegt nicht der Schwerpunkt der politischen Geschäftsführung; dieser liegt vielmehr in dem persönlichen Verkehr des Ministerpräsidenten oder einzelner Minister mit dem Monarchen, wobei eine gewisse Kontrolle des Ministerpräsidenten im Sinne der Kabinettsorder von 1852 nicht zu entbehren sein wird. Der Grundsatz, den einst Friedrich Wilhelm IV. dem Ministerpräsidenten Camphausen gegenüber vertreten hatte, daß das Staatsministerium zwar dem Lande (natürlich auch dem Auslande) gegenüber als eine geschlossene Einheit dastehen müsse, daß aber der König immer nur mit den einzelnen Ministern zu tun habe, die ihm nicht als solidarisches Kollegium mit festen Beschlüssen gegenübertreten dürften, damit er nicht in die Lage gebracht würde, vor dieser einmütigen Opposition entweder zurückzuweichen oder aber das ganze Ministerium zu entlassen – dieser Grundsatz scheint in Preußen wirklich durchgedrungen zu sein. Denn hier herrscht der König nicht nur, sondern er regiert auch selbst, und die Minister sind in erster Linie seine Diener, die wohl auch mit Rücksicht auf die Parlamentsmajoritäten, mit denen sie auskommen müssen, ausgewählt werden, die aber von diesen Majoritäten nicht abhängig sind, deren Bestreben vielmehr immer dahin gerichtet ist, sich die Majoritäten zu schaffen, mit denen sie regieren können. Der Unterschied des monarchisch-konstitutionellen und des parlamentarischen Regierungssystems spiegelt sich also auch in der verschiedenen Verfassung der Ministerien wider. Der parlamentarischen Regierungsweise entspricht das festgeschlossene, solidarische, unter Führung eines Premierministers stehende Kabinett, der monarchisch-konstitutionellen Regierungsweise mit ihrem starken Rest von persönlichem Regiment des Monarchen entspricht eine Ministerkonferenz, deren eigentliche Bedeutung nicht in den kollegialischen Beschlüssen, sondern in den mannigfachen Beziehungen zu der Person des Monarchen und in dem Maß von Einfluß besteht, den einzelne Mitglieder in dieser Hinsicht ausüben; nach außen freilich und namentlich der Volksvertretung gegenüber erscheint dies Ministerium als eine Einheit, als der Gesamtvertreter der Regierungspolitik.

Ähnlich wie in Preußen ist auch die Entwicklung in den meisten größeren Bundesstaaten verlaufen.

In Österreich-Ungarn trat erst mit der Revolution von 1848 eine ziemlich unvermittelte Neubildung der Ministerialbehörden ein, und zwar nach dem konstitutionellen Schema eines verantwortlichen Ministerkollegiums. Aber diese Bildung hat zunächst so wenig Bestand gehabt wie die Konstitution selbst; sie wurde seit 1851 durch eine Ministerialkonferenz alten Stils ersetzt, bei der ebenso die kollegialische Solidarität wie die parlamentarische Verantwortlichkeit ausgeschlossen war. Nach der Preisgabe des absolutistischen Regierungsprinzips und der Gesamtstaatsidee kam es dann zunächst seit 1860 zu allerlei Experimenten, die keine dauernden Zustände begründet haben, und endlich, nach dem Ausgleich mit Ungarn 1867, zur Schaffung besonderer österreichischer und ungarischer Staatsministerien mit einem Reichsministerium für die gemeinschaftlichen Angelegenheiten. Alle diese Ministerien waren kollegialisch und der Volksvertretung verantwortlich; aber sie waren keine solidarischen Körperschaften in dem Sinne wie das englische Kabinett; sie entschieden nicht mit Majoritätsbeschlüssen die Regierungsfragen, sondern galten nur als konsultative und exekutive Organe des Monarchen; namentlich das gemeinsame Ministerium sollte in seiner Gesamtheit den einheitlichen Geist der Regierung aufrechterhalten und zum Ausdruck bringen. Die gegenwärtige Krisis zeigt die Schwierigkeit dieser Aufgabe. Es scheint, daß in Ungarn ein mehr und mehr parlamentarisches Regierungssystem mit Parteiministern sich ausbildet, während in Österreich schon wegen der Nationalitätsgegensätze eine solche Bildung kaum möglich sein wird und das Beamtenministerium seinen Platz behauptet. Im übrigen sind die Verhältnisse durch die Einwirkung der abnormen Form der Staatsbildung verwickelt und eigenartig; Figuren wie der ungarische Hofminister oder die österreichischen Landsmannsminister zeigen, in welcher Weise neben der Verfassung auch die Form der Staatsbildung auf die Struktur der Ministerialbehörden einwirkt.

Im Deutschen Reiche ist die parlamentarische Regierungsform ebensowenig durchgedrungen wie in den Einzelstaaten; im übrigen aber nehmen wir auch hier eine wesentliche Abweichung in der Struktur der Ministerialinstanz wahr, die auf der abweichenden Form der Staatsbildung beruht. Im Reiche konzentriert sich die Ministerialverwaltung staatsrechtlich in der Person des Reichskanzlers, dem die Vertreter der Reichsämter, die Staatssekretäre, als abhängige Organe gegenüberstehen. Die Ursache ist der bundesstaatliche Charakter des Reiches, der im Interesse kräftiger Aktion zur Konzentration der Leitungsbefugnisse in einem obersten Hauptorgan zwang; ein kollegiales Ministerium neben dem Bundesrat wäre als eine zu komplizierte und schwerfällige Einrichtung erschienen. Die Politiker, welche verantwortliche Reichsministerien verlangen, pflegen zugleich auch an eine unitarische Umgestaltung der Verfassung zu denken. In ähnlicher Weise tritt in der amerikanischen Union das Kabinett mit seiner politischen Verantwortlichkeit so stark hinter der Person des Präsidenten zurück, daß es mehr dem napoleonischen als dem konstitutionellen System ähnelt; das ist die Folge einmal der starken Konstruktion der verantwortlichen Präsidialgewalt, die ein wirksames Gegengewicht gegen die partikularistischen Bestrebungen bilden sollte, zugleich aber auch des Prinzips der Trennung von Exekutive und Legislative, die sich hier, anders als in dem monarchischen Frankreich von 1791, als durchführbar gezeigt hat, wenigstens bis zu einem gewissen Grade. Von parlamentarischen Ministern kann dabei natürlich keine Rede sein. In der Schweiz hat namentlich die republikanische Abneigung vor der Bekleidung eines einzelnen mit der obersten Gewalt die Einrichtung des Bundesrats herbeigeführt, der die Funktionen eines Ministeriums mit denen eines Staatsoberhauptes verbindet. Im allgemeinen kann man sagen, daß der gewöhnliche Typus der modernen Ministerien, der auf dem Boden des monarchischen Einheitsstaates erwachsen ist, weder im Bundesstaat noch in einer Republik ohne monarchische Vergangenheit sich leicht einwurzelt, daß er vielmehr dort leicht erheblichen Veränderungen unterliegt.

Ich bin am Ende meiner Ausführungen. Wir haben einen Zeitraum von einem halben Jahrtausend in raschem Überblick durchmessen;

und zum Schlusse unserer Betrachtung drängt sich die Frage auf: ist eine durchgehende, herrschende Entwicklungstendenz in diesem Zusammenhange wahrzunehmen, eine Richtung des Fortgangs der Dinge auch in die Zukunft hinein? Bei aller Vorsicht, wie sie derartigen Fragen gegenüber geboten ist, möchte ich doch das eine hervorheben: Es ist unverkennbar, daß die Gestaltung der Staatsministerien und der Regierung überhaupt davon abhängt, in welchen Kreisen der politischen Gesellschaft die moralischen Kräfte am stärksten wirksam sind, in denen das Staatsgefühl, das nationale Bewußtsein, die politische Energie lebendig ist – kurz, wo der Wille und die Fähigkeit zur Führung am kräftigsten sich äußert. Diese Kreise erweitern sich offenbar in dem Maße, wie der Staatsgedanke den Volkskörper allmählich durchdringt und zu einheitlichem Handeln fähig macht. Zu Anfang ist die Person und der Hof des Königs allein der Sitz der Regierung; dann entwickelt sich in England eine parlamentarische Selbstverwaltungsaristokratie, auf dem Kontinent ein monarchisches Beamtenregiment auf breiter Basis. Wo die freien Kräfte der Gesellschaft im Staatsleben das Übergewicht erlangen, kommt es zu einer parlamentarischen Regierungsform mit entsprechender Umgestaltung der Ministerialorganisation; und schon regt sich hier und da die Neigung, von dem Parlamentarismus zu einer reinen Demokratie überzugehen, bei der der Wille der politisch organisierten Volksgesamtheit unmittelbar die leitenden Männer bestimmt. Das ist nicht nur in der Schweiz und in Amerika bereits der Fall, sondern auch in England beginnt das parlamentarische Ministerium sich mehr und mehr in eine populäre Diktatur des Premierministers umzuwandeln. Ähnlich in Frankreich, wo aber die parlamentarische Regierung auf ein militärisch-bürokratisches Staatswesen aufgepfropft ist, das sich fortschreitend demokratisiert, ohne jene Institutionen zu opfern. Bei uns und zum Teil auch in Österreich hängt die militärische und die Beamtenorganisation, das eigentliche Rückgrat des politischen Körpers, noch so fest mit dem monarchischen Haupt zusammen, daß das alte Losungswort Hardenbergs: »demokratische Institutionen unter einer monarchischen Regierung« noch lange nicht seine Bedeutung verloren hat. Unsere moderne politische Entwicklung ist um fast dreihundert Jahre jünger als die der Westmächte; und wenn auch der ursprüngliche Abstand des politischen Kulturniveaus im Fortschritt der Zeiten sich rasch zu verringern scheint, so kann es doch einem unbefangenen Beobachter nicht entgehen, daß unsere Bevölkerung im Deutschen Reiche wie in Preußen und den anderen Bundesstaaten noch lange nicht jenes Maß von nationaler Solidarität, von politischer Ausgleichung der großen sozialen und religiösen Gegensätze erreicht hat, das ihr die Fähigkeit gäbe, ihre Geschicke selbst zu bestimmen. In künftigen Jahrhunderten wird ja wohl auch bei uns ein solcher Prozeß sich vollziehen, wenn keine störende Einwirkung es verhindert; aber für die nächste Zukunft scheint es bei der politisch exponierten Lage Deutschlands, bei der übermäßigen Spannung der Parteigegensätze, bei der Zerklüftung und Zerfahrenheit der bürgerlichen Parteien ausgeschlossen, daß uns ein parlamentarisches oder gar ein unmittelbar demokratisches Regiment frommen könnte. Die Energie des Staatsgedankens ist in unseren Regierungen, in den monarchischen Institutionen, im Heer, im Beamtentum, noch immer am stärksten ausgeprägt, viel stärker als in den Massen, und die Mehrzahl der nationalgesinnten Bürgerschaft findet in der kräftigen Erhaltung dieser Institutionen die besten Garantien für eine gedeihliche Entwicklung. Das ist es, meine ich, und nicht eine falsche, rückständige Staatskunst, was das Beamtenministerium als Organ einer monarchisch-konstitutionellen Regierung bei uns bisher aufrechterhalten hat und für absehbare Zukunft auch aufrechterhalten wird.

Anmerkungen

1 In verkürzter Gestalt vorgetragen auf dem 10. Deutschen Historikertage zu Dresden, 4. September 1907.

2 Über den königlichen Rat in England handelt Dicey, The Privy Council, eine Monographie, die hauptsächlich auf den von Nicolas veröffentlichten Protokollen beruht. Das bekannte Buch von Aucoc über den französischen Staatsrat ist in den älteren Teilen antiquiert durch die vortreffliche Einleitung von Noël Valois zu dem Inventaire des Arrêt du Conseil sous Henri IV; Tome I.

3 Näher ausgeführt in meiner Studie über die brandenburgische Hof- und Landesverwaltung unter Joachim II. im Hohenzollern-Jahrbuch 1906. [Der Wiederabdruck dieser Studie befindet sich in: O. Hintze, Gesammelte Abhandlungen, Bd. 3, S. 204–254.]

4 Diese besondere Entwicklung steht wohl unter dem Einfluß des polnischen Beispiels, wo die großen Hofbeamten der Krone eine ähnliche Stellung als Reichsminister einnahmen. Auch die schwedischen obersten Reichsbeamten stellen noch um 1600 denselben Typus dar. (Vgl. Nils Edén, Den svenska centralregeringens utveckling till kollegial organisation 1602–1634, Upsala 1902, p. II f.) In eben diesen Kreis gehören auch die böhmischen Landesoffiziere, die erst nach der Schlacht am Weißen Berge zu einer böhmischen Statthalte-

rei umgeformt wurden ähnlich wie die preußischen Oberräte im 17./18. Jahrhundert zu einer »preußischen Regierung«.

5 Von Sir Harris Nicolas: Proceedings and ordinances of the Privy Council of England Bd. 7.

6 Vgl. Breßlau, Urkundenlehre I, 243f. [2. Aufl., 1912, S. 311f.]

7 Die archivalischen Nachrichten über die älteren englischen Staatssekretäre sind zusammengestellt bei Nicolas, Proceedings VI, p. CXIX ff.

8 A Collection of Ordinances and Regulations for the Government of the Royal Household. 4° London 1790. – In London rangiert der King's Secretary nach einer Hofordnung Edwards III. (1347) weit hinter den großen Hofbeamten, selbst hinter den Leibärzten, auf einer Stufe mit dem Wundarzt (surgeon) und dem Küchenschreiber. Nach einer Hofordnung Heinrichs VI. (1454) hat er zwei Clercs und steht im Range unter den Rittern, aber über den Esquires. Die Hofordnung Heinrichs VIII. von 1526 zeigt ihn schon unter den Geh. Räten und großen Hofbeamten als einen Mann, dem 8 Pferde und 3 Betten für seine Diener zur Verfügung stehen; 1544 hat er sein abgesondertes Zimmer im Schlosse und bekommt Kostgeld statt der Naturalverpflegung. Das Geldgehalt betrug unter Elisabeth 100 L ohne das Tischgeld; am Ende des 17. Jahrhunderts, wo man beides zusammenrechnete, 730 L. Die Sekretäre waren anfangs Geistliche und sind es noch bis ins 16. Jahrhundert hinein geblieben. Sie steigen schon im 15. Jahrhundert nach längerem Dienst zu der Stelle eines Bischofs auf und werden auch wohl Keeper of the Privy Seal. Es markiert die höhere soziale Stellung des Amtes, daß unter Heinrich VIII. Dr. Routhale das Sekretariat noch jahrelang behält, nachdem er Bischof geworden ist. Thomas Cromwell, erst Privy Councillor, dann (1534) erster Sekretär, wird später Privatsiegelbewahrer und Peer; Sir William Cecil, der unter Elisabeth das Amt bekleidete, wurde 1571 Lord Treasurer und Peer. Immerhin aber war das Amt damals eigentlich nur ein Durchgangsstadium zu den großen Ministerstellen; erst im 18. Jahrhundert treten die Staatssekretäre als solche in Ministerstellung hervor.

9 Ausgezeichnete Belehrung über die französischen Staatssekretäre bietet das auf archivalischen Forschungen beruhende Werk des Comte de Luçay (ancien maître des requêtes au Conseil d'Etat): Les Secrétaires d'Etat. Paris 1881.

10 Petitot [collection universelle des mémoires relatifs à l'histoire de France] 1. Serie, Bd. XLIV, S. 102ff.

11 Gedruckt bei Guillard, Histoire des Conseils du Roi und bei St.-Allais, L'ancienne France (1834) II, p. 149–160.

12 Vol. I, p. 1, 26f., 80.

13 Für die Geschäfte der Kabinettssekretäre finden wir in Frankreich im 18. Jahrhundert neue Secrétaires des commandements, die zwar zugleich als Räte in allen Conseils tituliert sind, die sich aber nicht zu Ministern entwickelt haben; in England tritt erst unter Georg III. wieder ein besonderer Kabinettssekretär auf (1812).

14 Burnet, History of the Reformation of the Church of England. London 1683. (Fol.) Bd. 2, Coll. of Records p. 84ff.

15 Abgedruckt bei Hatschek, Engl. Staatsrecht II, S. 108f. Ebenda S. 68f. eine Notiz über die ungedruckte Geschäftsordnung vom 31. Oktober 1625.

16 Vgl. Lavisse in der Histoire de France VII, 1 (1905), S. 139ff. und J. de Boislisle, Les Mémoriaux du Conseil de 1661 t. I. Für die spätere Zeit ist auch der Almanac royal wichtig. Der älteste Jahrgang, den die Staatsbibliothek in Berlin besitzt, ist von 1775.

17 Polit. Testament 1752 (Acta Borussica, Behördenorganisation, Bd. 9, S. 369; [vollst. Ausgabe von G. B. Volz, Die polit. Testamente Friedrichs d. Gr., 1920, S. 37f.]).

18 Protokolle und Relationen des brandenburgischen Geheimen Rates aus der Zeit des Kurfürsten Friedrich Wilhelm. Herausgegeben von O. Meinardus. Publikationen aus den preuß. Staatsarchiven Bd. 41ff. [Insgesamt 7 Bände, die bis Ende Dezember 1666 führen.]

19 Abgedruckt bei Ranke SW. 25/26, S. 499ff. [Neue Ausgabe von G. Küntzel und M. Haß, Die politischen Testamente der Hohenzollern, Bd. 1, 2. Aufl., 1919, S. 49f.]

20 Acta Borussica, Behördenorganisation 9, 370f. [Volz, a. a. O. S. 39.]

21 Neben den Handbüchern der österreichischen Reichsgeschichte (namentlich Luschin von Ebengreuth und Huber) verweise ich hier auf meinen Aufsatz über den österreichischen Staatsrat in der Zeitschrift der Savigny-Stiftung für Rechtsgeschichte Bd. 8, 137ff. sowie auf die vergleichende Studie über den österreichischen und preußischen Beamtenstaat im 17. und 18. Jahrhundert in der Histor. Zeitschr. Bd. 86, 402ff. [siehe O. Hintze, Gesammelte Abhandlungen, Bd. 1, S. 321–358.].

22 v. Hock-Bidermann, Der österreichische Staatsrat 1760–1848.

23 Torrens, History of Cabinets. 2 vol. 1894. Todd, Parliamentary Government in England. 2 vol. 1867. Vgl. auch Hatschek, Engl. Staatsrecht; Felix Salomon, Pitt d. J. I.

24 Ein paar beiläufige Notizen darüber werden hier am Platze sein, zumal da das Buch des Comte de Luçay nur bis zum Jahre 1775 reicht und in den Schriften über die Vorgeschichte der Revolution (auch bei R. Stourm [les finances de l'ancien régime et de la révolution, 2 Bde., Paris 1885] und A. Wahl [Vorgeschichte der französ. Revolution, 2 Bde., Tübingen 1905/07] diese Seite der Sache kaum je berührt wird. – Die Reformen beziehen sich hauptsächlich auf das Finanzdepartement. – Durch Edikt vom Juni 1777 (Isambert, [Recueil général des] Anciennes lois franç., Bd. 25, 50ff.) werden zum Zwecke der Vereinfachung der Organisation und der Ersparung von Gehältern sechs von den zehn Stellen der Finanzintendanten (die neben dem Contrôleur général als dessen Gehilfen tätig waren) aufgehoben und dafür ein Comité du contentieux geschaffen als oberstes Organ der finanziellen Administrativjurisdiktion, bestehend aus drei bis vier Conseillers d'Etat unter dem Contrôleur général. – Nach dem amerikanischen Kriege wird durch Reglement vom 26. Februar 1783 (Isambert [Bd. 27, S. 256ff.]) – mit deutlicher Absicht, die Schuldenregulierung zu befördern – neben dem Conseil royal des finances ein besonderes engeres Comité des finances begründet, an dem außer dem König teilnehmen: der Kanzler, der Chef des Conseil royal des finances und der »Ministre des finances«; letzterer hat den Vortrag und die Sorge für die Expedition und Registrierung der gefaßten Beschlüsse. Außer den Schuldsachen sollen hier die außerordentlichen Gnadenerweisungen, die Chargensachen, die Adjudikation von

Pachtungen u. dgl. vorgetragen werden. Dieser Rat, der also gewissermaßen als eine außerordentliche Verdoppelung des Finanzrates erscheint, sollte mindestens alle Woche einmal gehalten werden. – Das Conseil royal des finances selbst wurde durch Reglement vom 5. Juni 1787 (Isambert VI, 354f.) mit dem Conseil du commerce (einer gleichfalls unter dem Vorsitz des Königs tagenden Ratskommission) vereinigt zu dem »Conseil royal des finances et du commerce«. Mitglieder: der Kanzler oder Garde des sceaux, der Chef du Conseil, die Staatsminister, der Contrôleur général, zwei Conseillers d'Etat, außerdem bei Handelssachen der Staatssekretär der Marine. Sitzungen mindestens einmal im Monat. Ein vorbereitendes Comité, bestehend aus dem Chef du Conseil, dem Contrôleur général und mehreren Räten, kommt mindestens alle 14 Tage zusammen. Dieses »Comité des finances« tritt an die Stelle der bisherigen »Petite direction«. Das ganze Finanzdepartement gliedert sich in fünf Spezialdepartements, denen vier Finanzintendanten und ein Intendant du Commerce vorstehen. Diese Gliederung kehrt in dem späteren Finanzministerium wieder (Almanac 1790). Durch Reglement vom 2. Februar 1788 wird noch ein besonderes Bureau du Commerce organisiert als vorbereitende und ausführende Stelle für das Finanz- und Handelsdepartement in allen Fragen der Handels- und Kolonialpolitik, des Fabriken- und Manufakturwesens, der Märkte, Messen etc. Es führt die Korrespondenz, macht die Statistik, besorgt alle laufenden Verwaltungsgeschäfte. Die Mitglieder sind Staatsräte, der älteste Rat zugleich Vorsitzender. Bei diesem wöchentlich eine Sitzung, alle Vierteljahre eine Sitzung in Gegenwart der Minister und Mitglieder des Conseils.

25 Collection générale des loix, proclamations, instructions et autres actes du pouvoir exécutif, publiés pendant l'Assemblée nationale constituante et législative depuis la convocation des Etats généraux jusqu'au 31 décembre 1791. 4° . (I, 1.) Die »Affaires contentieuses, qui étaient portées par les secrétaires d'Etat au Conseil des dépêches« sollen in Zukunft in einem ähnlichen Comité entschieden werden, wie es für das Finanzdepartement 1777 begründet worden war (siehe Anm. 24).

26 p. 222.

27 Décret relatif à l'organisation du Ministère, 27 avril 1791, sanct. 25 mai 1791. Collection des décrets de l'Assemblée nationale tome VII, p. 265ff.). – Die wichtigsten weiteren Dokumente in der Sammlung von Hélie, Les Constitutions de la France.

28 Über die Entstehung des preußischen Staatsministeriums gedenke ich demnächst an anderer Stelle ausführlicher zu handeln; es mag vorläufig verwiesen werden auf die Monographie von Ph. Zorn, Die staatsrechtliche Stellung des preußischen Gesamtministeriums 1893, der Gneist mit einem Aufsatz im Verwaltungsarchiv Bd. 3 (1894) entgegengetreten ist. [Die Abhandlung über »das preußische Staatsministerium im 19. Jahrhundert« ist in der vom Verein für Geschichte der Mark Brandenburg herausgegebenen Festschrift zu Gustav Schmollers 70. Geburtstag 1908 erschienen; sie ist wieder abgedruckt in: O. Hintze, Gesammelte Abhandlungen, Bd. 3, S. 530–619.]

Nachweis der Druckorte

Der Beamtenstand. Vorträge der Gehe-Stiftung zu Dresden. Bd. 3. Dresden 1911. Jetzt in: Otto Hintze, Gesammelte Abhandlungen, Bd. 2, ²1964, S. 66–125.

Der Commissarius und seine Bedeutung in der allgemeinen Verwaltungsgeschichte, in: Historische Aufsätze Karl Zeumer zum 60. Geburtstag dargebracht, Weimar 1910, S. 493–528. Jetzt in: Otto Hintze, Gesammelte Abhandlungen, Bd. 1, ³1970, S. 242–274.

Die Entstehung der modernen Staatsministerien. Eine vergleichende Studie, in: Historische Zeitschrift 100, 1908, S. 53–111. Jetzt in: Otto Hintze, Gesammelte Abhandlungen, Bd. 1, ³1970, S. 275–320.

Bibliographische Hinweise

Otto Hintze, Gesammelte Abhandlungen. Bd. 1: Staat und Verfassung. Hrsg. v. Gerhard Oestreich mit einer Einleitung von Fritz Hartung. Göttingen ³1970.

Otto Hintze, Gesammelte Abhandlungen. Bd. 2: Soziologie und Geschichte. Hrsg. und eingeleitet v. Gerhard Oestreich. Göttingen ²1964.

Otto Hintze, Gesammelte Abhandlungen. Bd. 3: Regierung und Verwaltung. Hrsg. v. Gerhard Oestreich. Göttingen ²1970.

Peter Baumgart, Zur Stellung Otto Hintzes in der Preußenforschung, in: Otto Hintze und die moderne Geschichtswissenschaft, Berlin 1981.

Peter M. Blau/Marshall W. Meyer, Bureaucracy in Modern Society. New York ²1971.

Julie Braun-Vogelstein, Was niemals stirbt. Gestalten und Erinnerungen. Stuttgart 1966.

Bernhard vom Brocke, Hochschul- und Wissenschaftspolitik in Preußen und im Deutschen Kaiserreich 1881–1907: das »System Althoff«, in: Bildungspolitik in Preußen zur Zeit des Kaiserreichs, hrsg. v. Peter Baumgart, Stuttgart 1980, S. 9–118.

Otto Büsch, Militärsystem und Sozialleben im alten Preußen 1713–1807. Berlin 1962.

Imanuel Geiss/Bernd Jürgen Wendt (Hrsgg.), Deutschland in der Weltpolitik des 19. und 20. Jahrhunderts. Düsseldorf 1973.

John R. Gillis, The Prussian Bureaucracy in Crisis 1840–1860. Origins of an Administrative Ethos. Stanford (Cal.) 1971.

Conrad Grau/Wolfgang Schlicker/Liane Zeil, Die Berliner Akademie der Wissenschaften in der Zeit des Imperialismus. Teil 3: Die Jahre der faschistischen Diktatur 1933 bis 1945. Berlin 1979.

Fritz Hartung, Deutsche Verfassungsgeschichte vom 15. Jahrhundert bis zur Gegenwart. Stuttgart ⁸1964.

Fritz Hartung, Staatsbildende Kräfte der Neuzeit. Gesammelte Aufsätze. Berlin 1961.

Hans Hattenhauer, Geschichte des Beamtentums. Köln 1980.

Ernst Rudolf Huber, Deutsche Verfassungsgeschichte seit 1789. 3 Bde. Stuttgart 1957–1963.

Georg G. Iggers, Deutsche Geschichtswissenschaft. Eine Kritik der traditionellen Geschichtsauffassung von Herder bis zur Gegenwart. München 1971.

Leon Jespersen, Landkommisaerinstitutionen i Christian IV.s tid: Rekruttering og funktion, in: Historisk Tidsskrift 81, Kopenhagen 1981, S. 69–99.

Eckart Kehr, Der Primat der Innenpolitik. Hrsg. v. Hans-Ulrich Wehler. Berlin 1970.

David Lindsay Keir, The Constitutional History of Modern Britain 1485–1951. London [9]1969.

Christa Kirsten/Hans-Jürgen Tredler, Albert Einstein in Berlin 1913–1933. Teil 1: Darstellung und Dokumente. Berlin 1979.

Kurt Kluxen, Die Entstehung des englischen Parlamentarismus. Stuttgart 1972.

Kurt Kluxen, Geschichte Englands. Von den Anfängen bis zur Gegenwart. Stuttgart [2]1976.

Jürgen Kocka, Otto Hintze, in: Deutsche Historiker, hrsg. v. Hans-Ulrich Wehler, Göttingen 1972, S. 275–298.

Jürgen Kocka, Unternehmensverwaltung und Angestelltenschaft. Stuttgart 1969.

Jürgen Kocka, Vorindustrielle Faktoren in der deutschen Industrialisierung. Industriebürokratie und »neuer Mittelstand«, in: Das kaiserliche Deutschland. Politik und Gesellschaft 1870–1918, hrsg. v. Michael Stürmer, Düsseldorf [3]1977, S. 265–286.

Reinhart Koselleck, Preußen zwischen Reform und Revolution. Allgemeines Landrecht, Verwaltung und soziale Bewegung von 1791 bis 1848. Stuttgart [2]1975.

Kersten Krüger, Absolutismus in Dänemark – ein Modell für Begriffsbildung und Typologie, in: Zeitschrift der Gesellschaft für Schleswig-Holsteinische Geschichte 104, 1979, S. 171–206.

Albert Lotz, Geschichte des deutschen Beamtentums. Berlin 1909.

Wolfgang Mager, Frankreich vom Ancien Régime zur Moderne 1630 bis 1830. Stuttgart 1980.

Friedrich Meinecke, Straßburg–Freiburg–Berlin 1901–1919. Erinnerungen. Stuttgart 1949.

Moderne Preußische Geschichte 1648–1947. Eine Anthologie. 3 Bde. Hrsg. v. Otto Büsch und Wolfgang Neugebauer. Berlin 1981.

Gerhard Oestreich, Die Fachhistorie und die Anfänge der sozialgeschichtlichen Forschung in Deutschland [1967], in: Ders., Strukturprobleme der frühen Neuzeit. Ausgewählte Aufsätze, hrsg. v. Brigitta Oestreich, Berlin 1980, S. 57–95.

Gerhard Oestreich, Otto Hintze, in: Neue Deutsche Biographie, Berlin 1972, S. 194–196.

Gerhard Oestreich, Otto Hintze. Tradition und Fortschritt [1978], in: Ders., Strukturprobleme der frühen Neuzeit, S. 127–141.

Gerhard Oestreich, Otto Hintzes Stellung zur Politikwissenschaft und Soziologie, in: Otto Hintze, Gesammelte Abhandlungen, Bd. 2, Göttingen [2]1964, S. 7*–67*.

Gerhard Oestreich, Das persönliche Regiment der deutschen Fürsten am Beginn der Neuzeit [1935], in: Ders., Geist und Gestalt des frühmodernen Staates, Berlin 1969, S. 201–234.

John C. G. Röhl, Beamtenpolitik im Wilhelminischen Deutschland, in: Das kaiserliche Deutschland. Politik und Gesellschaft 1870–1918, hrsg. v. Michael Stürmer, Düsseldorf [3]1977, S. 287–311.

Hans Rosenberg, Bureaucracy, Aristocracy and Autocracy: The Prussian Experience 1660–1815. Cambridge (Mass.) [2]1966.
Hans Rosenberg, Große Depression und Bismarckzeit. Wirtschaftsablauf, Gesellschaft und Politik in Mitteleuropa. Berlin 1967.
Hans Schleier, Die bürgerliche deutsche Geschichtsschreibung der Weimarer Republik. Berlin 1975.
Wolfgang Schluchter, Aspekte bürokratischer Herrschaft. München 1972.
Gerd Spittler, Abstraktes Wissen als Herrschaftsbasis. Zur Entwicklungsgeschichte bürokratischer Herrschaft im Bauernstaat Preußen, in: Kölner Zeitschrift für Soziologie und Sozialpsychologie 32, 1980, S. 574–604.
Barbara Vogel, Die Reformpolitik des preußischen Staatskanzlers Hardenberg unter besonderer Berücksichtigung der Gewerbereform. Habilitationsschrift Hamburg 1981.
Barbara Vogel, Reformpolitik in Preußen 1807–1820, in: Preußen im Rückblick, hrsg. v. Hans-Jürgen Puhle und Hans-Ulrich Wehler, Göttingen 1980, S. 202–223.
Luise Wiese-Schorn, Karl Lamprecht – Kulturgeschichtsschreibung zwischen Wissenschaft und Politik. Phil. Diss. Münster 1981.
Bernd Wunder, Privilegierung und Disziplinierung. Die Entwicklung des Berufsbeamtentums in Bayern und Württemberg 1780–1825. München 1978.